GANZHEITLICH HEILEN

Buch

Die blaugrüne Afa-Alge wächst im Klamath Lake auf 1400 Metern Höhe in Oregon. Alle Versuche, sie zu züchten, sind bisher fehlgeschlagen. So bleibt die Königin der Mikroalgen eine Wildpflanze, und wie alle Wildpflanzen besitzt sie ein Mehrfaches des Vitalstoffgehalts von Kulturpflanzen. Ihr hoher Gehalt an Nährstoffen, Mineralien, Proteinen und Spurenelementen macht sie nicht nur zu einem wichtigen Nahrungsergänzungsmittel, sondern verleiht ihr weit reichende Heilwirkungen. Barbara Simonsohn stellt die Besonderheiten dieser Pflanze vor. Sie analysiert ihre Inhaltsstoffe und erläutert ihre Anwendung als tägliche Vitalisierungsquelle, als Heilmittel bei Alzheimer, Suchtkrankheit, Krebs und Aids.

Autorin

Barbara Simonsohn, geboren 1954 in Hamburg, studierte Sozialwissenschaften und erwarb ein Diplom in Politologie. Sie gab Umweltkurse an der Hamburger Volkshochschule, lernte biologischen Land- und Gartenbau und beschäftigte sich intensiv mit dem Thema Ernährung. 1982 schloss sie bei Dr. Barbara Rey eine Ausbildung als Lehrerin des authentischen Reiki ab. Sie gibt im In- und Ausland Seminare über Gesundheit für Körper, Seele und Geist, über das authentische Reiki, Bewegung, Ernährung, Azidose-Therapie und die Fünf »Tibeter«. Zu ihren Veröffentlichungen gehören: »Papaya – Heilen mit der Wunderfrucht«, »Gerstengrassaft, Verjüngungselixier und naturgesunder Power-Drink«, und »Stevia – sündhaft süß und urgesund«.

Von Barbara Simonsohn sind bei Goldmann außerdem erschienen:
Hyperaktivität. Warum Ritalin keine Lösung ist (14204)
Das authentische Reiki (14210)

Barbara Simonsohn

Die Heilkraft der Afa-Alge

Vitalität für Körper und Geist
durch ein Ur-Heilmittel

GANZHEITLICH HEILEN
GOLDMANN

Die hier vorgestellten Informationen sind nach bestem Wissen und Gewissen geprüft, dennoch übernehmen die Autorin und der Verlag keinerlei Haftung für Schäden irgendeiner Art, die sich direkt oder indirekt aus dem Gebrauch der hier vorgestellten Anwendungen ergeben.

Umwelthinweis:
Alle bedruckten Materialien dieses Taschenbuches
sind chlorfrei und umweltschonend.

Originalausgabe Juli 2000

Umschlaggestaltung: Design Team München
Umschlagfoto: Premium Botzek
Redaktion: Claudia Alt
Satz: Uhl + Massopust, Aalen
Druck: Elsnerdruck, Berlin
Verlagsnummer: 14189
WL · Herstellung: Stefan Hansen
Made in Germany
ISBN 3-442-14189-3
www.goldmann-verlag.de

4. Auflage

Inhalt

Einleitung 9
Danksagung 12
Mein Schlüsselerlebnis mit der Afa-Alge 14
Ein Wunder der Natur 19
Als Lebensmittel weltweit bekannt 21
Blaugrüne Algen, die ganz Besonderen 25

Die Entdeckung der Afa-Alge 27
Pionierarbeit 27
Ein ehrgeiziges Projekt 29

Der Klamath-See – ein einzigartiges und intaktes Biotop 33

Ernte und Verarbeitung 40
Ein Abenteuer, das auch zur Erntezeit nicht immer möglich ist 40
Die Weiterverarbeitung – gewissenhaft und mühsam 43
Die Konservierungsmethoden 44

Die Afa-Alge – so gesund wie sicher! 47
Gerüchte von der Konkurrenz 47
Regelmäßige Kontrollen 49

Ein Füllhorn an Vitalstoffen 55
Vitalstoffdefizite sind vorprogrammiert 55
Wer ist besonders betroffen? 59

Vitaminpräparate – keine sinnvolle Maßnahme der Gesundheitsvorsorge 62

Die wertvollen Inhaltsstoffe der Afa-Alge 65
Kein Medikament, sondern ein Lebensmittel 65
Eine Schatztruhe an Mineralstoffen 66
Reich an Proteinen, mit einem idealen Aminosäure-Profil 78
Vitamine – unentbehrlich für das Leben 84
Die Farbpigmente und ihre gesundheitliche Bedeutung 93
Mehrfach ungesättigte Fettsäuren – denn Fett ist nicht gleich Fett! 98

Parallelen zur Muttermilch 102
Viele Gemeinsamkeiten 102
Die Wichtigkeit der ungesättigten Fettsäuren 105

Die einzigartige Wirkung auf Gehirn und Gemüt 109
Mehr Kreativität und Selbstbewusstsein 109
Anti-Stress-Mittel 114
Warum die Afa-Alge für eine gute Stimmung sorgt . . . 115

Power fürs Immunsystem! 116
Voraussetzung ist eine gesunde Lebensweise 116
Wertvolle Stimulanzien 119

Azidose – sauer ist nicht lustig 127
Fehlendes Säure-Basen-Gleichgewicht 127
So kann Azidose vermieden werden 129

Entgiftungsmittel und Schutz vor Umweltbelastungen . . 132
Umweltgifte sind überall 132
Kinder sind besonders gefährdet 136
So hilft die Afa-Alge 138

Als Verjüngungsmittel und zur Verzögerung von Alterungsprozessen 142
Die richtige innere Einstellung 142
Die Afa-Alge für ältere Menschen 145

Alzheimer – Situation und Auswege 155
Die Anzahl der Erkrankungen steigt 155
Erfolge mit der Afa-Alge 158

Ein großes Plus für sportlich Aktive und Leistungssportler 163
In den USA längst kein Geheimtipp mehr 163
Weltrekord mit der Afa-Alge! 167

Aufmerksamkeitsstörungen und Hyperaktivität 168
Millionen Kinder und Erwachsene sind betroffen 168
Mögliche Ursachen und Lösungsansätze 173
Ritalin – die bessere Lösung? 174
Die Afa-Alge in Studien für Kinder mit Aufmerksamkeitsstörungen mit und ohne Hyperaktivität (ADHD) 178
Warum die Afa-Alge so wirksam ist 187
Wie kann man Kinder zur Einnahme motivieren? 191

Ein Super-Lebensmittel auch für Tiere 194
Zu wenige Vitalstoffe im Tierfutter 194
Umweltgifte 196
Heilen mit der Afa-Alge 199

Die spirituelle Dimension 210
Die höheren Energiezentren 210
Eine spirituelle Vision 221

Innerer Frieden, Humor und Optimismus sind wichtige Säulen der Gesundheit 224
Die Fünf »Tibeter« – Quelle der Jugend 225
Authentisches Reiki, Yoga und Meditation 227

Wie man die Afa-Alge einnimmt 232
Darreichungsformen 232
Die richtige Dosierung 234

Rezepte 238
Süßliche Getränke 239
Pikante Soßen und Säfte 243
Feste Speisen und Sonstiges 248

Die Heilkraft der Afa-Alge von A–Z 253

Erfahrungsberichte 276
Auf der körperlichen Ebene 276
Vorwiegend auf der mentalen Ebene 278
Auf der seelischen Ebene 279
Auf der spirituellen Ebene 280

Anhang 282
Firmen-Porträts und Bezugsquellen 282
Anmerkungen 296
Literaturverzeichnis 305
Register 313

Einleitung

Noch nie war ich von einem Buchthema so begeistert wie von der Afa-Alge, und ich hoffe, dass Sie, lieber Leser, von dieser Begeisterung etwas spüren. Vielleicht kann ich Sie damit etwas anstecken. Ich erwarte von Ihnen nicht, mir das, was ich geschrieben habe, zu glauben. Was ich über die Afa-Alge herausgefunden habe, ist wissenschaftlich belegt und in vielen Erfahrungsberichten dokumentiert. Ich wünsche mir, dass Sie offen sind für das, was ich herausgefunden habe. Vielleicht mache ich Sie so neugierig, dass Sie sich entscheiden, die Afa-Alge selbst auszuprobieren. Eigene authentische Erfahrungen sind letztlich, was im Leben zählt, denn »Probieren geht über Studieren«.

Als mir klar wurde, dass ich erneut ein Buch über ein Lebensmittel schreiben würde, war ich zeitweise frustriert. Meine ersten beiden Bücher handelten von spirituellen Themen – das authentische Reiki und die Fünf »Tibeter« –, und nun sollte es schon wieder etwas »Stoffliches« sein! Dass dies nicht stimmt, merkte ich bald. Immer wieder konnte ich meine Begeisterung darüber kaum zügeln, dass ich über ein natürliches Nahrungsmittel schreibe, das eine *ganzheitliche* Wirkung auf Körper, Seele und Geist hat! So etwas habe ich noch nie in dieser Weise erlebt, und ich fühle mich immer noch inspiriert und dankbar, über dieses kleine Wunder der Natur schreiben und die gute

Neuigkeit über etwas so Kraftvolles und ganzheitlich Heilendes einer hoffentlich großen Leserschaft mitteilen zu dürfen. Die Kraft, Klarheit und Inspiration, welche mir die kleine Alge täglich schenkt, gebe ich gern an Sie weiter.

Viele Menschen denken, sie seien gesund, weil sie nicht krank sind. Wir können nicht vermissen, was wir nicht kennen. Auch ich hielt mich für sehr gesund, als ich die Afa-Alge kennen gelernt habe, und war überrascht, wie sehr ich meine Gesundheit noch zu steigern vermochte!

Wirklich strahlende Gesundheit heißt: Morgens aufwachen, und die ganze Welt umarmen wollen. Wenn Sie sich so fühlen wollen, und das am besten jeden Tag, sollten Sie sich für die Afa-Alge interessieren. Diese wild wachsende Uralge harmonisiert sowohl den Körper als auch unsere Gefühle und stärkt unser Gedächtnis und Denkvermögen und fördert sogar unser Bewusstsein. Das klingt für Sie wahrscheinlich erst einmal etwas abenteuerlich. Warum die Afa-Alge auf allen Ebenen harmonisierend wirkt, habe ich in diesem Buch beschrieben.

Die Afa-Alge ist das Lebensmittel mit der größten Nährstoffdichte, das bisher entdeckt und untersucht wurde. Allein dies ist ja schon atemberaubend. Aber wichtig ist, zu beachten, dass das Ganze größer ist als die Summe seiner Teile.

Die Afa-Alge ist wild gewachsen. Wildpflanzen haben gegenüber Kulturpflanzen einen Vorteil, den auch biologisch angebaute nicht haben: Die Intelligenz der Pflanze ist auf optimale Entwicklung ausgerichtet und nicht durch menschliche Eingriffe fehlgesteuert, die zum Beispiel den essbaren Teil der Pflanze vergrößern möchten. Die Energie auf der physischen Ebene der Vitalstoffe als auch auf der energetischen Ebene bleibt bei Wildpflanzen optimal erhalten. Hinzu kommt die »Botschaft« der Alge, die in einem einzigartig intakten Biotop, einem klaren Bergsee, getränkt mit Vulkanasche, und mit einer sehr hohen Energieeinstrahlung wächst. Kein Wunder, dass die Afa-Alge eine so hohe Lichtspeicherkapazität besitzt wie kein anderes Lebensmittel. Je mehr Lichtteilchen oder Biofotonen ein Nahrungsmittel enthält, desto mehr profitiert davon auch unser Gehirn, nämlich die Synchronisation von linker und rechter Gehirnhälfte und damit die Entwicklung unserer Persönlichkeit. Ich lade Sie deshalb ein zu einer Reise zu sich selbst.

Die einzelnen Inhaltsstoffe der Afa-Alge sind beachtlich. So enthalten sie viele der ungesättigten Fettsäuren und Spurenelemente, an denen unsere Nahrung so arm geworden ist, und alles an Mineralstoffen und Vitaminen, was unser Körper braucht. Aber letztlich ist es die *Gesamtwirkung* dieser Alge, die sie so einzigartig und herausragend macht. Das konnte ich zuerst kaum glauben, habe mich aber durch eigene Erfahrungen überzeugen lassen. Wir werden durch diese optimale, biofotonenreiche Gehirnnahrung in die Lage versetzt, vermehrt neuronale Querverbindungen im Gehirn aufzubauen. Dadurch werden wir energetisch ausgeglichener und als Folge intellektuell wacher, kreativer und können die höheren intuitiven Ebenen besser nutzen.

Die unverfälschte Afa-Alge vom Urbeginn des Lebens, wild gewachsen in einer paradiesischen Umgebung, stellt in meinen Augen eine wunderbare Bereicherung dar für eine gesunde Lebensweise und unsere menschliche Entwicklung auf diesem Planeten.

Danksagung

Ich danke allen Personen und Firmen in Deutschland, Österreich und den USA, die mein Buchprojekt durch Materialien, Informationen, Erfahrungsberichte, Produktproben und Fotos unterstützt haben. Besonders danke ich den Firmen Sanacell, Algavital, Bluegreen Deutschland, Bluegreen Österreich und Wilco Green Foods für die Bereitschaft, Projekte in Altersheimen, Schulen, Suchtkliniken, für hyperaktive Kinder, Kinder in Tschernobyl sowie Einzelpersonen zum Beispiel mit Diabetes oder Multipler Sklerose und für Tiere durchzuführen und zu begleiten. Von diesen Projekten, in denen die genannten Firmen kostenlos Algen und Informationen zur Verfügung stellten, hat dieses Buch sehr profitiert. Einige der Projekte sind noch nicht abgeschlossen, und ich werde Sie, wenn Sie daran interessiert sind, durch ein Artikel-Abonnement oder durch das Internet weiter informieren.

Ich danke für die gute und fachlich versierte Begleitung meiner Reise zum Klamath-See im Sommer 1999 durch Eckart Pinnow von der Firma Sanacell und den Firmen vor Ort für ihre offene Informationspolitik und die viele Zeit, die sie sich für mich und meine Fragen genommen haben. Insbesondere danke ich den Firmen Klamath Blue Green Algae, Klamath Valley Botanicals, Rossha Enterprises und Cell Tech.

Ich danke meinem Verleger Gerd Riemann vom Goldmann Verlag für seine Offenheit, ein Buchthema anzupacken, das recht ungewöhnlich ist, und damit Pionierarbeit zu leisten.

Und ich danke meinen Kindern Freya und Michael, die in der Endphase des Buchprojekts nicht viel von ihrer Mutter hatten, aber damit auch dank der Unterstützung meiner Eltern und dem Vater von Freya gut klargekommen sind.

Ich danke Mutter Natur für das kleine und gleichzeitig große Wunder, was die Afa-Alge für mich und viele weitere Menschen darstellt, für ihre Weisheit und Großzügigkeit. Und ich danke dem Schöpfer für die Inspiration zu diesem Thema und für die Freude, die ich beim Schreiben empfand.

Mein Schlüsselerlebnis mit der Afa-Alge

Es war an einem grauen Novembernachmittag im Jahr 1998. Ein Naturversand hatte mir ein Päckchen geschickt. Ich bekomme häufig von Firmen Gesundheitsprodukte zum Ausprobieren, weil sich allmählich herumgesprochen hat, dass ich Artikel und Bücher zum Thema »ganzheitliche Gesundheit« schreibe und damit viele Menschen anspreche. Ich stand in meiner kleinen Küche, um das Päckchen zu öffnen: »Klamath-Algen« aus Wildwuchs. Aha. Der Firmenchef hatte mich ein paar Tage zuvor gefragt – wir hatten uns eigentlich über Wasser-Vitalisierungs-Systeme unterhalten –, ob er mir etwas ganz Besonderes schicken dürfe, eine wild wachsende Alge vom Lake Klamath in Oregon. Ich hatte gesagt: »Warum nicht?«, und mir dabei gedacht: Ach je, schon wieder etwas ganz »Sensationelles« aus der bunten Szene der Nahrungsergänzungen!

Spirulina- und Chlorella-Algen kannte ich, aber diese Tabletten waren viel dunkler, und dabei etwas türkis. Ich nahm mir vier Tabletten aus dem dunkelbraunen Glas und warf sie mir in den Mund. Gelutscht habe ich sie nicht lange, weil sie etwas streng und bitter schmeckten. Aber als ich sie hinuntergeschluckt und mit etwas Wasser nachgespült hatte, erlebte ich etwas Unglaubliches: Ich fühlte mich *in diesem Moment* wacher, besser gelaunt, und fühlte gleichzeitig eine warme, angenehme, ruhige und klare Energie mein ganzes Wesen durchfluten. So, als ob jemand mir eine Hand sanft auf die Schulter legt und sagt: »Alles ist gut.«

Im ersten Moment war ich fast erschrocken: Ich konnte die Alge doch noch gar nicht verdaut haben! Ich rief den Firmenchef an, der mich beruhigte. Es sei das vollständigste und vitalstoffreichste Lebensmittel auf diesem Planeten, klärte er mich auf.

Die Leichtigkeit und dieses Wohlgefühl hielten bis in den Abend hinein an. Obwohl ich normalerweise nach 20 Uhr nicht mehr gut kreativ tätig sein kann, brachte ich an diesem Abend zwei Artikel-Projekte zu Ende. Als ich merkte, dass ich müde wurde, war es mittlerweile 23 Uhr 30! Da ich um 5 Uhr 30 aufstehen muss, um mein umfangreiches Morgenprogramm zu bewältigen – Reiki-Behandlung, Kinder für Schule und Kindergarten fertig machen, Fünf »Tibeter«, Joggen –, dachte ich, ich würde am nächsten Tag müde sein. Aber dem war nicht so – ich wachte früher auf als sonst, war putzmunter und gut gelaunt.

Inzwischen habe ich herausgefunden, dass die Afa-Alge beim ersten Mal nur bei etwa einem Drittel der Menschen ein solches »High«-Gefühl, solch eine leichte Euphorie, die einen Stunden begleitet, auslöst. Ich erkläre mir das jetzt so: Die Information über den Wert dieses »Super-Lebensmittels« hat mein Körper schon im Mund, über die Schleimhäute, aufgenommen. Er hat dann dem Gehirn signalisiert: »Wow, da kommt etwas ganz Tolles! Du kannst dich schon mal darauf freuen.« Das ist natürlich sehr laienhaft und naiv ausgedrückt, aber dass Lebensmittel schon vor dem Hinunterschlucken wirken, zeigen uns ja Ärzte, wenn sie einem Patienten langsam eine Vitamin-B_{12}-Tablette im Mund zergehen lassen.

Ich war erstaunt. Das hatte ich noch nie erlebt: Dass ein Lebensmittel, was ja aus Materie besteht, eine *ganzheitliche* Wirkung hat, auf Körper, Seele und Geist, und dann noch unmittelbar nach der Einnahme! Ein Stimmungsaufheller mit Sofortwirkung, der auch die Gedanken positiver und klarer macht. Und auf der körperlichen Ebene merkte ich schon nach etwa zwei Wochen eine Veränderung: Meine Haare wuchsen dicker und glänzender, und meine Fingernägel wurden so dick und lang und strahlend weiß, dass mich Teilnehmer in meinen Reiki-Seminaren darauf ansprechen. Auch meine Gesichtshaut ist viel feiner und weicher geworden, und einige kleine Fältchen sind verschwunden. Meine Ausdauer hat sich verbessert, ich laufe, wenn ich die Zeit dafür habe, eine Stunde oder länger.

Offenbar ist die Alge mit ihrem Vitalstoffreichtum wie ein reichhaltiges Brunch-Buffet für den Körper: Er kann sich einfach die Stoffe aussuchen, die ihm fehlen, um strahlend gesund zu sein, sich gut konzentrieren zu können, gut gelaunt zu sein und alle körperlich-seelischen Prozesse optimal ablaufen zu lassen.

Was ich ebenfalls bemerkte: Ich kann mit der Afa-Alge besser meditieren und mich leichter auf mein Mantra fokussieren, meine Intuition hat sich verstärkt, und ich habe in der Nacht oft bedeutsame, visionäre Träume, in denen mir Lösungen für Alltagsprobleme mitgeteilt werden.

Das reduzierte Schlafbedürfnis hielt an. Ich brauche, seitdem ich die Afa-Alge täglich nehme, etwa eine halbe bis eine Stunde weniger Schlaf. Und ich bin in der Zeit, in der ich nicht schlafe, viel wacher. Wenn ich mir abends noch anspruchsvolle Lektüre vorgenommen habe, nehme ich noch zwei oder drei Afa-Algen-Tabletten ein, und ich kann mich hervorragend konzentrieren und behalte das, was ich lese, besser.

Wenn ich vor meinen Vorträgen und Seminaren noch eine Extra-Portion Afa-Algen-Tabletten nehme, bin ich auch nach langer Reise putzmunter und in Hochform. Egal, was ich erlebe, es wird mit Hilfe der Afa-Alge farbiger, intensiver, spannender und meditativer. Noch immer erlebe ich unmittelbar einen Zuwachs an Lebensfreude, wenn ich die Alge esse. Mein Selbstwertgefühl ist gestiegen und wird von meinen Mitmenschen widergespiegelt, wahrscheinlich, weil ich mehr Power habe und das auf meine Umgebung ausstrahle. Ich bin durchsetzungsfreudiger geworden, und gleichzeitig fällt mir alles viel leichter, ist vieles mühelos geworden.

Es ist ein »süßes«, angenehmes Gefühl, ganz lebendig zu sein, ganz da, bereit, sich für etwas einzusetzen, und innerlich immer auf dem Sprung zu sein, über die Komik im Alltag zu lachen, die wir selbst so oft kreieren. Ich merke, dass ich mit Stress besser klarkomme. Es macht mir noch weniger aus, was andere über mich denken, und ich mache einfach das, was ich für wichtig halte, ohne mir unnötige Gedanken darüber zu machen, ob meine Pläne auf Zustimmung oder Ablehnung stoßen. Wenn eines meiner vielen Projekte keinen Applaus erhält, bin ich nicht mehr geknickt und beginne auch nicht mehr wie früher, mein Tun gleich grundsätzlich in Frage zu stellen. Ich erkenne, dass es manchmal einfach nur der falsche Zeitpunkt war, etwas zu initiieren, und mein Selbstbewusstsein kann durch solche Ereignisse nicht mehr erschüttert werden. Ich bin mehr in der Lage, Dinge so anzusprechen, dass mein Anliegen klar herüberkommt, aber ich im Ton freundlich und zuvorkommend bin. Meinem Gegenüber gebe ich nicht mehr oft das Gefühl, ich sei beleidigt oder missgestimmt, wenn er nicht meiner Meinung ist. Dadurch halte ich mir die Tür zu anderen Menschen offen.

Von der Afa-Alge ganz begeistert, schrieb ich in den Weihnachtsferien gleich mehrere Artikel über dieses »Super-Nahrungsmittel«, um sie verschiedenen Zeitschriften anzubieten.

Erst waren die Redakteure skeptisch, als ich ihnen das Thema erklärte, aber als ich dann die Artikel einschickte, waren alle ganz begeistert. Abschließend hoffe ich, dass von diesem Enthusiasmus in diesem Buch genug herüberkommt, um auch Sie zu begeistern, oder zumindest behutsam zu öffnen für das winzig kleine und gleichzeitig große Wunder, das diese Alge ist.

Ein Wunder der Natur

»In den Algen sind sämtliche Geheimnisse des Lebens verborgen.«
Professor William T. Barry, Biologe und Algenforscher

Algen gibt es buchstäblich überall, in rund 50 000 bisher identifizierten Arten. Sie leben in der Luft, im Wasser und auf der Erde – und sogar in unserem Darm. Sie existieren seit etwa 4 Milliarden Jahren auf unserem Planeten und damit länger als jedes andere Lebewesen. Ohne Algen war unsere Erde eine leblose Wüste, eingehüllt von giftigen Gasen. Algen haben als erste Lebewesen, die das Wunder der Photosynthese beherrschten, Sauerstoff produziert und damit unsere einst unwirtliche, lebensfeindliche Erde für Pflanzen, Tiere und Menschen bewohnbar gemacht. Zum Leben brauchen manche Algen, wie die Afa-Alge vom Lake Klamath, nur Mineralien, Wasser und Sonnenschein. Algen produzieren immer noch 80 bis 90 Prozent des Sauerstoffs auf unserem Planeten und sind die Basis der Nahrungskette für Tier und Mensch. Alle Lebewesen auf diesem Planeten sind direkt oder indirekt von der Existenz der Algen abhängig. Ohne sie würde das Leben, wie wir es kennen, nicht bestehen.

Ohne Algen sähe es um die Sauerstoffversorgung auf diesem

Planeten schlecht aus. Während der Photosynthese verwandeln sie Sonnenlicht in Chlorophyll und produzieren dabei schätzungsweise das Vierfache an Sauerstoff wie alle anderen Pflanzen zusammengenommen! Damit stellen Algen, noch vor den tropischen Regenwäldern, unsere wichtigste »grüne Lunge« dar. Eine Algengruppe allein, die Diatome, produzieren mit ihren 10 000 Unterarten pro Tag genug Sauerstoff, um den Bedarf aller Tiere und Menschen auf der Welt befriedigen zu können.

Algen werden auch »Phytoplankton« genannt, weil sie Pflanzen ohne Wurzeln, Blätter oder Blüten sind. Die meisten Algen leben im Meer, einige an Land, und dort sogar in allen Wüsten der Erde. Es gibt Algen, die im kochend heißen Wasser von Geysiren leben, und andere, die im ewigen Eis existieren und im Schnee des Kilimandscharos. Einige leben und vermehren sich weder an Land noch im Wasser, sondern in der Atmosphäre. Andere dieser »Piloten der Luft« verbringen zumindest einen Teil ihrer Existenz zu Wasser oder zu Land.

Einige der bisher identifizierten rund 50 000 Arten sind so klein, dass man ein gutes Mikroskop mit mehr als 1000facher Vergrößerung braucht, um sie überhaupt erkennen zu können. Andere, Kelp-Algen, sind länger als Blauwale, bis zu 50 Meter lang, und damit die größten lebenden Organismen.

Alle Algen bestehen aus Zellen, die für sich allein lebensfähig sind. Sie können aus Kohlendioxid und Wasser, mit Hilfe des Sonnenlichts, Glukose bilden. Es gibt grüne – Beispiel: Chlorella –, braune beziehungsweise blaugrüne – Beispiele: Afa und Spirulina –, goldene, rote – Beispiel: Nori – und purpurfarbene Algen. Je dunkler die Farbe, desto höher ihr Gehalt an Biostoffen.

Viele Algen sind immer in Bewegung. Manche Algen saugen Wasser ein und stoßen es auf der anderen Seite wieder aus und

»propellern« sich so durch die Weite der Meere. Einige Algen, wie die Afa-Alge, sinken in der Nacht auf den Boden des Sees und steigen tagsüber an die Wasseroberfläche, um Sonnenlicht zu tanken. Wenn aber im Hochsommer die Sonneneinstrahlung zu intensiv wird, findet dieser Prozess umgekehrt statt, da zu starkes Sonnenlicht ihre empfindliche Struktur zerstören könnte.

Faszinierend sind auch die Fortpflanzungsmechanismen der Algen. Es gibt sowohl geschlechtliche als auch ungeschlechtliche Vermehrung. Manche teilen sich mehrere Male in der Stunde, bis Millionen neuer Individuen an einem einzigen Tag entstanden sind. Oft wird aus einem See eine dicke Algensuppe. Einige Algenarten produzieren Spermien und Eizellen, manchmal gleichzeitig an verschiedenen Armen. Eine Algenzelle kann sich in wenigen Minuten zu einer Zelle mit der Fähigkeit, sich fortzupflanzen, transformieren. Aus einer befruchteten Eizelle können 64 neue Individuen entstehen, und jedes davon besitzt die gleiche Fruchtbarkeit.

Als Lebensmittel weltweit bekannt

Wer glaubt, Algen als Nahrungsmittel seien eine Modeerscheinung der letzten Jahre, irrt. Es gibt viele Belege von Archäologen und anderen Wissenschaftlern, die uns zeigen, dass während der gesamten Zeit menschlicher Existenz auf diesem Planeten Algen eine bedeutende Nahrungsquelle darstellten. Schon prähistorische Höhlenmenschen nutzten ihre Vorzüge. In der Hochkultur der Ägypter wurden Algen verzehrt. In Europa bildeten Algen einen Teil der Nahrung von verschiedenen Völkern wie Wikingern und Kelten.[1]

Die blühende Kultur der Azteken beruhte als Eiweißquelle

auf der damals auf den mexikanischen Hochseen wie dem Texcoco-See im heutigen Mexiko wild wachsenden Spirulina-Algen, die mit Keschern aus Holz abgeerntet wurden. Die Algen wurden luftgetrocknet und als »tecuitlatl«, Algenkekse, zusammen mit Mais verzehrt. Lange Zeit stellten sich Archäologen die Frage, wie sich die Kultur der Azteken mit einem derartig kargen Nahrungsangebot zu einer solchen Blüte entwickeln konnte, ohne Pferde, Schafe und Rinder, bis man auf die blaugrünen Algen stieß.

Auch die Maya nutzten blaugrüne Mikroalgen, die sie in einem Netz von Wasserwegen und künstlichen Teichen kultivierten. Auf der Halbinsel Yucatán lebten zur Blütezeit der Mayakultur zwei Millionen Menschen.

Seit Jahrhunderten verwenden Asiaten eine Rotalge, Rhodophyta beziehungsweise Nori, als Nahrungsquelle. Dieses Algen-Blatt, von den Japanern Akakusa-nori genannt, ist auch in den USA und England als »laver« bekannt, als »sloke« in Irland, »slack« in Schottland und »luche« in Chile. Die Palmaria ist in USA, Kanada und bei uns als »Dulse« im Handel, als »dillisk« in Irland und »sol« in Island. Allein von der Kombu-Alge werden in Japan jährlich mehr als eine halbe Million Tonnen gegessen. Überall auf den Inseln des Pazifik werden seit alters her Rotalgen verzehrt, es gehören mehr als 70 Sorten zur Nahrungspalette. Lokale Algensorten werden entlang der Pazifikküste Nordamerikas und Kanadas und auf den Philippinen geerntet und verzehrt. In Südamerika ist eine gesalzene Alge, »caghiyugo«, sehr beliebt. In China sind besonders Nostoc und Porphyra als Bereicherung des Speisezettels gefragt.

Bis heute noch erntet der Stamm der Kanembus in Ostafrika blaugrüne Algen am Tschadsee, die getrocknet und als Küchlein auf dem Markt von N'Djamena verkauft oder mit Tomatensauce vermischt verzehrt werden. In drei Vierteln ihrer Mahlzeiten verwenden die Kanembus »Dihé« (Algenkuchen). Schwangere Kanembu-Frauen tragen sogar Algenküchlein als Schutz für das Ungeborene vor bösem Zauber. Dieser Algen essende Stamm zeigt keinerlei Anzeichen von Unter- oder Mangelernährung, im Gegensatz zu benachbarten Stämmen, die Algen nicht als Nahrungsquelle ansehen und verwenden.

Das Rote Meer hat seinen Namen von einer Rotalge. Einige Historiker meinen, dass das in der Bibel erwähnte Manna unter Umständen getrocknete Algen aus dem Toten Meer gewesen sein könnten.

Die Japaner nehmen durchschnittlich etwa 10 Prozent ihrer Nahrung in Form von Algen zu sich. Sie erfreuen sich von allen Industrienationen der höchsten Lebenserwartung, sogar Männer werden dort durchschnittlich älter als 80 Jahre, und Frauen sogar 84 Jahre (zum Vergleich: Bundesdeutsche Männer werden im Durchschnitt 73 Jahre, Frauen 78 Jahre alt!) Gibt es hier vielleicht einen Zusammenhang?

Der Verzehr von Algen mutet vielleicht exotisch an, ist es in Wirklichkeit aber gar nicht. Für die Bewohner von Küstenregionen auf der ganzen Welt sind Algen traditionell Lebensmittel. So haben auch in Europa Bauern an der französischen Atlantikküste oder der deutschen Nordseeküste bis vor wenigen Jahrzehnten Meeresalgen gesammelt und getrocknet, als Beigabe für den Kompost, als Viehfutter für ihre Kühe und auch zum eigenen Verzehr. Ich habe das selbst vor etwa 15 Jahren im Norden Schottlands beobachtet, in der Nähe von Inverness. In Europa wurden Algen wie Seetang jahrhundertelang als Nahrungsquelle für Mensch und Tier und als Düngemittel genutzt. Während der Kriegsjahre waren Algen in Europa als nützliche Nahrungsquelle geschätzt, wurden aber mit dem Landwirtschaftsboom der 50er und 60er Jahre unattraktiv, sodass sie sich bei uns nicht durchsetzten.

Vielfältige Verwendung

Algen sind ein sehr vitalstoffreiches, sozusagen »konzentriertes« Lebensmittel. Sie haben die höchste Nährstoffdichte von allen Nahrungsmitteln weltweit, bei einer sehr hohen Bioverfügbarkeit, das heißt, dass ihre Nährstoffe vom Körper fast hundertprozentig angenommen werden. Angesichts von ausgelaugten Böden und denaturierten Nahrungsmitteln bietet es sich an, mit Algen als natürlicher, konzentrierter Nahrungsergänzung Mangelerscheinungen und den damit verbundenen Krankheiten vorzubeugen. Viele Gesundheitsbewusste verzehren heute regelmäßig Spirulina-, Chlorella- oder neuerdings die wild wachsende Afa-Alge.

Algin, aus Algen gewonnen, ist Bestandteil von Erdnussbutter und findet sich vor allem in den USA auch in Eiscreme, Schlagsahne, Marmelade oder Lippenstift. Agar-Agar, Algenstärke, ist eine gesunde, mineralstoffreiche Alternative zur vielleicht BSE-belasteten Gelatine, die aus Knochenmehl produziert wird. Mit diesem Algenextrakt kann man kalorienfrei Soßen andicken sowie Tortenguss oder leckere Rohkost-Puddinge herstellen. Agar-Agar gibt es in jedem Reformhaus zu kaufen.

Weit reichende Heilwirkung

Was nicht besonders überrascht: Algen haben auf Grund ihrer beispiellosen Vitalstoffdichte weit reichende Heilwirkungen. Im Zweiten Weltkrieg benutzten die Amerikaner Algenextrakte für die bessere Wundheilung bei verletzten Soldaten. Schon vor mehr als 4000 Jahren behandelten chinesische Ärzte, wie heute viele aufgeschlossene Heilpraktiker und Naturheilärzte, Patienten bei Mangelerscheinungen mit Algen. Seit Tausenden von Jahren werden Algen im Orient als Verdauungshilfe, Stärkungsmittel und natürliches Antibiotikum verschrieben. Getrocknete blaugrüne Algen werden in China, Taiwan, Japan und vielen Teilen der Welt als nebenwirkungsfreies Aphrodisiakum geschätzt.

Blaugrüne Algen – die ganz Besonderen

Was unterscheidet die blaugrünen Mikroalgen oder Cyanobakterien von allen anderen? Es gibt von ihnen etwa tausend Sorten, von den winzigen Bakterien-artigen bis zu den riesigen Kelp-Algen mit Merkmalen höher entwickelter Pflanzen. Fossilfunde belegen, dass es sich um die primitivsten und ältesten Algen handelt, die schon vor 3,5 bis 4 Milliarden Jahren das Leben auf diesem Planeten einläuteten. Sie haben diese unvorstellbare Zeitspanne überdauert, während Tausende von anderen Arten von Lebewesen ausstarben. Die Cyanobakterien haben erfolgreich die Erde erobert und sich dabei zu ungeheuren Überlebenskünstlern in den verschiedensten Licht- und Temperaturverhältnissen und chemischen Veränderungen entwickelt. Von dieser ungeheuren Lebenskraft und Anpassungsfähigkeit können wir heute profitieren.

Blaugrüne Algen kommen hauptsächlich in frischem Süßwasser vor, nahe der Oberfläche, weniger im Meer. Viele leben an so unwirtlichen Orten wie Baumstämmen, nackten Felsen oder sogar Straßenrändern. Die meisten haben keine Möglichkeiten, sich fortzubewegen, aber einige sind auch dazu in der Lage.

Biologisch gesehen stehen blaugrüne Algen zwischen Bakterien und grünen Pflanzen, haben sogar Gemeinsamkeiten mit

Tieren, und stellen somit eine Brücke zwischen diesen Lebensformen dar. Wie bei Bakterien, sind die Vorrichtungen für die Photosynthese, das Atmungssystem und das genetische Material nicht von internen Membranen getrennt. Die gesammelte »Information« der Alge, zum Beispiel wie man sich erfolgreich vor zu starker Sonneneinstrahlung schützt oder Enzyme herstellt, ist »vollkommen verfügbar«.[2] Daryl Kollmann, »Entdecker« der Afa-Alge, drückt dies so aus: »Die lebenswichtigen Bakterien im Verdauungstrakt haben vollständigen Zugang zu allen Informationen, welche die Alge über Jahrmillionen angesammelt hat.«

Wie andere Pflanzen auch, sind blaugrüne Algen in der Lage zur Photosynthese, nur wesentlich effektiver. Sie haben sozusagen die Photosynthese, die Umwandlung von Sonnenlicht in Nahrung, »erfunden«! Es handelt sich bei den blaugrünen Algen um die chlorophyllreichsten Pflanzen auf der Erde, wobei die Afa-Alge den absoluten Spitzenplatz innehält. Sie weisen darüber hinaus noch weitere Farbpigmente auf, wie orangene Betakarotene und die Phycobiline, bestehend aus blauen Phycocyaninen und roten Phycoerythrinen. Die Afa-Alge besitzt elf verschiedene Farbstoffe, welche verschiedenfarbige Strahlen des Sonnenlichts absorbieren beziehungsweise reflektieren.

Blaugrüne Algen besitzen weiche, verdauliche Zellwände, die aus Glykogen bestehen, die unser Körper als Nahrung nutzen kann. Viele andere Pflanzen haben unverdauliche Zellwände, wie übrigens auch die Grünalge Chlorella, die daher extra aufgeschlossen werden muss. Wir können so weitaus mehr Nährstoffe aus blaugrünen Algen aufnehmen als aus anderen vegetabilen Quellen.

Die Entdeckung der Afa-Alge

Pionierarbeit

Wer hat die Afa-Alge »entdeckt« und zum »Star« unter den natürlichen Nahrungsergänzungsmitteln gemacht? Wie konnte sie zum Mittelpunkt eines Millionen-Dollar-Business werden und ihren Siegeszug durch die USA, Kanada und jetzt auch in Europa antreten?

In ihrem spannenden Buch »A Molecule Of Hope For A Changing World« (siehe Literaturverzeichnis) hat die Bestseller-Autorin Linda Grower dem Ehepaar Daryl und Marta Kollmann, Entdecker der Afa-Alge und Inhaber der Cell Tech Company ein literarisches Denkmal gesetzt.

Daryl war Lehrer. Nach seiner Hochzeit mit Marta nahm er einen Job in Hilton Head, South Carolina, als Schulleiter einer Grundschule in einem »Problemgebiet« an, auf der Aggressionen und Disziplinprobleme an der Tagesordnung waren. Er merkte, dass viele seiner Schüler Schwierigkeiten hatten, sich längere Zeit zu konzentrieren. Seine Beobachtungen zeigten ihm, dass der Verzehr von »Junk Food« – leeren Kohlenhydraten wie Weißmehl und Zucker, Burger, Soft Drinks, Fertigprodukten, Konserven – zu Aufmerksamkeitsstörungen der Kinder führten, und dass ihre Schulleistungen und ihr Verhalten positiver waren, je weniger sie davon aßen (dem Zusammenhang zwischen Ernährung und Schulleistungen und Verhalten wird in diesem Buch im Kapitel »Aufmerksamkeitsstörungen und Hyperaktivität« auf Seite 168 nachgegangen). Daraufhin begann er, nach einer Lösung für seine Schüler zu suchen.

Anfang der siebziger Jahre besuchte Daryl mit seiner Familie – das Ehepaar hatte mittlerweile zwei Söhne bekommen – seinen älteren Bruder Vic, der in Los Alamos in New Mexico Algen, Tabak und andere schnell wüchsige Pflanzen für biomedizinische Zwecke anbaute. Daryl war fasziniert vom Algen-Anbau. Laborratten, die mit diesen Algen – Spirulina und Chlorella – gefüttert wurden, wurden gesund, und ihre Verhaltensprobleme – Nervosität, Aggressivität, Kannibalismus – verschwanden nach nur kurzer Zeit.

Daryl war auf der Suche nach dem idealen Lebensmittel. Nachdem ihm Experten versichert hatten, dass Algen tatsächlich das nahrhafteste, vitalstoffreichste Nahrungsmittel der Welt darstellen, entschloss sich das Ehepaar Kollmann, ins kommerzielle Algengeschäft einzusteigen, Algen-Teiche anzulegen und Spirulina-Algen darin zu züchten. Sie waren damit einige der Pioniere der Algenbewegung in den siebziger Jahren in den USA. Sie legten einen riesigen Algen-Teich in der Größe von 125 Hektar an, um für eine japanische Firma jährlich 30 Tonnen Algen liefern zu können. Der Teich war besonders in der Nacht von weither zu sehen, weil er mit Fiberglas abgedeckt war, das wie Eis glänzte, und außerdem nachts angestrahlt war, um das Wachstum der Algen zu stimulieren. Von oben sah er aus wie ein beleuchtetes Raumschiff. Der Senator Harrison H. Schmidt hatte ein Foto von der Anlage gesehen, war neugierig geworden und besuchte daraufhin die Kollmanns.

Damit wurde die Presse auf das Algenprojekt aufmerksam, und es erschien ein Artikel, der eine große Menge Fleisch einer sehr kleinen Menge Algen gegenüberstellte mit dem Hinweis, dass die Algen eine sehr preiswerte und hochwertige Eiweißquelle seien. Ein Anwalt in Klamath Falls in Oregon las diesen Bericht und fragte sich, ob die wild wachsenden Algen im nahe gelegenen Klamath Lake vielleicht ein ähnliches Potenzial besitzen. Er schickte Daryl Kollmann einen Brief, und eine Weile später eine Probe der Algen. Fast unmittelbar, nachdem Daryl selbst gefriergetrocknete Afa-Algen vom Klamath-See in einem Glas Wasser aufgelöst getrunken hatte, fühlte er eine Wirkung. »Mein Energieniveau war mittags noch genauso hoch wie gleich nach dem Aufwachen. Auch während des Nachmittags blieb das so.«[3] Daraufhin bot er seiner Frau einen Afa-Algen-Trunk an, den sie gegen 18 Uhr trank. Sie blieb die ganze Nacht wach und hatte soviel Energie, dass sie Liegengebliebenes im Haushalt erledigte, Regale aufräumte und Schreibarbeiten erledigte.

Daryls schlimme Allergien verschwanden nach kurzer Zeit. Alle, denen sie die Alge zum Probieren gaben, waren begeistert und wollten mehr davon. Bei der Spirulina- und Chlorella-Alge hatte Daryl nie etwas Besonderes gespürt. Bei der Afa-Alge war es anders. Die Kollmanns waren überzeugt, dass die Wildalge vom Klamath Lake ein noch besseres Produkt als die künstlich gezogenen Algen Spirulina und Chlorella sind.

Ein ehrgeiziges Projekt

Im darauf folgenden Frühjahr ließen die Kollmanns sich 8000 Tonnen Afa-Algen aus Oregon kommen. Daryl verkrachte sich mit seinem Bruder Vic, der die Exklusivrechte zum Abernten der Afa-Alge gekauft hatte. Später wurden diese exklusiven

Ernte-Rechte jedoch von den zuständigen Behörden als unrechtmäßig aufgehoben.

Daryl Kollmann wusste, dass er Kindern in Slums und Problemgebieten wirksam helfen wollte. Im Traum erschien ihm die Botschaft: »Die Lösung liegt im Wasser.« Sofort wurde ihm klar: Es ist die Afa-Alge! Es gelang ihm, seinen Bruder, mit dem er eineinhalb Jahre kein Wort gesprochen hatte, zu überzeugen, ihm eine größere Menge Algen zu verkaufen. Das Geld für die Vermarktung hatte er nicht mehr.

Allerdings war es ihm gelungen, die Eigentümer einer erfolgreichen Firma, die Solaranlagen verkaufte, davon zu überzeugen, dass das Afa-Algen-Geschäft Erfolg versprechend sei. So ließ er sich 1981 mit seinen neuen Freunden in Klamath Falls, einer kleinen Stadt am Klamath Lake, nieder.

Als Daryl in der wunderschönen Umgebung des Sees mit dem Auto eine Fahrt ins Blaue machte, stieß er auf die Lösung des Problems, das ihm sein Bruder eingebrockt hatte: Er fuhr zufällig an die Kanäle, die südlich vom Klamath Lake angelegt sind, und fand sie voller Afa-Algen. Aus Geldmangel musste Daryl sich um Investoren bemühen, die seine Firma Cell Tech kauften, was ihm auch gelang. Im August 1990 kauften Daryl und Marta Kollmann Cell Tech jedoch zurück. 1990, das war 15 Jahre, nachdem sie sich auf die Suche nach dem idealen Nahrungsmittel gemacht hatten, das Kindern bei Schulproblemen helfen könnte.

Dies war der Beginn einer Multi-Level-Marketing-Organisation, die 1997 3,6 Millionen Dollar Jahresumsatz mit der Afa-Alge erzielt hat. Mit ihren »Distributors« (Verteiler) sind die Kollmanns, jetzt unterstützt durch ihre mittlerweile erwachsenen Söhne, dabei, ein globales Netzwerk aufzubauen. Sie haben sich ein hohes Ziel gesteckt. Jeder Erdenbürger soll täglich 1 Gramm Afa-Algen bekommen, als Lösung des Ernährungs-

Die Autorin mit Marta und Daryl Kollmann, den »Entdeckern« der Afa-Alge vor dem Gebäude ihrer Firma Cell Tech

problems weltweit. Für dieses ehrgeizige Projekt würden genug Algen im Klamath Lake wachsen.

Die Cell-Tech-Philosophie lautet zusammengefasst: Was wir für unsere Ernährung brauchen, war einmal reichlich im Boden vorhanden. Dies ist jetzt nicht mehr der Fall, und die Afa-Alge macht diesen Mangel wett. Wenn wir aus unseren Lebensmitteln nicht mehr die Nährstoffe bekommen, die wir brauchen, können Körper und Geist nicht so funktionieren, wie sie sollten. Wenn wir sie aber mit den richtigen Stoffen zur Erneuerung versorgen, erledigt der Körper den Rest.

Jahrelang investierte Cell Tech 10 Prozent ihrer Gewinne in gemeinnützige Projekte wie der Versorgung von Slumkindern in Los Angeles, Kindern in Tschernobyl oder Schulkindern in Nicaragua mit der Afa-Alge. Die Erfolge einiger dieser Projekte habe ich im Kapitel »Die Afa-Alge in Studien für Kinder mit Aufmerksamkeitsstörungen mit und ohne Hyperaktivität (ADHD)« auf Seite 178 beschrieben. Die Vision der Kollmanns: Eine Welt mit gesunden Menschen schaffen, die in Harmonie mit ihrer Umwelt leben.

Der Klamath-See – ein einzigartiges und intaktes Biotop

»Das Genie der Natur scheint sich zu seiner größten Kapazität hinaufgeschwungen zu haben, um diesen großartigen und Ehrfurcht gebietenden Tempel zu bauen. Etwas Ähnliches hat die Welt nie zuvor gesehen.«

William G. Steel, der Gründer des 1902 errichteten »Crater Lake National Park« über den Crater Lake, der den Klamath-See speist.

Die Afa-Alge ist eine wild wachsende blaugrüne Alge, die in einem einzigartigen Biotop wächst: Im Upper Klamath Lake, dem Oberen Klamath-See, in Oregon. Dieser Süßwassersee, mit 360 Quadratkilometern einer der größten der Erde, liegt auf einer Höhe von etwa 1450 Metern, ist von den südlichen Oregon Cascade Mountains umschlossen und liegt mitten in einem Vulkangebiet, das als Nationalpark ausgewiesen ist. Die einzigartige, unberührte Landschaft, die klare Luft, das Fehlen von Industrieanlagen und größeren Straßen, die hohen Berge ringsum, (Mount McLoughlin direkt am See, 2894 Meter hoch, und der heilige Mt. Shasta mit 4316 Metern) sowie die *Rivers of Light* (»Flüsse des Lichts«), die den See mit mineralstoffreichem Quellwasser versorgen, bilden zusammen die idealen Lebensbedingungen für eine Alge, die nirgends sonst gedeiht und die ein einzigartiges Nährstoffprofil und Schwingungspotenzial aufweist.

Die Algen werden in Mineralstoffen und Spurenelementen regelrecht »gebadet«, mit 300 Tagen Sonnenschein im Jahr verwöhnt und mit optimalen Temperaturen für gesundes Wachstum, Auslese und Vermehrung versorgt. Die extremen Minustemperaturen im Winter sorgen dafür, dass nahezu 99 Prozent aller Algen absterben. Nur die Stärksten überleben und pflanzen sich im nächsten Jahr fort.

Die Geschichte der Alge ist faszinierend. Vor etwa 7700 Jahren hatte die Explosion des Mount Mazama den nordamerikanischen Kontinent erschüttert, die Hunderte von Male stärker war als die von Mount St. Helens, dessen Vulkanasche sich mit dem Wind um die ganze Welt verteilte. Die Indianer, die Zeugen dieses gewaltigen Naturschauspiels wurden, überlieferten die Geschichte mündlich über mehr als 300 Generationen an ihre Nachfahren weiter, in denen sie heute noch lebendig ist.[4] Die oberen 1700 Meter des Berges wurden bei der gewaltigen Explosion des Mount Mazama abgesprengt, und gewaltige Mengen von Vulkanasche als zehn Meter dicke nährstoffreiche Schicht über eine 10000 Quadratkilometer große Region verteilt. (Übrigens: Wer Indianer treffen und die Geschichte des Sees aus ihrem Munde hören möchte, kann sich an das Touristenbüro von Klamath Falls, der kleinen Stadt am Fuße des Sees, wenden, oder an die Indianer-Organisation »The Klamath Tribe«, P.O. Box 436, Chiloquin, OR 97624, Tel. 001-541-783-2218.)

Während der gewaltigen Explosion regneten Millionen Tonnen reichhaltiger Mineralasche aus der Tiefe der Erde über Hunderte von Kilometern verteilt nieder. Lavabrocken, die in die Umgebung geschleudert wurden, fand man in den weit entfernten Gebieten von Idaho und Calgary. Noch immer speist jedes Jahr die Schneeschmelze den idyllischen Oberen Klamath-See mit vielen oberirdischen Zuflüssen und vielen unterirdischen Quellen mit jährlich 50 000 Tonnen mineralreichem Vulkanschlamm aus dieser Zeit. Es ist ein einzigartiges Naturerlebnis, diese *Rivers of Light* zu besuchen, in denen wie aus kleinen Geysiren Wasser hochblubbert und kleine Sandwolken produziert. An ihren Ufern wachsen zahlreiche wunderschöne und teilweise seltene Blumen, und auch die Urformen unserer roten und weißen Johannisbeeren, die köstlich schmeckende Beeren tragen. Einige dieser Hunderte von über- und unterirdischen Quellen werden vom azurblauen, sagenumwobenen Crater Lake gespeist, einem »Naturwunder«, der durch das Absprengen der Spitze des Mount Mazama entstand und fast 660 Meter tief ist. Der kalte Crater Lake enthält vielleicht das reinste und klarste Wasser der Erde und strahlt daher in einem unbeschreiblichen tiefen Blau. Mit Messinstrumenten kann man noch in 70 Metern Tiefe genau ablesen, was normalerweise nur bis maximal 12 Meter möglich ist. In alten Zeiten verboten indianische Schamanen den meisten, diesen See zu sehen, und seine Existenz wurde als Geheimnis gegenüber Trappern und Pionieren gewahrt, die ihn 50 Jahre lang nicht fanden. Erst 1853, auf der Suche nach einer Goldmine, wurde er von Weißen entdeckt.

Die Afa-Algen saugen sich wie ein lebender Schwamm mit Nährstoffen und Spurenelementen voll, die über unter- und überirdische Zuflüsse in den See getragen werden. Teilweise strömen die Wasser vom Crater Lake in Kaskaden und Wasserfällen Richtung Klamath Lake. Das Wasser des Klamath Lake hat amtlich bescheinigt Trinkwasserqualität. Der Nitratgehalt im See beläuft sich auf 0,2 Milligramm pro Liter, der offizielle Grenzwert für Nitrat im Trinkwasser beträgt 50 Milligramm pro Liter. Das Sediment aus Vulkanasche und unendlich vielen Algen-Generationen im See erreicht mittlerweile mehr als 10 Meter, bei einer durchschnittlichen Wassertiefe von nur etwas mehr als drei Metern. Der Biochemiker und Arzt Dr. Paul Swanson bezeichnet den Klamath-See als »einen der am unberührtesten, am wenigsten belasteten und mineralstoffreichsten Seen vulkanischen Ursprungs auf der Welt, der Menschen die Gelegenheit zu etwas bietet, was der ursprünglichen Gesundheit unserer Ahnen so nahe wie möglich kommt.«[5] Abrams: »Der mineralstoffreiche Inhalt des Oberen Klamath-Sees ist ideal, um die Mineral- und Enzymsysteme der Afa-Alge auf dem höchstmöglichen Niveau zu halten.«[6]

Auch den Mt. Shasta im Süden, eines der Wahrzeichen vom Klamath Lake, umranken zahlreiche Legenden. Von den Indianern wird er als heiligster Berg Nordamerikas verehrt, und er war und ist ihnen so heilig, dass kein traditionell denkender Indianer den Berg je bis zur Spitze besteigen und ihn damit entweihen würde. Die Karuks, Shastas und Modocs, Indianerstämme am Fuße des Mt. Shasta, achteten den Berg als so etwas Erhabenes, dass sie seine Existenz nur mit dem direkten Wirken des Großen Geistes oder Schöpfers erklären konnten (wer sich für diese Hintergründe interessiert, kann sich wenden an: Karuk Tribe of California Administration Office, 64236 Second Ave., Happy Camp, Mt. Shasta, Tel. 001-530-493-5305). Er ist mit mehr als 4000 Metern Höhe einer der höchsten Berge Nordamerikas und auch im heißesten Sommer von einer Schneekappe bedeckt. Ich war auf diesem Berg und so fasziniert von der hohen Energie dieses Kraftortes, die einen zu einem meditativen Bewusstseinszustand einlädt. Sogar mein 11-jähriger Sohn wurde ganz still, als er an einer der heiligen Quellen auf dem Berg saß. Wir haben dort meditiert, und ich habe ein sehr intensives Gefühl von Freude, Frieden und Kraft gespürt.

Heute wird der Mt. Shasta nicht nur von den Indianern als Kraftort verehrt, sondern in dem gleichnamigen Dorf am Fuß des Berges haben sich auch viele Anhänger der New Age-Bewegung und spirituelle Künstler niedergelassen, um von der Ausstrahlung des Berges zu profitieren.

Wenn man berücksichtigt, dass Nahrung eine Botschaft hat und Informationsträger ist, wundert es nicht, dass die Afa-Alge, die diese hohen Schwingungen aufnimmt, eine so beeindruckende Wirkung auf Körper, Seele und Geist besitzt. Wir »trinken« mit ihr Ordnung, und zwar eine Ordnung der kraftvollen Umgebung, die Jahrtausende alt ist, und sie selbst bringt uns als eines der ältesten Lebewesen in Kontakt mit der Energie des Beginns allen Lebens.

Außer in New Mexico habe ich noch nie eine so menschenleere Gegend gesehen wie den Klamath-See und seine Umgebung. Man kann stundenlang in den Wäldern spazieren gehen, wilde Beeren wie Johannis- oder Erdbeeren sammeln, die wunderbare Tier- und Pflanzenwelt beobachten oder den Rivers of Light folgen, und man trifft keine Menschenseele – und das mitten im Juli, der Hauptferienzeit. (Wer sich für eine Reise an den Klamath-See interessiert, kann sich bei der dortigen Tourismus-Zentrale vorab informieren: »Klamath County Tourism«, 1451 Main Str., P. O. Box 1867, Klamath Falls, Oregon 97601, Tel. 001-541-884-0666, Fax -884-0666. Ab Sommer 2001 bietet die Firma Sanacell Reisen zum Klamath Lake und zum Mt. Shasta an.)

Auf dem See selbst findet kein Wasserski, Badebetrieb oder Motorboot-Fahren statt. Warum nicht? Wegen der Algen! Im Sommer, wenn das Wasser warm ist, blühen auch die Afa-Algen, und eine dicke, leuchtend grüne »Algen-Suppe« bedeckt große Teile des Sees. Wenn man hindurchfährt, kann man sich mit einem Gefäß Algen herausfischen und essen. Sie schmecken so, frisch aus dem See, wie ungewürzter Spinat. Nur einige speziell angefertigte Ernteboote der Algen-Firmen finden sich auf dem riesigen See, und ab und zu werden sie von kleinen Motorbooten angefahren, um das kostbare Grün, die gereinigten und gekühlten Algen, ans Ufer zur weiteren Verarbeitung zu transportieren.

Ich habe es mir allerdings nicht nehmen lassen, einmal durch die Algen zu schwimmen. Es fühlt sich an, als wenn man durch Spinat schwimmt, und es dauerte etwas, bis ich danach all die leuchtend grünen Algenfäden aus meinem Bikini entfernt hatte.

Einige der Bewohner am See sind nicht gerade begeistert, dass die Afa-Alge eine touristische Nutzung des Sees vereitelt. Aber auch ohne Algen-Nutzer wäre dies sicher problematisch, da an dem See etwa 60 Weißkopf-Adlerpaare brüten, Wappentier der USA, von insgesamt 600 in den Vereinigten Staaten. Erst im Juni 1999 hob Bill Clinton die Eingruppierung dieser wunderschönen Vögel in die Gruppe »Endangered Species« auf. Der Bestand hat sich in den USA so weit erholt, dass er zurzeit nicht mehr gefährdet ist. Aufgrund der vielen brütenden Weißkopf-Adler – wir haben viele in ihren Nestern beobachten können – darf kein Privat- oder Militärflugzeug dem See nahe kommen. Insgesamt sind mehr als 500 Tierarten am Klamath-See heimisch. Dass sich so viele Tiere hier offenbar wohl fühlen, ist ein Zeichen für eine weitgehend intakte Ökologie und das Fehlen jeglicher Umweltverschmutzung. Ich wünsche den Lesern dieses Buches, dass Sie einmal die Gelegenheit haben, eine Reise zur Heimat der Afa-Alge zu machen. Wer sich einer interessierten Gruppe unter kompetenter Reiseleitung und Kontakten zu Algen-Herstellern vor Ort anschließen möchte, kann sich an die Berliner Firma Sanacell wenden (Adresse siehe Anhang).

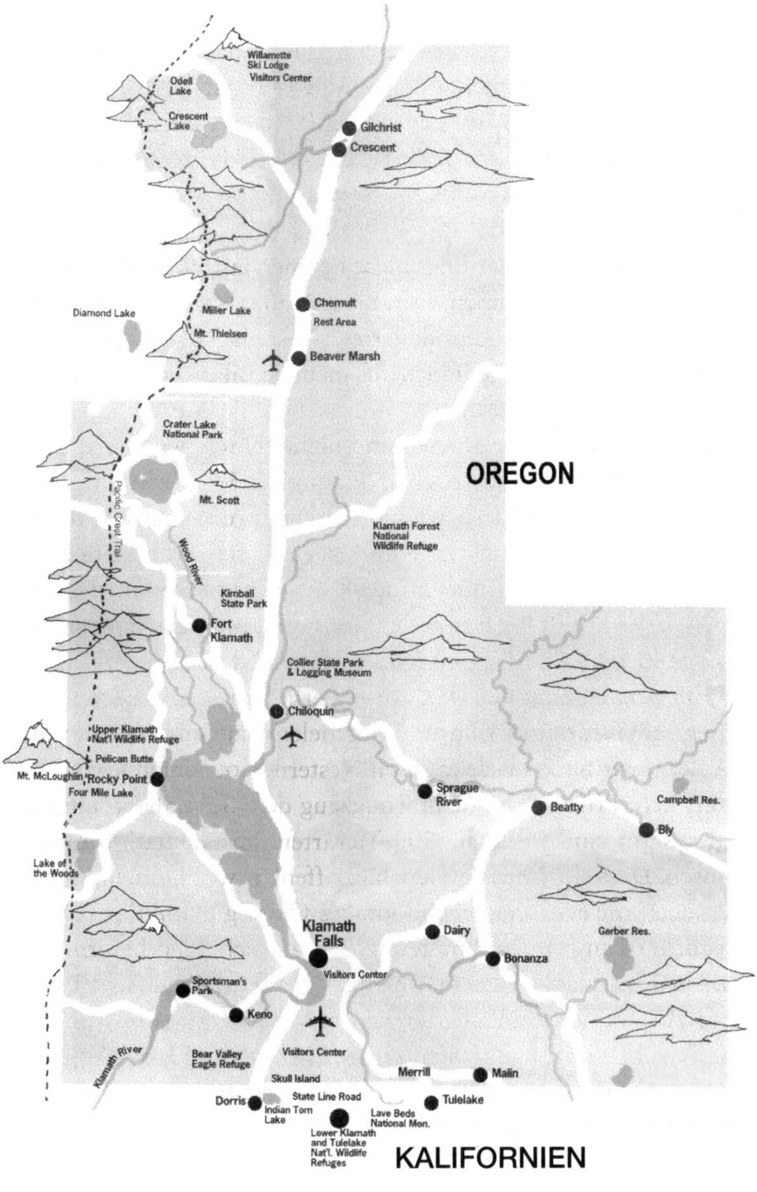
Willamette
Ski Lodge
Visitors Center
Odell
Lake
Crescent
Lake
Gilchrist
Crescent
Diamond Lake
Miller Lake
Chemult
Rest Area
Mt. Thielsen
Beaver Marsh
Crater Lake
National Park
OREGON
Mt. Scott
Pacific Crest Trail
Wood River
Klamath Forest
National
Wildlife Refuge
Kimball
State Park
Fort
Klamath
Collier State Park
& Logging Museum
Chiloquin
Upper Klamath
Nat'l Wildlife Refuge
Pelican Butte
Mt. McLoughlin
Rocky Point
Four Mile Lake
Sprague
River
Beatty
Campbell Res.
Bly
Lake of
the Woods
Klamath
Falls
Dairy
Gerber Res.
Bonanza
Visitors Center
Sportsman's
Park
Keno
Klamath River
Bear Valley
Eagle Refuge
Visitors Center
Skull Island
Merrill
Malin
State Line Road
Dorris
Indian Tom
Lake
Tulelake
Lave Beds
National Mon.
Lower Klamath
and Tulelake
Nat'l. Wildlife
Refuges
KALIFORNIEN

Ernte und Verarbeitung

Ein Abenteuer, das auch zur Erntezeit nicht immer möglich ist

Wer im Sommer an den Klamath Lake fährt, sieht auf dem riesigen See einige weit verstreute Ernteboote vor allem im Norden, wo die Rivers of Light und viele unterirdische Quellen den See speisen. Nur die Firma Cell Tech erntet an den Kanälen unterhalb des Sees. Wie Gabriel Cousens und der Algen-Experte Professor William T. Barry schreiben, ist die Qualität der Algen besser, wenn sie auf dem See selbst herausgefischt werden, weil sie dann in ihren natürlichen »Blooms« zusammenhängen und nicht, wie in den Kanälen, von der Strömung auseinander gerissen sind. Die Energie im völlig naturbelassenen und menschenleeren Nordteil des Sees ist sicherlich sehr viel höher als in den von Menschen gemachten Kanälen, die an der kleinen Stadt Klamath Falls vorbeifließen. Ursprünglich hatte Cell Tech keine Ernteerlaubnis auf dem See selbst, inzwischen wurde das Verbot als unrechtmäßig aufgehoben. Ehrlich gesagt wundere ich mich, warum jetzt nicht auch Cell Tech auf dem See selbst erntet, aber vielleicht ist es der Firma zu teuer, spezielle Ernteboote zu konstruieren und zu bauen. Allerdings müssen auch die Produkte dieser Firma von guter Qualität sein, weil sie in

Ein Ernteboot auf dem Klamath-See

vielen wissenschaftlichen Studien verwendet wurden und sehr gute Ergebnisse bei der Linderung verschiedenster Krankheitsbilder erbrachten.

Die kleineren Ernteboote auf dem See sind vielleicht 20 Meter lang, die größten haben 50 Meter Länge und 15 Meter Breite. Die letzteren sind so groß, weil sie in der Erntezeit Tag und Nacht auf See sind. Es wird auch in der Nacht gearbeitet, wenn die Witterungsverhältnisse günstig sind, das heißt, wenn es keinen Regen gibt, die Strömung gering ist und Windstille herrscht.

Auf den größten Booten gibt es zudem große Kessel, in denen die Algen gleich vor Ort gekühlt werden. Besonders Chlorophyll ist sehr temperaturempfindlich, und seine Aktivität geht zurück, wenn es längere Zeit höheren Temperaturen oder der Luft ausgesetzt wird.

Die Ernteboote gibt es nicht zu kaufen, sondern sie wurden von den Firmen vor Ort entworfen und individuell gebaut. Es gibt keinerlei Erfahrung, auf welche diese Firmen zurückgreifen können, alles ist Pionierarbeit. Das größte der Boote, die auf dem See fuhren, als ich im Sommer 1999 am Klamath Lake war, ist das der Firma Klamath Blue Green Algae. Es misst fast 50 Meter. Das Wasseransaugrohr ist so konstruiert, dass es in der Höhe verstellbar ist. Das ist deshalb wichtig, weil sich die Afa-Algen zwischen der Wasseroberfläche und einem Meter Wassertiefe aufhalten und sie dann im besten Zustand sind, was Frische und Reifegrad betrifft. Man spricht von »blooming Algae«, also blühenden Algen, obwohl die Afa-Alge ja eigenlich gar keine Blüten hat. Der Vorteil dieser aufwendigen Vorrichtung: Man erntet unterhalb der Wasseroberfläche und saugt damit sehr wenige der Verunreinigungen, die an der Wasseroberfläche schwimmen – wie zahllose tote Insekten – auf. (Die Algen, welche mit Absaugrohr und nicht über rotierende Siebe geerntet werden, werden in Deutschland von den Firmen Sanacell und allcura vertrieben.)

Auf dem großen Ernteboot werden viele Arbeitsprozesse wie Kühlung, erste Reinigung und Untersuchung unter dem Mikroskop bereits vor Ort vorgenommen. Nachdem die Algen über das Ansaugrohr angesaugt worden sind, werden sie über ein Verteilerrohr durch Ausfluss-Stutzen auf ein großes Sieb von 12 mal 12 Metern herausgedrückt und verteilt. Hier bereits werden die Algen eingedickt, indem der größte Teil des Wassers durch das Sieb gleich wieder zurück in den See fließt.

Die wässrige Algenbrühe läuft dann durch vier sich ständig drehende Entwässerungstrommeln, und ihr wird dabei weiter Wasser entzogen. Es entsteht ein dicker Algenbrei mit der Farbe und Konsistenz von Spinat, der über ein Transportband in einen gekühlten Auffangbehälter weiterbefördert wird. Bei dem Ernteboot der Firma Klamath Blue Green Algae erfolgt jeder weitere Arbeitsschritt unter gekühlten Bedingungen. Die »Algensuppe« wird dann auf dem Boot durch verschiedene Zentrifugen, die sich langsam drehen, gereinigt und gefiltert. Danach wird sie in großen, gekühlten Algentanks aufbewahrt, in denen sie ständig durchmischt wird. Diese Durchmischung ist wichtig, damit bei den Analysen zur Qualitätssicherung ein repräsentativer Querschnitt erfasst wird. Die erste Untersuchung auf Reinheit und auf das Vorkommen eventueller Mikrozysten (siehe das Kapitel »Die Afa-Alge – so gesund wie sicher!« auf Seite 47) findet bei dieser Firma bereits auf dem Ernteboot statt.

Nachdem ein Algentank gefüllt ist, wird er mit einem kleinen Shuttle-Boot in einem gekühlten Container ans Ufer gebracht, wo sich firmeneigene Gebäude und Laboratorien sowie weitere Bearbeitungsvorrichtungen und die Kühlhallen befinden. Mir kommt dieses Verfahren sehr gut durchdacht vor. Die Inhaltsstoffe bleiben bei diesem schonenden Ernteverfahren optimal erhalten.

Die Weiterverarbeitung – gewissenhaft und mühsam

Die Algen werden am Ufer mit Spezialfiltern von Daphnia, Mikrozysten und Verunreinigungen aller Art gesäubert. Die Filter sind so konstruiert, dass sie ausschließlich die winzige Afa-Alge hindurchlassen, aber die viel größeren Mikrozysten, Daphnia, Insekten und anderes nicht hindurchpassen. Zwischendurch werden immer wieder Proben entnommen, untersucht und Zwillingsproben aus dem gleichen Sediment an unabhängige Labors, zum Beispiel in Kanada, zur Begutachtung verschickt. Anschließend werden die Algen in einer Kühlhalle tiefgefroren. Bevor nicht die Untersuchungsergebnisse vorliegen, werden keine nummerierten Chargen von tiefgekühlten Algen zur Weiterverarbeitung freigegeben.

Die Konservierungsmethoden

Die tiefgefrorenen Algen werden je nach Auftrag zum schonenden Gefriertrocknen gebracht und sowohl davor als auch danach wiederholt auf Reinheit und Inhaltsstoffe untersucht. Der Gefriertrocknungsprozess ist die derzeit bestbekannte und bei Afa-Algen-Firmen am weitesten verbreitete Konservierungsmethode. Diese »Lyophilisation« wird angewandt, um empfindliche Güter einzufrieren und ihnen anschließend das ausgefrorene Wasser bei niedriger Temperatur unter einem Vakuum durch eine direkte Überführung des Eises in Wasserdampf zu entziehen. Das energieaufwendige und damit teure Verfahren ist »ernährungsphysiologisch zu empfehlen«, die Vorzüge liegen bei der »weitestgehenden Erhaltung des Gefüges und der äußeren Form« sowie der langen Haltbarkeit.[7]

Eine der Afa-Algen-Firmen vor Ort, Rossha Enterprises, wendet ein besonderes Sprühtrocknungs-Verfahren, »instadry« an. Bei diesem in der Fachliteratur als »werterhaltend und schonend« bezeichneten Verfahren des Sprühtrocknens[8] wird ein Extrakt durch eine Düse einem warmen, trockenen Luftstrom entgegen zerstäubt. Die Abfüllung des sehr stark Wasser anziehenden Pulvers erfolgt unter Vakuum. Technisch betrachtet geht dem Instantisieren immer eine normale Sprühtrocknung voraus. Die einzelnen Körnchen werden zu Partikeln miteinander verbunden und gemahlen.

Professor Abrams spricht sich für das Gefriertrocknen der Alge aus. Sonnengetrocknete Algen würden nach seiner Meinung 30 Prozent ihres Methionin-Gehaltes und denselben Prozentsatz an Betakarotin verlieren. John Apsley befürchtet, dass beim Sprühtrocknen durch den Kontakt mit Sauerstoff das fettlösliche Chlorophyll ranzig werden könnte. Professor Barry empfiehlt wiederum die Sprühtrocknung der Firma Rossha.

Ich habe gute Erfahrungen sowohl mit gefriergetrockneten als auch mit sprühgetrockneten Afa-Algen gemacht. Auf jeden Fall werden die Algen von allen Anbietern, bis auf einen, erst einmal tiefgefroren, wodurch die Zellwand aufbricht und die Nährstoffe leichter verfügbar sind. Da Afa-Algen keine Zellkerne haben, in denen die Informationen gespeichert sind, sondern die DNS über die ganze Zelle verteilt ist, scheint die Zersplitterung der Zellwände durchs Gefrieren keinen Nachteil zu haben. Luftgetrocknete Algen ohne Tiefkühlprozess werden zurzeit in Deutschland noch nicht angeboten (wer sich dafür interessiert, siehe die »Firmenporträts« im Anhang ab Seite 282 und meine ständig aktualisierte Bezugsquellenliste im Internet unter http:/www.BarbaraSimonsohn.de).

Nach meinem Eindruck bemühen sich alle Hersteller um einen bestmöglichen Erhalt der empfindlichen Inhaltsstoffe und vermeiden höhere Temperaturen als Körpertemperatur sowie die Zerstörung empfindlicher Stoffe durch Sauerstoff. Sie verbessern ständig ihre Ernte- und Weiterbearbeitungsverfahren. Die Endprodukte sind enzymaktiv, und auch das Chlorophyll ist noch zu rund 95 Prozent aktiv, was einen sehr guten Wert darstellt.

Manchmal werden die Algen direkt beim Hersteller abgepackt, einige Firmen kaufen allerdings auch die Algen als Bulkware und tablettieren selbst oder füllen selbst ab. Der Tablettierungsvorgang wird bei 20 bis 38 Grad Raumtemperatur durchgeführt, um die wärmeempfindlichen Vitamine, Enzyme und das Chlorophyll optimal zu erhalten. Die Algen aller Hersteller, die Ware in Deutschland anbieten, sind nach den strengen US-Richtlinien als »kontrolliert biologisch« zertifiziert.

Vielleicht hat dieses Kapitel Ihnen einen Eindruck vermittelt, wie anspruchsvoll und mühsam der Ernte- und Verarbeitungsvorgang der Afa-Alge ist, und welche ausgeklügelten Verfahren Firmen entwickelt haben, um den Vitalstoffgehalt der Wildalge optimal zu erhalten, sodass sie weitgehend ihren Rohkostcharakter beibehält. Die Wirkung der Alge gibt diesen Bemühungen Recht, die ständig weiter verfeinert und optimiert werden. Wo sonst bekommt man ein Produkt aus Wildwuchs, enzymaktiv, nährstoffschonend verarbeitet, geerntet fernab jeder Umweltbelastung? Die meisten unserer Heilkräuter, die wir in der Apotheke bekommen, werden in Monokulturen angebaut. Welch Unterschied zur Afa-Alge, die sich jedweder Kultivierung erfolgreich entzieht und sich ihr ideales Wachstumsterrain selbst »aussucht« und seit Tausenden von Jahren besiedelt hat!

Die Afa-Alge, so gesund wie sicher!

Gerüchte von der Konkurrenz

Viele Menschen sind so weit der Natur entfremdet, dass sie erst einmal skeptisch reagieren, wenn man ihnen erzählt, man solle regelmäßig eine Wildpflanze essen. »Eine wilde Alge? Hoffentlich ist sie nicht dreckig!«, habe ich von einer Bekannten gehört. Dass wir jahrtausendelang nur Wildkräuter und Wildfrüchte gegessen haben und uns dabei hervorragend entwickelt haben, ist ihr nicht bewusst. Unsere Vorfahren, die vor mehr als 10 000 Jahren noch gar nicht das Feuer kannten, hatten nur einen Bruchteil der Krankheiten, die »zivilisierte« Industrienationen wie unsere kennen. Genetisch sind wir noch immer an Wildpflanzen wesentlich besser angepasst als an unser überzüchtetes, vitalstoffarmes Kulturgemüse.

10 000 Jahre – das entspricht nur etwa 400 Generationen. Die Natur benötigt eine Million Jahre, um 0,1 Prozent der Genetik zu ändern.[9] Ich esse jeden Tag seit fast zwanzig Jahren auch noch andere Wildpflanzen wie selbst gepflückte Brennnesseln, Gänseblümchen, Gundelrebe und andere Kräuter, und merke, wie viel Power mir dieses von vielen verachtete »Unkraut« gibt!

Immer wieder kursieren Gerüchte über eine angebliche toxische Belastung der Afa-Alge (lateinisch *Aphanizomenon flos-aquae*). Diese falschen Informationen werden entweder von Journalisten in die Welt gesetzt, oder aber auch von Vertretern der Konkurrenz, der mittlerweile milliardenschweren Spirulina-Industrie. Im Folgenden werde ich Licht in das Dunkel der Gerüchteküche bringen und Vorurteile hoffentlich aus dem Weg räumen.

Professor Dr. William Barry, bekannter Algenforscher und Buchautor, hat zahlreiche »Blooms«, Stränge von Afa-Algen aus dem Klamath-See, in seinem Labor untersucht und niemals irgendwelche Anzeichen von toxischer, giftiger Belastung gefunden.[10] Er bezeichnet die Afa-Alge als »zweifellos unabhängigste Lebensform der Erde« und völlig frei von Pestiziden, Insektiziden, Fungiziden, Dioxin, PCB usw., im Gegensatz zu vielen landwirtschaftlichen und gärtnerischen Produkten.

In diesem Zusammenhang ist es interessant, dass ein namhafter deutscher Spirulina-Anbieter mir vor meiner Reise an den Klamath Lake weismachen wollte, der See sei total verschmutzt – als Beleg schickte er mir ein Foto, auf dem drei leere Flaschen in Ufernähe als Beweis für die »Verschmutzung des Sees« dümpelten – und Flugzeuge eines nahe gelegenen Militärflughafens würden nonstop im Tiefflug über den See donnern. Ich wohnte eine Woche direkt am Oberen Klamath-See, und habe nicht *einmal* ein Zivil- oder Militärflugzeug gesehen oder gehört.

Die angebliche Kontamination durch den Dung von zahlreichen Viehherden konnte ich ebenfalls nicht feststellen. Insgesamt zählte ich einen Viehbestand von 32 Rindern in der Nähe des Sees, die noch nicht einmal direkt am Wasser weideten.

Im Januar 1997 veröffentlichte die Spirulina-Firma Earth Rise eine ganzseitige Anzeige, wonach ein mysteriöses Fischsterben im Klamath-See, angeblich ausgelöst durch giftige Mikroorganismen im See, stattgefunden hatte. Dieselbe Lokalzeitung, auf die sich Earth Rise dabei berief, berichtete aber schon kurz darauf, dass Lachse und Forellen durch *zu wenig* Wasser im Klamath *River,* dem Fluss, der dem See entspringt und den Oberen mit dem Unteren Klamath-See verbindet, umkamen. Durch die extreme Trockenheit des Sommers bedingt, hatten die Anrainer zu viel Wasser in die landwirtschaftliche Bewässerung gepumpt, sodass für die Fische zu wenig Wasser übrig blieb (nach Informationen der Firma Algavital sowie in einem Gespräch mit der Leiterin des Touristen-Büros von Klamath Falls im Sommer 1999 und eigenen Recherchen im Pressearchiv der öffentlichen Bibliothek in Klamath Falls).

Regelmäßige Kontrollen

Es gibt dem Algen-Experten Barry zufolge etwa 1600 Arten blaugrüner Algen.

Wissenschaftler sind sich darüber einig, dass nur zwei dieser Algenarten für den menschlichen Organismus giftig sein können, und zwar einzig und allein die beiden Sorten mit den lateinischen Namen *Anabaena flos-aquae* und *Microcystis aeruginosa*. Nur diese beiden Sorten produzieren Toxine, die für höher entwickelte Tiere und Menschen giftig sein können. Selbst diese beiden Algenarten produzieren nicht dauernd Giftstoffe, und auch nicht alle Unterarten von ihnen.

Nur jeweils eine Sorte von *Anabaena flos-aquae* und *Microcystis aeruginosa* ist zeitweise toxisch, und diese beiden Sorten sind noch nie im Klamath-See gefunden worden. Die einzige Anabaena-Sorte, die dort wächst, ist *Anabaena circinalis,* die niemals giftig ist, und die einzige Mikrozysten-Sorte, die im See wächst, ist *Microcystis flos-aquae,* die ebenfalls keinerlei toxische Eigenschaften hat.[11]

Trotzdem werden von allen Anbietern regelmäßig Untersuchungen in unabhängigen Laboratorien auf *Anabaena flos-aquae* und *Microcystis aeruginosa* durchgeführt, die Ergebnisse sind immer negativ gewesen, das heißt, diese toxisch wirkenden Algenarten sind im Klamath-See noch nicht gefunden worden. Barry: »Es wäre doch töricht, die blaugrünen Algen zu ignorieren oder sie nicht zu nutzen, bloß, weil zwei von Hunderten von Arten giftig sind. Viele Pilzsorten sind giftig, aber die meisten von uns essen Pilze mit Genuss. Dass Kartoffeln und Tomaten zu den Nachtschattengewächsen gehören, hält uns nicht davon ab, sie zu verzehren. Es gibt keinerlei Hinweise oder gar Beweise, dass *Aphanizomenon flos-aquae,* die Afa-Alge vom Klamath-See, in irgendeiner Weise toxisch ist.«[12]

Ein Artikel, der von Dr. Carmichael 1994 in der Januar-Ausgabe der Zeitschrift »Scientific American« zum Thema »The Toxins of cyanobacteria« (»Die Gifte von Cyanobakterien«) erschien, erregte Unruhe unter den Afa-Algen-Benutzern, weil der Autor auch *Aphanizomenon flos-aquae* mit unter den toxischen Algen aufführte. Ein Briefwechsel mit Professor Barry klärte die Angelegenheit. Carmichael gab zu, dass es sich um eine einzige Unterart von *Aphanizomenon flos-aquae* handelt, die ausschließlich in einem ganz bestimmten See im Nordosten der Vereinigten Staaten wächst, und noch nie irgendwo sonst gefunden wurde.

Dr. Carmichael versuchte, die Angelegenheit Barry und der amerikanischen Öffentlichkeit gegenüber richtig zu stellen, indem er und sein wissenschaftliches Team einen Bericht im »Journal of applied Phycology«, veröffentlichte, wonach die ungiftigen Arten von *Aphanizomenon flos-aquae*, die im Klamath-See zu finden sind, gar nicht in der Lage sind, Giftstoffe zu produzieren.[13]

Auch Professor Barry bemühte sich, die Öffentlichkeit aufzuklären und gab eine eidesstattliche Erklärung heraus: »Die Art der Aphanizomenon flos-aqua (Afa), die im Klamath Lake in Oregon wächst, ist nicht giftig. Kein Gift ist jemals in der Afa-Alge vom Klamath-See gefunden worden.« Allerdings hatte der ursprüngliche Artikel, aufgebauscht durch die Presse und von der Spirulina-Industrie als Propaganda-Material benutzt, bereits eine solche Verunsicherung bei den Konsumenten zur Folge, dass der Umsatz des größten Anbieters, der Cell Tech Company, von jährlich 360 Millionen Dollar auf etwa 150 Millionen Dollar im Jahr 1997 einbrach und sich immer noch nicht ganz von dieser Krise erholt hat.

In Deutschland haben mehrere Versandfirmen, welche die Afa-Alge vertreiben, bereits Prozesse gegen Buchautoren und Spirulina-Anbieter gewonnen, die Unzutreffendes über die Klamath-Alge veröffentlichten.

Wenn in den USA ein Lebensmittel für den menschlichen Verzehr ungeeignet wäre, würden die Behörden, allen voran die Food and Drug Administration (FDA) den Vertrieb eines solchen Produktes und seine Einnahme unterbinden. Die lebensmittelrechtlichen Vorschriften sind in den USA noch strenger als in Deutschland, wie ich in meinem Stevia-Buch am Beispiel dieses paraguayischen Süßkrautes nachgewiesen habe.[14]

Alle Ernte-Firmen müssen regelmäßig ihre Afa-Algen von unabhängigen Laboratorien auf mögliche Toxine untersuchen lassen, seit 1994 prüft Professor Carmichaels Labor die Algen aus dem Klamath Lake, und ebenfalls Professor William Barry. Es sind bisher keinerlei Toxine gefunden worden. Bei allen die-

Ernteprozess und Qualitätskontrolle der Klamath-Algen

am Beispiel der Firma »Klamath Blue Green Algae«

(Lieferant u.a. der Firmen »allcura« und »Sanacell«)

Klamath Lake

Untersuchung von Algen und Wasser

Auf dem Ernteschiff:
- Unterwasseransaugung
- Reinigung mit Sieben
- Kühlung auf 1,5 °C

Gekühlter Transport zum Ufer

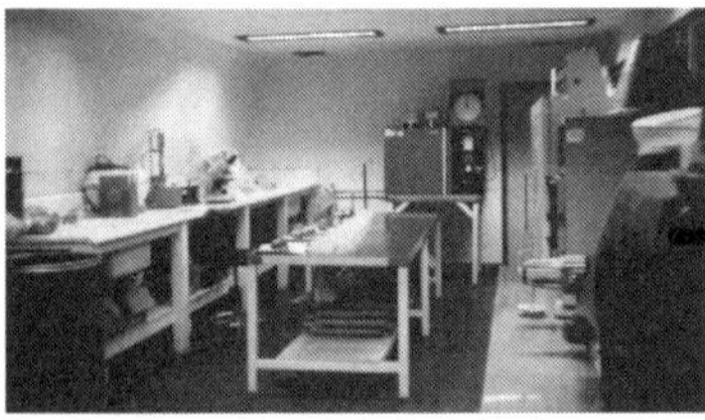

Sofortige Untersuchung jeder Ernte im eigenen Labor

Die frischen Algen werden mit Spezialfiltern gereinigt von:
- Microcystis
- Daphnia
- Verunreinigungen aller Art

Anschließend: Lagerung in der Tiefkühlhalle

Untersuchung und Gefriertrocknung

Endkontrolle

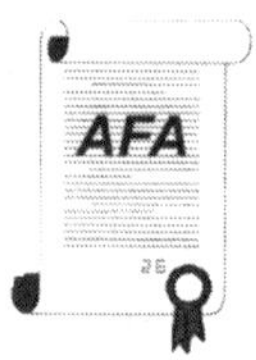

Reinigungszertifikat
KLAMATH-Blaugrüne-Mikroalgen
(Aphanizomenon flos-aquae)

sen Firmen hatte ich freie Einsicht in die Testergebnisse, und bei allen war der Mikrozysten-Befund negativ.

Als am 5. September 1996 eine kleine Menge dieser Alge im Klamath-See gefunden wurde, unterbrach man sicherheitshalber die Afa-Algen-Ernte sofort, bis keine Mikrozysten mehr zu finden waren. Es handelte sich laut Professor Barry offenbar um keine toxische, sondern um eine harmlose Sorte. Keine Kuh oder kein Pferd, die aus dem See tranken, nahmen in irgendeiner Weise Schaden.[15]

Was mich am meisten vor Ort zum Thema Sicherheit überzeugte, ist, dass durch ein Filterverfahren, das alle Afa-Algen-Ernte-Firmen verwenden, eventuell vorkommende Algensorten der Spezies *Microcystis aeruginosa* und *Microcystis flos-aquae* zurückgehalten werden, weil die Afa-Alge viel kleiner als jene ist und dieses Sieb passiert. Es handelt sich um einen einfachen physikalischen Prozess – genauso, als wenn ein Kind auf dem Spielplatz mit einem Sandsieb spielt. Die größeren Sandkörner (Mikrozysten) bleiben oben, die feinen (Afa-Algen) fallen durch das Sieb.

Die Afa-Alge wird seit mehr als 15 Jahren von Hunderttausenden von Menschen in den USA, Kanada, Großbritannien, Deutschland und vielen anderen Ländern verzehrt, ohne je zu irgendwelchen Problemen geführt zu haben, außer zu Entgiftungserscheinungen wie Pickeln oder Blähungen, die auch bei anderen gesunden Lebensmitteln auftreten können, und die man einfach durch Reduzierung der Einnahmedosis abmildern kann.

Dr. McKeith, Professor Abrams und Professor Barry, alles Afa-Algen-Experten, und viele andere Wissenschaftler bezeichnen die Afa-Alge als absolut »ungiftig« und »sicher« und essen sie täglich seit vielen Jahren. Bei uns sind besonders Gabriel

Cousens, Chris Griscom und Christian Opitz als langjährige und begeisterte Afa-Algen-Konsumenten bekannt, die in ihren Vorträgen und Büchern über die Vorteile der blaugrünen Uralge vom Klamath-See berichten.

Ein Füllhorn an Vitalstoffen

Vitalstoffdefizite sind vorprogrammiert

Nach dem international anerkannten Vitaminforscher Dr. Dr. Karlheinz Schmidt, Professor für Experimentelle Medizin an der Universität Tübingen sind wir in Deutschland weit von der optimalen Ernährung entfernt. Man schätzt die Kosten für ernährungsbedingte Krankheiten bei uns auf etwa 90 bis 130 Milliarden Mark pro Jahr. Diese Zahlen sind nicht nur volkswirtschaftlich gesehen erschreckend, sondern dahinter verbirgt sich das gesundheitliche Elend von Millionen, die an chronischen Erkrankungen wie Arteriosklerose, Krebs, Rheuma, Multiple Sklerose oder Diabetes leiden. Heutzutage ist es eine Seltenheit geworden, an Altersschwäche zu sterben: Die meisten Menschen sterben an ihren Krankheiten.

Wir verhungern an vollen Töpfen

Der Traum vom Schlaraffenland ist zu einem Kalorienalbtraum geworden. Etwa 40 Prozent der Deutschen sind übergewichtig, die Hälfte davon extrem, Tendenz steigend. Weltweit gefährden 1,2 Milliarden Menschen ihre Gesundheit durch Übergewicht, genauso viele, wie Hunger leiden. Junge Frauen zwischen 15 und 35 Jahren sind die schlechternährteste Gruppe der Deutschen und weisen einen Mangel an Zink, Kalzium, Eisen, Folsäure und dem Vitamin-B-Komplex auf. Der Grund: Ihr Schlankheitswahn mit den damit verbundenen Diäten. Jede zweite 14-Jährige hat schon eine Diät durchgeführt! Schlankheitskuren sind Mangeldiäten. Auf diesen Zusammenhang macht der Ernährungswissenschaftler Professor Michael Hamm unermüdlich in seinen Büchern und in Presseerklärungen aufmerksam und empfiehlt den jungen Frauen als gesunde Alternative zum Abnehmen, sich mehr zu bewegen.

Vitamintabletten und angereichertes »Functional Food« wie probiotische Joghurts oder mit Omega-3-Fettsäuren versetztes Brot dürfen in seinen Augen kein Alibi für Ernährungssünden sein, weil sie eine gesunde Ernährung nicht ersetzen können.

Als ich diese Zeilen schrieb, gingen gerade Meldungen durch die Presse, wonach probiotische Joghurts an österreichischen Krankenhäusern wie dem Wiener Hanusch-Hospital verboten wurden, weil sie bei Patienten mit geschwächtem Immunsystem lebensgefährliche Erkrankungen auslösen können. Die Milchprodukte enthalten nach Untersuchungen österreichischer Ärzte Bakterien, die Hirnhautentzündungen, Lungenentzündungen und Blutvergiftungen verursachen können. Für Gesunde besteht offenbar keine Gefahr. Trotzdem zeigt dieses Beispiel, dass man der Natur nicht ungestraft ins Handwerk pfuschen kann. Die Menschen »verhungern an vollen Töpfen« angesichts der fett- und zuckerreichen sowie hochkalorischen Ernährung mit gleichzeitiger Fehl- und Mangelernährung an Vitalstoffen, vor allem Mineralstoffen und Spurenelementen. Deutschland ist beispielsweise ein Land mit Selen- und Magnesiummangel, wie in einer Studie der renommierten Bertelsmann-Stiftung beklagt wird. Ich habe vor fast zwanzig Jahren auf einem bio-dynamischen Hof gelebt und gearbeitet, und schon damals wurde der Selen- und Magnesiummangel der Böden, sogar auf bio-dynamisch bewirtschafteten Betrieben mit der höchsten Bodenfruchtbarkeit aller landwirtschaftlichen Methoden, als Problem erkannt und auf den monatlichen Bauerntreffen diskutiert.

Unsere Böden sind vielfach ausgelaugt. Der saure Regen macht auch vor Bio-Höfen oder unbearbeiteten Flächen nicht Halt. Nährstoffe im Boden sind normalerweise an Tonteilchen gebunden. Durch die Verschiebung des pH-Wertes im Boden in den sauren Bereich wird diese Verbindung gelöst. Der saure Regen setzt Aluminium im Boden frei. Dieses konkurriert mit Spurenelementen wie Selen und Magnesium um die Aufnahme bei der Pflanze und besitzt bei ihr eine höhere Akzeptanz. Die Pflanze kann nicht mehr genügend Spurenelemente aufnehmen – sie sind weniger pflanzenverfügbar –, die wir zwar manchmal nur in Spuren benötigen, aber die dennoch für ein intaktes Immunsystem und für die optimale Funktion des körperlichen Prozesses unabdingbar sind. Andreas Krug vom Bund für Umwelt und Naturschutz (BUND): »Je schlechter der Boden, umso schlechter sind Obst und Gemüse.« Durch starke Düngung steigt der Wasser- und Eiweißgehalt von Gemüse und Obst. Dadurch werden Vitamine und Mineralstoffe verdrängt.

Zunehmender Rückgang der Vitalstoffe

Auch lange Transportwege, unsachgemäße Lagerung, aber auch das »Totkochen« auf dem Herd und in der Mikrowelle setzen den Vitalstoffen in Lebensmitteln zu.

Ernährungswissenschaftler vom Schwarzwald-Sanatorium Obertal kauften auf einem Gemüsemarkt in Karlsruhe und in der Gemüseabteilung einer großen Lebensmittelkette in Freiburg stichprobenartig zwei identische Lebensmittelkörbe. Der Inhalt: Brokkoli, Bohnen, Fenchel, Möhren, Kartoffeln, Spinat, Äpfel, Bananen und Erdbeeren. Diese Lebensmittel ließ man 1996 von einem neutralen Lebensmittellabor in Karlsruhe nach ihrem Gehalt an bestimmten Vitalstoffen untersuchen. Als Vergleich zu den gefundenen Stichprobenwerten diente die offizielle Nährstofftabelle des schweizerischen Pharmakonzerns Geigy von 1985. In Gemüse und Obst ist nicht mehr drin, was einmal drin war. Und dabei bräuchten wir heute auf Grund der zunehmenden Stressbelastung in Familie, Schule und Beruf nicht weniger Vitalstoffe, sondern mehr, um den steigenden Anforderungen gewachsen zu sein und unser Immunsystem fit zu halten.

Die schleichende, kaum bekannte Nährstoffmisere in Zahlen: Äpfel enthalten durchschnittlich nur noch 20 Prozent des Vitamin-C-Gehaltes wie vor elf Jahren, Fenchel nur noch ein Fünftel so viel Betakarotin und ein Drittel so viel Folsäure, Brokkoli nur noch ein Drittel so viel Kalzium und nur noch die Hälfte an Folsäure, und Möhren nur noch knapp die Hälfte an Magnesium.

Bei anderen Obst- und Gemüsesorten sieht es nicht anders aus. Bei Kartoffeln liegt der Rückgang von Kalzium in den letzten zehn Jahren bei 70 Prozent, bei Spinat der Rückgang von Magnesium bei 68 Prozent und der von Vitamin B_6 und Vitamin C bei fast 60 Prozent, Erdbeeren haben 67 Prozent weniger Vitamin C als noch vor elf Jahren, und bei Bananen liegt der Rückgang von Vitamin B_6 bei 96 Prozent.[16] Dr. György Irmey von der Gesellschaft für biologische Krebsabwehr in Heidelberg und Professor Dr. Heinz Liesen, Präventiv- und Sportmediziner sowie Spezialist für Ernährungsfragen, befürchten, dass mehr als zwei Drittel aller Deutschen über 50 Jahren zunehmend an »subklinischen Mangelzuständen« und einem geschwächten Immunsystem leiden und dadurch anfälliger gegenüber Krankheiten, auch Krebs, werden. Anzeichen sind unter anderem Müdigkeit, Konzentrationsschwäche und Schlafstörungen, eine Regeneration findet nicht mehr statt. Professor Liesen: »Es mangelt an Vitaminen, Spurenelementen, Mineralien wie Magnesium, Zink, Selen, Vitamin E. Die Liste ist endlos lang.«[17]

Wer ist besonders betroffen?

Besonders schlimm trifft der Vitaminmangel alte Menschen. An der Universität Heidelberg wurde der Ernährungszustand von 300 Achtzigjährigen untersucht. Das Ergebnis war erschütternd: Zwei Drittel litten unter Vitaminmangel, vor allem Vitamin A und C fehlten. Die dramatischen Folgen: In den folgenden drei Jahren starben von den »Mangelpatienten« im Verhältnis doppelt so viele wie von jenen, die ausreichend mit Vitaminen versorgt waren![18]

Als Grund für die schlechte Versorgung mit Vitalstoffen von vielen älteren Menschen, besonders der Pflegeheimbewohner, macht der »Verein zur Förderung der gesunden Ernährung und Diätetik« (VFED), Aachen, psychische Probleme, reduziertes Geschmacksempfinden, verminderten Appetit, Schluckstörungen und die schlechte Versorgung in Altenpflegeeinrichtungen verantwortlich.[19]

Der wachsende Leistungsdruck bei Kindergartenkindern und Schülern führt ebenfalls zu einem gravierenden Vitalstoffmangel, der besonders das Gehirn in Mitleidenschaft zieht und zu Lern- und Verhaltensstörungen führen kann, wie ich in einem besonderen Kapitel »Aufmerksamkeitsstörungen und Hyperaktivität« ab Seite 168 aufzeigen werde. Fortschrittliche Ärzte behandeln diese Kinder daher mit Algen und Vitaminen natürlichen Ursprungs.

Gravierende Mangelsymptome

Eine Untersuchung an der Justus-von-Liebig-Universität in Gießen ergab, dass bei normaler Mischkost 66 Prozent der Männer und 59 Prozent der Frauen nicht die von der Deutschen Gesellschaft für Ernährung (DGE) empfohlene Menge von 300 bis 350 Milligramm Magnesium pro Tag erreichten und bereits nach vier Wochen in einer akuten Mangelsituation waren. Ein Magnesiummangel führt zu Herzrhythmusstörungen, Muskel-, Magen- und Darmkrämpfen, Depressionen, einer Abnahme der Knochenqualität, Störungen im Immunsystem und Beeinträchtigung des Stoffwechsels.

Auch Vitaminmangelzustände können fatale Folgen haben. Professor Dr. Hans Konrad Biesalski, Leiter des Instituts für biologische Chemie und Ernährungswissenschaften der Universität Stuttgart-Hohenheim, sagte in einem Vortrag, dass schwerer und längerer Vitaminmangel zu starken Gesundheitsstörungen und sogar zum Tod führen könne. »In einer Studie an 1801 Probanden wurde gezeigt, dass eine unzureichende Vitaminbedarfsdeckung mit einem verminderten Wohlbefinden, einer erhöhten Gereiztheit und einem gesteigerten Angstempfinden einhergeht. Trotz unserer Überflussgesellschaft gibt es breite Bevölkerungsgruppen, die nicht optimal mit Vitaminen versorgt sind.«[20]

Möglichst Obst und Gemüse aus Bio-Anbau

Die Ursachen der abnehmenden Vitalstoffdichte in unseren Lebensmitteln benennt Professor Dr. Heinz Liesen. »Es sind drei Hauptursachen erkennbar. Erstens: Die Auslaugung oder Überdüngung unserer Böden. Zweitens: Die steigende Umweltbelastung durch Luftverschmutzung. Drittens werden die Pflanzen durch Zucht und genetische Veränderungen zu immer schnellerem Wachstum gezwungen. Sie können keine Inhaltsstoffe mehr aufnehmen oder aufbauen.«[21] Die Gesellschaft für Biologische Krebsabwehr in Heidelberg empfiehlt angesichts dieser dramatischen Situation, Obst und Gemüse möglichst ausschließlich aus Bio-Anbau zu kaufen und industriell bearbeitete Waren wie geschälte Kartoffeln zu meiden. In der Küche sollte Gemüse nur kurz und unzerkleinert unter fließendem Wasser gereinigt werden. Bei kurzen Kochzeiten das Gemüsewasser mitverwenden. Die Gesellschaft empfiehlt bei Stress, anderen Belastungen und bei Krankheit ein Kombipräparat mit Vitaminen, Mineralien und Spurenelementen, Frucht- und Gemüsesäfte (Empfehlung der Autorin: Zur Erhaltung der hitzeempfindlichen Enzyme möglichst frisch gepresst) oder das konzentrierte Vitalstoff-Getränk »Cellagon aurum«.

Das Wissen um die Bedeutung von Nährstoffen und Nahrungsergänzungsmitteln mit präventiven und therapeutischen Eigenschaften wächst nicht nur bei Wissenschaftlern und Buchautoren, die sich mit diesem Thema beschäftigen, sondern auch langsam in der allgemeinen Bevölkerung. Der Wille zu einem gesünderen Lebensstil ist schon erstaunlich weit verbreitet, allerdings fehlt es den meisten an Motivation, die gewonnenen Erkenntnisse auch im Alltag zu praktizieren. Bequemlichkeit und anerzogene – und durch die Werbung zementierte – Ernährungsgewohnheiten stellen bei vielen leider immer noch ein unüberwindliches Hindernis auf dem Weg zu einem gesünderen Leben dar. Hoffen wir, dass sich dies in Zukunft ändern wird.

Vitaminpräparate – keine sinnvolle Maßnahme der Gesundheitsvorsorge

Viele Menschen greifen unkritisch zu Vitamin- und Mineralstoffpräparaten in Drogerie, Supermarkt oder Apotheke. Sind nun künstlich im Labor entstandene Vitalstoffe natürlichen ebenbürtig, und wie sieht es mit der Alternative in Form natürlicher Lebensmittel wie Algen oder Getreidegräser aus, die nicht nur reichlich Enzyme enthalten, sondern auch noch die nötigen Co-Enzyme dazuliefern, und deren Inhaltsstoffe synergetisch zusammenwirken sollen? Nach dem Motto »viel hilft viel« schlucken die Bundesdeutschen jährlich für 8,5 Milliarden Mark Vitamine, Mineralstoffpräparate und Geriatrika. Viele Nahrungsergänzungsmittel weisen nur einen oder zwei isolierte Antioxidantien auf, oft sogar synthetischen Ursprungs, wie zum Beispiel Ascorbinsäure. Viele Anwender berichten, dass sie bei Einnahme von Ascorbinsäure allergische Reaktionen beobachten, bei der Einnahme von natürlichem Extrakt der Acerola-Kirsche jedoch keinerlei Beschwerden aufweisen. Die Autorin gehört zu dieser Gruppe von Betroffenen. Chemisch ist die Formel für Vitamin C dieselbe, und doch reagiert der menschliche Körper anders. Künstlich hergestelltes Vitamin C wird offenbar vom Körper anders verstoffwechselt und kann zu Allergien führen.

In Pflanzen sind mittlerweile mehr als 660 Betakarotene entdeckt worden, in Betakarotin-Präparaten finden sich davon maximal drei. Außerdem gibt es Hunderte von teilweise noch nicht entdeckten Wirkstoffen in Pflanzen, die auf sehr komplexe Art und Weise zusammenwirken und gegenseitig als Katalysatoren arbeiten. Studien in den USA und Finnland, in denen ehemalige Raucher Betakarotin-Präparate bekamen, mussten abgebrochen werden, weil die Beteiligten ein höheres Lungenkrebsrisiko aufwiesen als der Durchschnitt ehemaliger Raucher.[22] Bei dem Verzehr von nur einer Möhre am Tag reduzierte sich hingegen ihr Risiko, an Lungenkrebs zu erkranken, um 40 Prozent!

In isolierten Präparaten fehlen Nährstoffe wie Vitamine, Flavonoide, Enzyme und Spurenelemente, die zu einem sich gegenseitig unterstützenden synergetischen Effekt führen oder die Funktion des Wirkstoffs überhaupt erst ermöglichen. Wer nur ein oder zwei isolierte Vitamine oder Mineralien einnimt, kann den gesamten Vitamin- und Mineralstoffspiegel des Körpers aus dem Gleichgewicht bringen. Lebensmittel, die in der Natur vorkommen, werden vom Körper viel besser ausgewertet, man spricht dabei von optimaler »Bio-Verfügbarkeit«.

Synthetisch hergestellte oder isolierte Vitamine und anorganische Mineralstoffe werden vom Körper möglicherweise als Fremdstoffe angesehen und der Leber zur Entgiftung weitergeleitet, wobei die Rückstände entweder durch die Nieren ausgeschieden oder in den Fettzellen als Toxine abgelagert werden.

Wenn hohe Cholesterin-Werte im Blut mit Niazin in Vitaminpillen synthetischen Ursprungs behandelt werden, kann eine Schädigung der Leber eintreten.[23] Abrams fordert, dass Mineralien und Vitamine daher aus *Nahrungsmitteln* kommen sollten, wie zu alten Zeiten.

Mineralstoffe, wie in der Afa-Alge gebunden oder chelatiert, werden vom Körper viel besser aufgenommen – und das ohne Nebenwirkungen. Kalzium- oder Zinkpräparate haben oft keinen Effekt, weil sie nicht wie die natürlichen Stoffe zum Beispiel in der Afa-Alge durch Betakarotin und Proteine eingehüllt sind und dadurch leichter durch die Darmwände transportiert werden können.[24]

Amerikaner stehen weltweit an der Spitze der Konsumenten von Vitaminpräparaten und stehen gleichzeitig in dem fragwürdigen Ruf, den »teuersten Urin der Welt« zu haben. Obwohl die Amerikaner weltweit die höchsten Ausgaben für ihr Gesundheitswesen pro Kopf der Bevölkerung haben, stehen sie in der Reihe der Nationen mit der längsten Lebenserwartung nur an 25. Stelle.

Zahlreiche Studien zeigen zur Überraschung mancher Gesundheitsexperten, dass die Einnahme selbst relativ hoher Dosen der Vitamine A und E für die Vorbeugung von Krebs und Herzleiden offenbar ungeeignet ist. Eine in den USA an 34 468 Frauen nach den Wechseljahren durchgeführte Studie zeigte, dass allein der Konsum Vitamin-E-reicher Nahrung die Zahl der Herztode um mehr als die Hälfte senken konnte. Dieser positive Effekt trat nicht ein, wenn die Frauen Vitamin-E-Tabletten einnahmen.[25] Tabletten können den Nutzeffekt von Obst und Gemüse eben nicht einfach imitieren.

Die wertvollen Inhaltsstoffe der Afa-Alge

Kein Medikament, sondern ein Lebensmittel

Wie schon erwähnt, sind die Inhaltstoffe der Afa-Alge besonders leicht vom Körper aufzunehmen, was mit der großen Oberfläche der Zellen zusammenhängt und mit der Struktur und Zusammensetzung der Inhaltstoffe. So sind die Proteine in der Afa-Alge etwa fünfmal so gut für den menschlichen Körper zu verwerten wie Proteine tierischen Ursprungs, und die breite Palette der Betakarotene in der Afa-Alge ermöglicht die Wirkung des Betakarotins überhaupt erst. Die mehr als 40 bisher analysierten Mineralstoffe in der Afa-Alge sind an Enzyme gebunden und daher besonders gut vom Körper aufzunehmen. Etwas Vergleichbares kann nicht synthetisch hergestellt werden.

Wie gesagt, besteht der Vorteil von natürlichen Nahrungsergänzungsmitteln, oder besser gesagt konzentrierten Lebensmitteln, wie etwa der Afa-Alge, darin, dass ihre Bestandteile synergetisch zusammenwirken. Das Ganze ist mehr als die Summe der Teile. Eine Überdosis oder das Auftreten von Nebenwirkungen sind ausgeschlossen, es handelt sich ja nicht um ein Medikament, sondern um ein Lebensmittel.

Die Afa-Alge ist, wegen ihrer Nährstoffdichte, der Ausgewogenheit ihrer Inhaltsstoffe, die genau auf die Bedürfnisse des menschlichen Körpers zugeschnitten sind, und ihrer hohen Schwingung, ihren »subtilen, organisierten Energiefeldern« (Dr. Gabriel Cousens) ein Mittel, Nährstoffdefizite auszugleichen und Geist, Körper und Immunsystem zu regenerieren.

Sie enthält etwa 55 bis 75 Prozent Eiweiß, 20 bis 30 Prozent Kohlenhydrate, 1 bis 4 Prozent Lipide, 3 bis 9 Prozent Mineralstoffe, 2 bis 4 Prozent Pigmente und 1 bis 3 Prozent Wasser, auf die Trockensubstanz bezogen. Die Schwankungen der Inhaltsstoffe ergeben sich aus der Tatsache, dass es sich um eine Wildpflanze handelt. Zudem ist die Afa-Alge ein Füllhorn an Enzymen. Unsere Ernährung ist im Allgemeinen enzymarm, und Menschen haben schon ab Mitte dreißig ihre Enzymreserven erschöpft. Hier kann die Afa-Alge eine große Hilfe sein, indem sie mit einem Enzymmangel zusammenhängenden degenerativen Erkrankungen und frühzeitigen Alterungsprozessen vorbeugt.[26] Außerdem schützen Enzyme wie Glutamin, Superoxid-Dismutase, Galaktase und Peroxidase – in dieser Wildpflanze in hoher Konzentration zu finden – die Körperzellen vor dem Angriff Freier Radikale.

Eine Schatztruhe an Mineralstoffen

Unsere Böden sind ausgelaugt, und die Kulturpflanzen, die auf ihnen wachsen, enthalten nicht mehr die ursprünglichen Mineralstoffe. Mineralien sind wichtig für das Funktionieren eines Gehirns, für die Muskelimpulse vom Herzen, und für die Tausende von enzymatischen Prozessen in unserem Körper. Sie sorgen für ein Säure-Basen-Gleichgewicht, regulieren Körperflüssigkeiten und Verdauung, sorgen für die Übermittlung von

Nervenimpulsen, regeln den Zellstoffwechsel und sind wichtig zur Bildung von Antikörpern. Einige Mineralien, wie beispielsweise Kalzium, dienen als Bausteine der Zellwände. Andere wie Kalium sind Bestandteile von Enzymen. Spurenelemente wie Mangan oder Kupfer halten Enzyme zusammen und sind für die Funktion dieser Bio-Katalysatoren oder »Zündfunken des Lebens«, die alle Lebensprozesse erst ermöglichen, von großer Notwendigkeit. Dr. McKeith hat herausgefunden, dass bei 97 Prozent ihrer Patienten, die auf Grund von Beschwerden in ihre Praxis kommen, ein eklatanter Mangel von mindestens einem Mineral vorliegt.

Viele Menschen haben einen Mineralstoffmangel, ohne es überhaupt zu wissen. Ein Mangel an Mineralstoffen schwächt unser Immunsystem und macht uns damit anfälliger gegenüber Infektionskrankeiten, die durch Viren oder Bakterien ausgelöst werden. Experten sagen, dass Mineralien möglichst aus der Nahrung aufgenommen werden sollen. Präparate haben die Hoffnungen, die in sie gesetzt wurden, nicht erfüllt (siehe dazu das Kapitel »Vitalstoffdefizite sind vorprogrammiert« auf Seite 55).

Mineralstoffe natürlichen Ursprungs, das habe ich bereits in meinem Buch zum Thema »Gerstengras« (siehe Literaturverzeichnis) aufgezeigt, brauchen nicht in hoher Konzentration vorzuliegen, um für eine gute Gesundheit zu sorgen.

Die Mineralstoffe in der Afa-Alge liegen in natürlicher Form vor, und sie sind deshalb so leichter vom Körper aufnehmbar, weil sie an Aminosäuren gebunden beziehungsweise chelatiert sind. Die Afa-Alge enthält alle Mineralstoffe und Spurenelemente, die der menschliche Körper braucht, und zwar in einer Zusammensetzung, die auf seine Bedürfnisse maßgeschneidert zu sein scheint. Alle Mineralstoffe und anderen Vitalstoffe unterstützen sich in ihrer Wirkung gegenseitig. Kalzium braucht beispielsweise Magnesium für seine Aufnahme in Knochen und Zähnen. Vitamin C kann ohne Kupfer nicht wirken.

Die Afa-Alge enthält alle essenziellen Spurenelemente, welche der Körper aus der Nahrung aufnehmen muss, wie Bor, Kalzium, Chrom, Kobalt, Kupfer, Eisen, Magnesium, Mangan, Phosphor, Kalium, Natrium, Zink und Vanadium. Und das in einem Verhältnis, wie es die Biochemie des menschlichen Körpers braucht! Es ist durchaus möglich, dass die Alge Mineralstoffe und Spurenelemente enthält, die noch gar nicht entdeckt oder identifiziert worden sind.

Bor

Dies dient zur Stärkung unserer Knochen. Besonders ältere Menschen leiden unter einem Bor-Mangel. Gute Quellen sind Äpfel, Birnen, grünblättriges Gemüse und ganz besonders die Afa-Alge. In Ländern, deren Böden viel Bor enthalten, wie zum Beispiel Israel, liegt der Prozentsatz von Arthritis-Kranken wesentlich niedriger als in Bor-Mangelländern wie etwa Jamaika.[27] Ablagerungen in Arterienwänden können durch Bor beseitigt werden.

Chrom

Dies ist ein Spurenelement, das eine Reihe von Enzymen aktiviert und als Co-Enzym Insulin aktiviert und damit den Glukose-Spiegel kontrolliert. Es ist ein wichtiger Betandteil eines Moleküls, das den Blutzuckerspiegel reguliert, dem »Glukose-Toleranz-Faktor« GTF. Damit ist Chrom wichtig für Menschen mit Blutzucker-Abnormalitäten wie Unterzuckerung oder Diabetes oder mit zu hohen Cholesterinwerten. Unsere Böden sind arm an Chrom. Weißer Zucker und Auszugsmehl sollten für die Betroffenen tabu sein, da diese Stoffe zur Verstoffwechselung Chrom brauchen. Von anorganischem Chrom werden nur 5 Prozent aufgenommen, der Rest ausgeschieden. In der Afa-Alge ist das Chrom an Aminosäuren gebunden und damit gut absorbierbar.

Eisen

Dies ist wichtig für Blutbildung und Sauerstofftransport. Die Moleküle des roten Blutfarbstoffes Hämoglobin enthalten vier Eisen-Ionen. Die Afa-Alge ist nach Dr. McKeith die reichste natürliche Quelle von assimilierbarem Eisen. Vitamin C verbessert die Eisen-Aufnahme, genau wie Kupfer, Kobalt und Mangan, alle reichlich in der Afa-Alge vorhanden.

Eisenmangel ist sehr verbreitet, nicht nur unter Frauen oder Schwangeren. Von einem Mangel an diesem Mineral, mehr als von jedem anderen, sind besonders Kinder betroffen, die dadurch unter Aufmerksamkeitsstörungen leiden und Lernprobleme bekommen können. Müdigkeit, Depressionen und Reizbarkeit können die Folge sein.

Eisen ist auch sehr wichtig für ein starkes Immunsystem, weil es von weißen Blutkörperchen benötigt wird, um Laktoferrin-Proteine zu bilden, die Freie Radikale und Bakterien bekämpfen.

Kalzium

Dies wird als »Anti-Osteoporose-Mineral« bezeichnet, weil es wichtig für gesunde, starke Knochen ist. Unsere Knochen enthalten rund ein Kilo Kalk, und jeden Tag scheidet der Körper

Kalzium aus, sodass wir täglich für genügend Zufuhr aus der Nahrung sorgen müssen. Eine ausreichende Kalziumversorgung ist zudem für einen niedrigen Blutdruck als Schutz vor Herz-Kreislauf-Erkrankungen wichtig. Leicht verwertbares Kalzium findet sich reichlich in der Afa-Alge. Ein Beispiel: In ihr sind 14 Milligramm pro Gramm enthalten im Vergleich zu 10 Milligramm pro Gramm in Schweizer Käse. Kalzium hilft bei Arthritis und um Wadenkrämpfe zu verhindern. Das Kalzium in der Milch ist nicht gut vom Körper aufzunehmen, weil ihm meist das Magnesium dazu fehlt. Die Betakarotene und Aminosäuren in der Afa-Alge umhüllen das Kalzium und erleichtern seinen Transport durch die Darmwand. Die Absorption von Kalzium im Körper erfordert Östrogen. Östrogenähnlich wirkende Stoffe, Isoflavonoide wie Superoxid-Dismutase (SOD), sind in der Afa-Alge vorhanden.

Kobalt

Dies ist ein wichtiger Bestandteil des Vitamins B_{12} (Kobalamin) und wird zur Herstellung der roten Blutkörperchen und der Reparatur von Nervengewebe benötigt. Kobalt kommt in rotem Fleisch, Seefischen, Leber und vor allem in der Afa-Alge vor. Die hohe Konzentration von Kobalt in der Afa-Alge ist besonders für Vegetarier wichtig, weil der Gehalt dieses Spurenelementes im Boden und damit auch in Gemüse und Obst niedrig ist.

Kupfer

Dies ist ein essenzielles Spurenelement, das in Leber, Schellfisch und der Afa-Alge vorkommt. Es unterstützt die Aufnahme und Verwertung von Eisen. Zusammen mit Eisen wird es zur Herstellung von Hämoglobin, dem roten Blutfarbstoff, benötigt. In der Leber wird Kupfer in ein Antioxidans, Ceruloplasmin, umgewandelt, das Freie Radikale absorbiert. Kupfer ist auch Bestandteil von Superoxid-Dismutase, das unter anderem positiven Einfluss auf Arthritis hat. Die Afa-Alge enthält das ideale Verhältnis von Zink zu Kupfer von 4,7 zu 1, was wichtig ist zur Vorbeugung von Herz-Kreislauf-Erkrankungen durch die Senkung des Cholesterins im Blut. Zu viel Kupfer durch Trinkwasser-Leitungen aus Kupfer kann zu Senilität führen.

Fluor

Fluor als Zusatz im Trinkwasser, wie in den USA und anderen Ländern üblich, ist umstritten. In der natürlichen Form, wie es in der Afa-Alge vorkommt, kann es vor Osteoporose schützen, indem es das Knochenwachstum stimuliert und vor Karies, indem es den Zahnschmelz stärkt. Eine ausreichende Fluorversorgung hält auch die Arterien flexibel und beugt der Verkalkung des Gewebes vor.

Germanium

Dies ist ein Spurenelement, dem in letzer Zeit wieder mehr Aufmerksamkeit geschenkt wird. Organisches Germanium beugt Krebserkrankungen, Arthritis, Schlaganfall und Sauerstoffmangel vor. Es stimuliert unser Immunsystem und leitet Cadmium und Quecksilber aus, die zum Beispiel in Amalgam-Zahnfüllungen enthalten sind. In unseren Lebensmitteln ist Germanium fast nicht mehr zu finden. Die Afa-Alge ist eine ausreichende Quelle dieses seltenen Spurenelements.

Jod

Viele Deutsche leiden unter Jodmangel, nicht nur in Bayern. Jod findet man in Kelp, Seegemüse, Seefisch und der Afa-Alge. Es ist wichtig für die Produktion von Hormonen der Schilddrüse, die unseren Stoffwechsel regulieren, und ist für das Tempo zuständig, in dem Betakarotin zu Vitamin A umgewandelt wird. Kropfbildung und Demenz können Folgen von Jodmangel sein. Jod schützt zudem vor radioaktiver Strahlung.

Kalium

Dies dient im Körper als Gegenspieler zu Natrium bei der Herstellung und Aufrechterhaltung des Säure-Basen-Gleichgewichts und ist wichtig für unseren Elektrolyt-Haushalt. Die meisten Menschen nehmen zu viel Natrium aus der Nahrung auf. Die Afa-Alge ist hier ein guter Ausgleich. Außerdem hilft Kalium bei Stress-Symptomen.

Magnesium

Deutschland ist ein Magnesium-Mangelland. Magnesium wird für Verdauung und Stoffwechsel benötigt, es wird auch als »Anti-Stress-Mineral« bezeichnet und spielt zudem eine Rolle in mehr als 300 enzymatischen Prozessen. Es reguliert den Herzschlag und verhütet Arteriosklerose, indem es die Verklumpungstendenz der Blutblättchen reduziert. Außerdem beugt es Übersäuerung vor.

Zwischen 80 und 90 Prozent der US-Amerikaner und Deutschen leiden unter Magnesiummangel. Der Durchschnittsamerikaner bekommt nur ein Viertel der offiziellen täglich empfohlenen Magnesiummenge. Magnesiummangel kann zu Reizbarkeit, Müdigkeit, Stimmungsschwankungen und Migräne führen. Magnesium wird in der begleitenden Krebstherapie eingesetzt und spielt als Antioxidans auch in der Krebsprophylaxe eine wichtige Rolle.

Es hält unsere Knochen gesund, weil es dafür sorgt, dass Kalzium überhaupt in die Knochen gelangen kann. Der Körper braucht Magnesium für die Bildung eines Enzyms, das für den Aufbau stabiler Knochen-Mineral-Kristalle benötigt wird.

Magnesium bildet das Zentrum des Chlorophyll-Moleküls, und die Afa-Alge ist das chlorophyllhaltigste Lebensmittel der Welt. Gebunden an Chlorophyll ist Magnesium besonders leicht vom Körper assimilierbar. Ohne die Vitamie B1 und B6 kann der Körper Magnesium nicht richtig aufnehmen und verwerten. Beide Vitamine sind in der Afa-Alge enthalten.

Mangan

Dies ist ein Spurenelement, das noch recht wenig erforscht ist. Es spielt eine wichtige Rolle in vielen Enzymsystemen. Eines dieser Systeme ist wichtig für die Herstellung von Dopamin, einem Neurotransmitter. Man hat zum Beispiel bei hyperaktiven Kindern einen Mangel an diesem Botenstoff festgestellt. Mangan ist für die Insulinspeicherung, Wundheilung und Koordination von Nerven, Gehirn und Muskeln wichtig. Es wird für den Aufbau von Knorpelgewebe und Gelenkschmiere benötigt und kann daher dem gefürchteten Bandscheibenverschleiß vorbeugen. Darüber hinaus normalisiert Mangan den Blutzuckerspiegel.

Molybdän

Dies ist ein Spurenelement, das sehr selten vorkommt. Es ist wichtig, um Enzymsysteme zu aktivieren, die mit Langlebigkeit und der Neutralisierung von Freien Radikalen in Verbindung gebracht werden. Molybdän findet man zum Beispiel in Gerstengras und in der Afa-Alge.

Nickel

Dieses Mineral fördert das Zellwachstum und die Erneuerung der Zellen.

Selen

Dies ist ein wichtiges Spurenelement. Deutschland ist ein Selen-Mangelland! Wenn der Selenspiegel im Körper niedrig ist, sind wir Viren gegenüber anfälliger. Viele Mediziner machen den Selenmangel unserer Böden und im Blutserum der Menschen für einen Anstieg der Krebsfälle mit verantwortlich.

Selen schützt gegen Freie Radikale und Umweltgifte wie Kadmium, Blei und Nitrit und reduziert die Toxizität von Quecksilber im Körper. Es mildert außerdem die Nebenwirkungen der Chemo- und Strahlentherapie. Immer mehr Mediziner fordern, bei allen chronisch Kranken ständig den Selenspiegel zu überprüfen und ihn gegebenenfalls mit natürlichen Nahrungsergänzungen wie der Afa-Alge anzuheben.

Selen verlangsamt darüber hinaus den Alterungsprozess. Selen ist wichtig für eine gesunde, schöne Haut und hilft, Altersflecken zu beseitigen. In seiner natürlichen Form, als Selenmethionin, kann die Gefahr von Hautkrebs auf Grund von ultravioletter Strahlung reduziert werden.

Silizium

Dieses lebenswichtige Spurenelement ist ein Bestandteil der Kieselsäure. Es sorgt für gesunde Haut, Haare, Fingernägel, Knochen, Knorpel und Bindegewebe.

Vanadium

Es aktiviert Enzyme und kurbelt den Stoffwechsel an. Außerdem ist dieses Spurenelement wichtig für den Aufbau von Zähnen und Knochen; es wirkt kariesreduzierend und blutzuckersenkend.

Zink

Dies ist ein Mineral, das an etwa 300 enzymatischen Prozessen beteiligt ist und für unser Immunsystem besonders wichtig ist. Zinkmangel ist weit verbreitet, vor allem bei älteren Menschen und Säuglingen. Ein Mangel kann sich durch weiße Flecken an den Fingernägeln zeigen.

Ich selbst war von einem solchen Zinkmangel betroffen, und Zinkpräparate haben nichts geholfen. Erst seit Einnahme der Afa-Alge ist mein Zinkdefizit verschwunden, weil die Zusammensetzung der Mineralien in diesem natürlichen Lebensmittel offenbar perfekt im Gleichgewicht und optimal bioverfügbar ist.

Die Ärztin Dr. McKeith berichtet über eine ähnliche Erfahrung. Zink wird vom Körper – neben Eisen – am meisten von allen Mineralstoffen benötigt und ist auch Bestandteil unseres Blutes und ist für die DNS-Reparatur wichtig. Zink ist wichtig für die Schwermetall-Entgiftung und hilft, zusammen mit Betakarotin, beim Schutz der Zellmembranen. Zusammen mit Kupfer und Mangan aktiviert es das kraftvolle Antioxidans Superoxid-Dismutase (SOD).

Zink hilft bei grauen Haaren sowie Hautkrankheiten und wurde schon im alten Ägypten bei Gemütskrankheiten eingesetzt.

Spurenelemte und Mineralstoffe in der Afa-Alge (pro Gramm)[28]

Bor	14,0 Mikrogramm
Chrom	0,6 Mikrogramm
Eisen	350,7 Mikrogramm
Fluor	38,0 Mikrogramm
Germanium	0,3 Mikrogramm
Jod	0,5 Mikrogramm
Kalium	80,0 Milligramm
Kalzium	14,0 Milligramm
Kobalt	2,5 Mikrogramm
Kupfer	48,0 Mikrogramm
Mangan	40,0 Mikrogramm
Magnesium	2,2 Milligramm
Molybdän	3,3 Mikrogramm
Natrium	2,7 Milligramm
Nickel	5,3 Mikrogramm
Selen	0,7 Mikrogramm
Silizium	0,9 Milligramm
Titan	0,25 Milligramm
Vanadium	2,7 Mikrogramm
Zink	0,25 Milligramm
Zinn	16,9 Mikrogramm

Reich an Proteinen, mit einem idealen Aminosäure-Profil

Proteine sind etwas ganz Besonderes, weil es sich um Molekülverbindungen handelt, die lebende Organismen aufbauen. Sie bestehen aus Aminosäuren, die miteinander verbunden sind. 22 verschiedene Aminosäuren wurden bisher von Proteinen isoliert. Eine Aminosäure besteht aus mindestens 60 verbundenen Molekülen. Wenn zwei Aminosäuren miteinander verbunden sind, nennt man das Dipeptid, wenn drei verbunden sind, Tripeptid, und wenn mehr als drei miteinander verbunden sind, spricht man von Polypeptiden.

Proteine findet man überall im Körper, und sie haben sehr unterschiedliche Aufgaben. Sie sind zum Beispiel die Bausteine von Kollagen und Muskeln. Antikörper und Enzyme bestehen ebenfalls hauptsächlich aus Proteinen. Antikörper schützen uns vor Krankheiten, und Enzyme steuern alle chemischen Prozesse im Körper als Bio-Katalysatoren. Ohne diese Proteine wäre der Körper nicht lebensfähig.

Proteine sind außerdem Bausteine der synaptischen Mittler beziehungsweise Neurotransmitter, die für ein gut funktionierendes Gehirn und ein seelisches Wohlgefühl sorgen. Sie sind zudem lebenswichtig für gesunde Haare, Knochen, Haut, Nägel, Zähne, den Hormonhaushalt, Muskeln und Geschlechtsdrüsen.

Die Afa-Alge ist auch, was ihren Proteingehalt betrifft, einzigartig unter den Algen: Sie enthält 60 bis 70 Prozent Eiweiß, und damit mehr als jedes andere Lebensmittel, einschließlich Sojabohnen, Fleisch und Fisch! Abrams: »Die Afa-Alge enthält den höchsten Proteingehalt von allen bekannten Nahrungsmitteln.«[29]

Zum Vergleich: Vollkorn-Weizenmehl enthält 10 Prozent Eiweiß, Milch 3 Prozent, Eier 12 Prozent und Steak 16 Prozent. In nur einem Gramm Afa-Algen befinden sich 300 000 Aminosäuremoleküle. Sie enthält alle acht essenziellen Aminosäuren, die der Körper nicht selbst herstellen kann, und fast alle nichtessenziellen. Wenn nur eine dieser acht essenziellen Aminosäuren fehlt, kann der Körper aus den restlichen kein Protein zum Beispiel für Gewebeaufbau herstellen.

Die essenziellen Aminosäuren sind: Phenylalanin, Tyrosin, Isoleuzin, Leuzin, Lysin, Threonin, Tryptophan, Zystein, Methionin und Valin. Weil in Pflanzen-Proteinen oft eine oder mehrere dieser esenziellen Aminosäuren fehlen, ist die Afa-Alge ganz besonders für Vegetarier zu empfehlen. Getreide enthält zum Beispiel einen niedrigen Wert der essenziellen Aminosäure Lysin, während Bohnen einen Mangel an Methionin aufweisen.

Eiweiß tierischen Ursprungs hat viele Nachteile: Es kann den Cholesterinspiegel heben, ist viel schwerer verdaulich als Eiweiß aus Pflanzenkost, bildet Schleim, führt zu Eiweißschlacken im Darm und erhöht das Risiko von Herzerkrankungen.

Das Faszinierende an der Afa-Alge: Nur 1,5 bis 2 Gramm der Alge decken den Bedarf des Körpers an essenziellen Aminosäuren, und zwar nicht nur quantitativ, sondern auch qualitativ. Die Zusammensetzung der Aminosäuren entspricht genau der des menschlichen Körpers und damit seinen Bedürfnissen. Deshalb ist die Afa-Alge allen pflanzlichen und tierischen Eiweißquellen überlegen.

Die Eiweiße in der Afa-Alge sind zudem an Kohlenhydrate gebunden, so genannte Glykoproteine, die vom Körper besonders leicht aufnehmbar sind. Eiweiße tierischer Herkunft und die meisten Pflanzeneiweiße sind an Lipide gebunden und so genannte Lipoproteine, welche der Körper erst in die Form von Glykoproteinen umwandeln muss. Das Eiweiß in der Afa-Alge ist vom Körper zu etwa 90 Prozent assimilierbar, das in Fleisch lediglich zu 20 Prozent.[30]

Einige der Proteine haben ein so geringes Molekulargewicht, dass sie vom Körper direkt in den Blutkreislauf aufgenommen werden können. Auf diese Weise sorgen sie für Entgiftung und fördern den Stoffwechsel der Zellen.

Die Afa-Alge enthält besonders viele Aminosäuren-Peptide, Vorstufen von Neurotransmittern wie Dopamin und Serotonin, die für präzise Informationsübermittlung im Gehirn und von dort zu den Organen sorgen. Wir brauchen einen hohen Serotoninspiegel, um gut lernen zu können, Lebensfreude zu erfahren und fröhlich zu sein. Wenn nur wenige der benötigten Aminosäuren-Peptide fehlen, kann es zu Gedächtnislücken, Aufmerksamkeitsstörungen, Schlafproblemen und Stimmungsschwankungen kommen.

Die Funktion der essenziellen Aminosäuren

Isoleuzin sorgt für die optimale Intelligenzentwicklung und die Aufrechterhaltung des Stickstoffgleichgewichts im Körper, stabilisiert den Blutzuckerspiegel und bildet Muskeln.

Leuzin stimuliert die Gehirnfunktionen, reguliert den Blutzuckerspiegel sowohl bei Über- als auch Unterzuckerung und sorgt für eine optimale Energieversorgung der Muskeln.

Lysin ist wichtig als Grundbaustein für Antikörper, fördert die Kalziumaufnahme im Darm und in den Knochen, beugt Herpes-Infektionen vor und hilft bei deren Heilung und reguliert das Tempo der Zellerneuerung. Es repariert zerstörtes Gewebe, kräftigt den Kreislauf, stärkt das Immunsystem und wird für die Herstellung von Hormonen und Enzymen benötigt. Lysinmangel kann zu Haarausfall, Migräne, Konzentrationsprob-

Der Tagesbedarf an Aminosäuren[31]

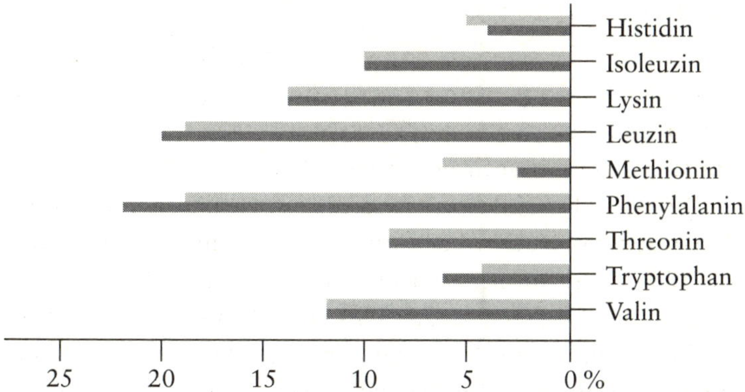

Perfektes Amionosäuren-Profil/Tagesbedarf des Menschen nach Food & Nutrition Council (Gew.-%)

Aminosäuren-Profil der Afa-Alge bei 2 Gramm täglich

lemen, Wachstumshemmungen, Müdigkeit und Blutarmut führen.

Methionin ist die Aminosäure, die am seltensten vorkommt. Sie stärkt die Leber und das Gedächtnis, senkt Stress und beruhigt die Nerven, fördert das Wachstum von Hautzellen und Nägeln und stimuliert die Bildung von stimmungsaufhellenden Neurotransmittern wie Dopamin. Außerdem ist diese Aminosäure wichtig zur Aufspaltung von Nahrungsfetten und Entgiftung von Schwermetallen sowie als Schutz gegen UV- und radioaktive Strahlung.

Phenylalanin wird zur Bildung des Schilddrüsenhormons benötigt und harmonisiert den Stoffwechsel. Diese essenzielle Aminosäure sorgt für gute Stimmung, weil sie die Blut-Hirn-Schranke überwinden kann, macht klar und wach, fördert Vitalität, wirkt antidepressiv, hilft bei Gewichtsabnahme und

Konzentrationsschwäche und steigert das Lern- und Erinnerungsvermögen. Diese Aminosäure wird zur Bildung von Adrenalin und Insulin benötigt.

Threonin sorgt für eine gute Verdauung und Aufnahme von Nährstoffen, aktiviert die Thymusdrüse und kräftigt das Immunsystem. Ein Mangel an dieser Aminosäure kann die Entstehung von Krebs begünstigen.

Tryptophan erhöht die Aufnahme der B-Vitamine und stärkt die Nerven. Tryptophan wirkt beruhigend, lindert Depressionen und wird tagsüber nach Bedarf in das »Glückshormon« beziehungsweise den Neurotransmitter Serotonin umgewandelt und abends in Melatonin, das für einen guten Schlaf sorgt.

Valin aktiviert geistige Fähigkeiten, stärkt Konzentrationsfähigkeit sowie Zielstrebigkeit und harmonisiert die Muskelkoordination.

Die Funktionen der nichtessenziellen Aminosäuren

Alanin stärkt die Zellwände, das Muskelgewebe und das Immunsystem.

Arginin ist besonders für Kinder und Menschen unter Stressbelastung wichtig. Es wird vom Körper in das Wachstumshormon HGH umgewandelt, was für die Knorpelbildung zuständig ist und Bandscheibenverschleiß und den damit zusammenhängenden Rückenschmerzen vorbeugt. Außerdem stärkt diese Aminosäure das Immunsystem, indem sie die Bildung weißer Blutkörperchen stimuliert, welche Infektionen bekämpfen und Tumorwachstum begrenzen. Außerdem fördert Arginin die Fruchtbarkeit des Mannes, weil die Samenflüssigkeit etwa zu 80 Prozent aus Arginin besteht. Darüber hinaus entgiftet Arginin das Blut.

Asparagin stärkt Herz und Gefäße, schützt die Leber, sorgt für ein ausgeglichenes Gemüt. Außerdem unterstützt diese Aminosäure die Umwandlung von Kohlenhydraten in Energie.

Glutaminsäure stellt, zusammen mit Glukose, einen der Hauptnährstoffe fürs Gehirn dar und wird für die DNS-Synthese benötigt. Glutaminsäure ist in der Muttermilch vorhanden und steigert die Intelligenz. Außerdem hilft diese Aminosäure, krankhaftes Verlangen nach Süßem zu reduzieren, das Gedächtnis zu verbessern und wach und munter zu machen.

Glycin stärkt das Nervensystem und ist wichtig für eine optimale Energie- und Sauerstoffversorgung der Zellen sowie die Synthese von DNS, Hämoglobin und kollagenen Fasern. Ein Mangel daran kann zu Demenz und Alzheimer führen.

Histidin aktiviert die weißen Blutzellen und damit das Immunsystem, steigert die Nährstoffaufnahme und hilft bei der Entgiftung von Schwermetallen.

Prolin verbessert das Lernvermögen, ist wichtig für eine gesunde Haut und stellt eine Vorstufe der Glutaminsäure dar.

Serin ist wichtig für den Aufbau von Gehirnproteinen, der Zellmembrane und der DNS und fördert die Bildung der fetthaltigen Schutzschicht um die Nervenfasern.

Tyrosin, bekannt als »anti-depressive Aminosäure«, stärkt das Erinnerungsvermögen und sorgt für gute Stimmung. Diese Aminosäure verlangsamt die Zeitalterung und dämpft Hungergefühle. Tyrosin lindert Depressionen und ist wichtig für die Herstellung von Neurotransmittern wie Dopamin und Adrenalin, Enzymen und komplex aufgebauten Proteinen.

Zystein wird als »Anti-Alterungs-Nährstoff« bezeichnet. Diese Aminosäure wirkt als Anti-Oxidans und zerstört Freie Radikale. Außerdem hilft sie bei Lebensmittelallergien. Sie harmonisiert die Funktion der Bauchspeicheldrüse und stabilisiert damit den Blutzuckerspiegel.

Essenzielle Aminosäuren in der Afa-Alge (pro Gramm)[32]	
Arginin	38 Milligramm
Histidin	9 Milligramm
Leuzin	52 Milligramm
Isoleuzin	29 Milligramm
Lysin	35 Milligramm
Methionin	7 Milligramm
Phenylalanin	25 Milligramm
Threonin	33 Milligramm
Valin	32 Milligramm

Vitamine – unentbehrlich für das Leben

Nach Dr. McKeith enthalten die Afa-Algen die am perfektesten ausbalancierte Zusammensetzung von Vitaminen unter allen essbaren Algen. Die meisten Vitamine können nicht vom Körper selbst hergestellt, sondern müssen durch Nahrung zugeführt werden. Vitamine sind lebenswichtig für unser Immunsystem, unseren Stoffwechsel und für die Ausscheidung und wirken als Co-Enzyme an allen körperlichen Prozessen wie etwa Verdauung, Atmung und Denken mit. Viele Vitamine wie Vitamin C, E und Betakarotin fungieren im Körper als Fänger Freier Radikaler und beugen damit den zellzerstörenden Aktivitäten dieser bindungsfreudigen Moleküle vor, die ansonsten zu Zelldegeneration und Krankheiten führen.

Vitamindefizite können zu ernsthaften Gesundheitsstörungen und Krankheiten führen. Man hat festgestellt, dass synthetisch hergestellte Vitaminpräparate nicht die Wirkung im Kör-

Nicht-essenzielle Aminosäuren in der Afa-Alge (pro Gramm)[32]	
Alanin	47 Milligramm
Asparagin	47 Milligramm
Asparaginsäure	7 Milligramm
Cystein	2 Milligramm
Glutamin	78 Milligramm
Glutaminsäure	4 Milligramm
Glycin	29 Milligramm
Prolin	29 Milligramm
Serin	29 Milligramm
Tryptophan	8 Milligramm
Tyrosin	17 Milligramm

per entfalten wie Vitamine in Lebensmitteln (vgl. Kapitel »Vitalstoffdefizite sind vorprogrammiert« auf Seite 55). Unser Bedarf an Vitaminen hat auf Grund der Hektik und dem Leistungsdruck unseres Alltags zugenommen, während der Anteil an Vitaminen in unserer Nahrung dramatisch zurückgeht.

In der Afa-Alge sind insgesamt zwölf Vitamine enthalten, die optimal zusammenarbeiten und unserem körpereigenen Enzymsystem zur Erfüllung all seiner vielfältigen Funktionen verhelfen. Die B-Vitamine in der Afa-Alge sind so einfach aufzunehmen und assimilierbar, weil sie an verschiedene Enzymsysteme organisch gebunden oder chelatiert sind. Synergetische, sich gegenseitig unterstützende und verstärkende Effekte der Vitamine untereinander und im Zusammenspiel mit Enzymen, Mineralstoffen und Spurenelementen erklären, warum viele Anwender

der Afa-Alge so dramatische und unmittelbare positive Auswirkungen auf der körperlichen, seelischen und sogar der geistigen Ebene erleben.

Betakarotin

Das Betakarotin in der Afa-Alge wird vom Körper nach Bedarf in Vitamin A umgewandelt. Es schützt sämtliche Schleimhäute vor dem Angriff Freier Radikale und ist eines der kraftvollsten Anti-Oxidantien. Die Afa-Alge enthält eine der höchsten Konzentrationen an Betakarotin von allen Lebensmitteln, nur 2 Gramm decken bereits 40 Prozent der empfohlenen Tagesmenge ab. Zum Vergleich: 2 Gramm Afa-Algen enthalten mehr Betakarotin als eine Karotte, vier Mal so viel wie eine ganze Tomate, doppelt so viel wie vier Aprikosen, zwölf Mal so viel wie 100 Gramm Salat und mehr als viermal so viel wie ein Ei.[33]

Betakarotin schützt vor Krebs, dem Angriff von Viren und vorzeitigen Alterungsprozessen. Es stimuliert die Produktion von weißen Blutkörperchen in der Thymus-Drüse und erhöht, zusammen mit weiteren Betakarotenen in der Afa-Alge, die Anzahl und Aktivität von antiviralen Helferzellen und Antikörpern.[34] Betakarotin hilft zudem, Candida-Befall einzudämmen. Eine finnische Studie zeigt, dass Betakarotin Krebs vorbeugen kann, aber nur wenn es in Form von Lebensmitteln, nicht wenn es als Präparat eingenommen wird. Vitamin A wird für gesunde Augen, Haut und Schleimhäute gebraucht und für die Synthese von DNS und RNS sowie für die Herstellung von Adrenalin.

Betakarotin kann, im Gegensatz zu Vitamin A, nicht überdosiert werden, weil der Körper nur so viel davon in Vitamin A umwandelt, wie er gerade benötigt. Der extrem hohe Chlorophyll-Gehalt in der Afa-Alge erleichert dem Körper die Umwandlung von Betakarotin in Vitamin A. Die Afa-Alge ist eines der wenigen Lebensmittel, die sowohl die Cis- als auch die Trans-Form von Betakarotin enthält. McKeith: »Wenn beide Formen zusammen verzehrt werden, ist die Absorptionsrate von Betakarotin mehr als zehn Mal so hoch wie bei nur einer Transform.«[35]

Thiamin

Thiamin oder Vitamin B_1 wird als »Nerven- und Energievitamin« bezeichnet. Es findet sich außer in der Afa-Alge zum Beispiel in braunem Reis und Vollkorngetreide. Es hilft dabei, die Glukose im Blut in Energie für Herz, Nerven und Muskeln umzuwandeln, verhindert vorzeitiges Altern und sorgt für eine gute Gehirnfunktion. Ein Vitamin-B_1-Defizit führt zu Müdigkeit und sogar zu geistiger Verwirrung. 2 Gramm Afa-Algen decken 6 Prozent des täglichen Bedarfs ab.

Riboflavin

Die Afa-Alge ist eine ausgezeichnete Quelle von Riboflavin oder Vitamin B_2, ein Vitamin, das als Anti-Oxidans wirkt und etliche Enzymsysteme aktiviert, die zum Beispiel für Zellwachstum und Stoffwechsel wichtig sind. Ein Mangel an diesem Vitamin ist weit verbreitet, besonders bei älteren Menschen sowie Al-koholikern. Bei Schwangeren kann ein Vitamin-B_2-Mangel zu Missbildungen des Ungeborenen führen. Menschen, die viel Sport treiben, haben ebenfalls einen erhöhten Bedarf. 2 Gramm Afa-Algen decken 9 Prozent der empfohlenen Tagesmenge ab.

Pyridoxin

Pyridoxin oder Vitamin B_6 ist ebenfalls ein immunstärkendes Vitamin und für mehr als 60 Enzymsysteme wichtig. Es hat eine Schlüsselfunktion bei der Herstellung von roten Blutkörperchen und Immunzellen inne, ist für die Bildung von Neurotransmittern wichtig und stimuliert das Zellwachstum. Ohne Vitamin B_6 könnten keine Proteine vom Körper gebildet werden und würden Wunden langsamer heilen.

Pyridoxin wirkt entwässernd. Der Durchschnittsamerikaner nimmt weniger als 70 Prozent der empfohlenen Vitamin-B_6-Menge zu sich. Wenn die Versorgung mit Vitamin B_6 gut ist, fühlt man sich wach und energiegeladen. Dieses Vitamin ist wichtig für die Synthese von Monoaminen. Deren Spiegel ist bei Untersuchungen von depressiven Menschen als besonders niedrig nachgewiesen worden.

Neben der Afa-Alge ist auch Gerstengrassaft eine gute Pyridoxin-Quelle.

Niazin

Niazin oder Vitamin B_3 wird als »Stress reduzierendes Vitamin« bezeichnet. Es wird in Enzymreaktionen benötigt, die Nahrung in Energie verwandeln und Zellen reparieren. Es verbessert die Blutzirkulation, fördert das Gedächtnis und beugt Depressionen vor. Zwar enthält die Afa-Alge relativ wenig Niazin, aber die Aminosäure Tryptophan, reichlich in ihr vorhanden, kann mit Hilfe von Vitamin B_6 nach Bedarf in Niazin umgewandelt werden.

Niazin senkt den Cholesterinspiegel und kann in Form von

Nikotinsäure Arteriosklerose teilweise rückgängig machen. 2 Gramm Afa-Algen decken 8 Prozent der empfohlenen Tagesmenge ab.

Pantothensäure

Pantothensäure oder Vitamin B_5, das »Anti-Stress-Vitamin« par excellence, hilft Stress und Müdigkeit zu reduzieren, indem es die Tätigkeit der Adrenalindrüsen harmonisiert. Es repariert Zellmembranen von Haut- und Nervenzellen und beugt Alterungsprozessen vor. Außerdem ist Vitamin B_5 ein kraftvolles Anti-Oxidans, stärkt das Immunsystem und stimuliert die Produktion von natürlichen Fress-Zellen des Immunsystems.

Folsäure

Folsäure ist außer in der Afa-Alge vor allem in Spinat und Gerstengras enthalten. Heutzutage herrscht generell ein eklatanter Mangel an diesem Vitamin, weil es durchs Erhitzen zerstört wird.

Etwa 60 Prozent der Frauen haben ein Folsäure-Defizit. Frauen, welche die Anti-Baby-Pille nehmen, sowie ältere Menschen sind besonders gefährdet.

Folsäure hilft, rote Blutkörperchen zu bilden, ist wichtig für eine gesunde Darmflora, hält die Zellen in der Darmwand gesund und wird für die Synthese von DNS und RNS benötigt.

Folgen eines Folsäure-Mangels können eingerissene Mundwinkel, Vergesslichkeit, Blutarmut, Reizbarkeit, Schlafprobleme und sogar Demenz sein. Die beste Quelle für Folsäure sind Afa-Algen und dunkelgrüne Blattgemüse wie Spinat, Feldsalat sowie Gerstengrassaft.

Kobalamin

Kobalamin oder Vitamin B_{12} ist ein wichtiges Vitamin, das zur Blutbildung und Umwandlung von Folsäure von der inaktiven in die aktive Form benötigt wird, was hauptsächlich in tierischen Produkten vorkommt und nur in wenigen Mikroorganismen wie der Afa-Alge gebildet wird. Es wird auch »Verjüngungsvitamin und Energizer« genannt und baut sowohl das Erbmaterial als auch die Schutzschicht der Nervenzellen auf.

Die Afa-Alge enthält mehr Vitamin B_{12} als jede andere Nahrungsquelle! 2 Gramm Afa-Algen decken bereits mehr als den Tagesbedarf ab. Das ist besonders wichtig für Vegetarier und Veganer, die einen Vitamin-B_{12}-Mangel entwickeln können.

Vitamin B_{12} schützt die Leber, synthetisiert den roten Blutfarbstoff Hämoglobin, ist am Fett- und Eiweißstoffwechsel beteiligt und sorgt für eine genügende Anreicherung des Blutes mit Sauerstoff. Bei einem Mangel kann es zu Anämie, Nervosität, Gedächtnisstörungen und Müdigkeit kommen. Besonders Menschen jenseits des 60. Lebensjahres können schwere neurologische Symptome wie Desorientierung und sogar Alzheimer entwickeln, wenn sie nicht genug Vitamin B_{12} bekommen.[36]

Ascorbinsäure

Ascorbinsäure oder Vitamin C ist nicht nur ein Anti-Skorbut-Vitamin, sondern ein wichtiges Anti-Oxidans. Es ist besonders hoch konzentriert in den weißen Blutkörperchen unseres Immunsystems zu finden. Vitamin C wird bei Stressbelastung vermehrt verbraucht. Auch Raucher, Schwangere, stillende Mütter sowie Frauen, welche die Anti-Baby-Pille einnehmen, sind gefährdet.

Die Afa-Alge besitzt rund fünfmal so viel Vitamin C wie die Spirulina- und Chlorella-Alge! 2 Gramm decken 25 Prozent der empfohlenen Tagesmenge ab. Vitamin C stärkt die Arterienwände und senkt den Cholesterinspiegel. Vitamin C hilft sogar bei Krebs. Für die Bildung der Neurotransmitter Serotonin, Dopamin und Adrenalin aus Tryptophan beziehungsweise Tyrosin wird Vitamin C benötigt. Vitamin C schützt gegen Umweltgifte und unterstützt die Behandlung psychischer Störungen.

Die Deutsche Gesellschaft für Ernährung (DGE) diskutiert gerade darüber, die empfohlene tägliche Menge an Vitamin C von 40 auf 150 Milligramm mehr als zu verdreifachen. 40 Milligramm sind vielleicht ausreichend zur Skorbut-Prophylaxe, aber nicht für strahlende Gesundheit!

Tokopherol

Tokopherol oder Vitamin E wird als »Nervenschutz-Vitamin«, »Rostschutz« und »Fruchtbarkeits-Vitamin« bezeichnet. Es handelt sich um eines der kraftvollsten Anti-Oxidantien, die wir kennen. Wenn genügend Vitamin E vorhanden ist, sind Fettsäuren in der Lage, dem Angriff Freier Radikaler zu trotzen und die Beweglichkeit der Zellmembranen zu gewährleisten. Vitamin E verlängert nicht nur das Leben roter Blutkörperchen, sondern auch unsere Lebensspanne. Es schützt vor Strahlenschäden und Umweltverschmutzung.

Vitaminverbindungen (pro Gramm)[37]	
Provitamin A (Beta-Karotin)	185 Milligramm
Thiamin (B_1)	5,0 Milligramm
Riboflavin (B_2)	0,88 Milligramm
Pyridoxin (B_6)	0,07 Milligramm
Cobalamin (B_{12})	8,0 Milligramm
Ascorbinsäure (C)	5,0 Milligramm
Niacin (B_3)	0,10 Milligramm
Folsäure	1,0 Mikrogramm
Pantothensäure (B_5)	6,8 Mikrogramm
Biotin	0,3 Mikrogramm
Cholin	2,3 Mikrogramm

Cholin

Dies ist ein wasserlösliches B-Vitamin und Teil der Zellmembran der Afa-Alge. Es ist wichtig für die Zellflüssigkeit und zur Biosynthese von Acetylcholin, einem wichtigen Neurotransmitter, der für eine ausgeglichene Stimmung sorgt.

Die Farbpigmente und ihre gesundheitliche Bedeutung

Gesundheitswunder Chlorophyll

Intuitiv fühlen wir uns entspannt und ruhig, wenn wir durch einen grünen Wald oder über grüne Wiesen gehen. Die Farbe Grün steht für Erneuerung, Leben, Herzenswärme und Hoffnung. Wie Recht wir damit haben, wird einem klar, wenn man weiß, dass die grüne Farbe vom Chlorophyll der Pflanze herrührt, die aus Sonnenlicht und Kohlenstoff Energie produziert, die uns Menschen und den Tieren durch die Nahrung zugeführt wird. Und dabei setzt die Pflanze auch noch Sauerstoff frei, der uns wieder zum Atmen dient. Wir leben in wundervoller Symbiose mit den Pflanzen, und ihr Chlorophyll schenkt uns gesundes Blut, Sauerstoff für die Zellen, Gesundheit und langes Leben. Wie gesagt, bei der Afa-Alge handelt es sich um das chlorophyllhaltigste Lebensmittel, das bisher entdeckt wurde!

Chlorophyll ist die Grundlage des Lebens, ohne diesen grünen Pflanzenfarbstoff gäbe es keinen ausreichenden Sauerstoff für alle Lebewesen. Chlorophyll wird manchmal als »grünes Blut« bezeichnet. Und zwar darum, weil Chlorophyll von seinem Aufbau her nahezu identisch mit dem roten Blutfarbstoff, dem Hämoglobin, ist. Der einzige Unterschied: Chlorophyll enthält statt dem Eisenmolekül des Hämoglobins ein Magnesiummolekül. Und dies ist für uns von großem Vorteil, weil unsere Böden magnesiumarm sind und wir in unserer üblichen Nahrung zu wenig von diesem Spurenelement finden.

Das Chlorophyll in den Pflanzen liefert Magnesium an das Muskelgewebe sowie das Nervensystem und erhält eine gesunde Herz- und Atmungsaktivität. Durch Magnesiummangel besteht die Gefahr von Muskelschwund und Herzerkrankungen.[38]

Manche Forscher nennen Chlorophyll und Hämoglobin »Zwillinge«, und seit Anfang dieses Jahrhunderts steht fest, dass chlorophyllhaltige Pflanzen Blut bildend sind und Anämien vorbeugen oder sogar heilen können. Chlorophyllhaltige Nahrung kann mehr Sauerstoff zu den Zellen bringen, und die Zellschlacken werden schneller entsorgt. Die Zellatmung wird beschleunigt, Stoffwechselprozesse optimiert und die Gehirnzellen besser durchblutet und wieder leistungsfähiger. Bei den meisten Menschen allerdings sind dunkelgrüne Gemüse wie Feldsalat oder Brokkoli von der Speisekarte verschwunden, und nur wenige essen chlorophyllhaltige Wildkräuter.

Die Heilwirkungen von Chlorophyll sind weit gefächert, aber man sollte es zunächst lieber als Mittel zur Gesunderhaltung betrachten. Der berühmte Arzt Bircher-Benner empfahl, jeden Tag ein paar grüne Blätter zu essen. Chlorophyll fördert die Verdauung und sorgt für eine gesunde Darmflora. Es hat nachgewiesenermaßen eine anti-bakterielle und aseptische Wirkung. Das muss man sich nicht so wie die Wirkung von Penizillin vorstellen, sondern der grüne Pflanzenfarbstoff fördert das Wachstum von gesunden Darmbakterien wie Acidopholus und Bifidus und verdrängt damit unerwünschtes Bakterienwachstum und Candida-Befall. Grüne Pflanzennahrung ist durch ihre Enzyme in der Lage, das Milieu für eine Gesundung zu schaffen und uns gesund zu erhalten.

Chlorophyll beruhigt einen nervösen Magen und stärkt die Magenschleimhaut. Wer unter Magenproblemen oder Übelkeit leidet, sollte es mit dunkelgrünen Pflanzen versuchen.

Im Ersten Weltkrieg wurden Wunden von Soldaten mit natürlichem Chlorophyll oder Weizengras-Auflagen abgedeckt.

Man hatte festgestellt, dass die Wundheilung dadurch beschleunigt abläuft. Auch innere Wunden heilen schneller, wenn man chlorophyllhaltige Pflanzen isst. Zudem werden bei Verbrennungen Auflagen aus chlorophyllhaltigem Weizen- oder Gerstengras verwendet, oder mit Getreidegrassaft getränkte Mullbinden. Ich habe für solche Zwecke immer ein kleines Gerstengrasfeld auf der Fensterbank. Wenn sich eines meiner Kinder verletzt oder Bauchweh hat, habe ich meinen frischen Chlorophyll-Saft als Erste-Hilfe-Maßnahme gleich zur Hand.[39]

Auch bei Entzündungen, innerlich und äußerlich, hat sich Chlorophyll bewährt, und auch zum Eindämmen unangenehmer Körper- oder Mundgerüche. In den USA bekommen die Senioren in Altersheimen daher Chlorophyll-Tabletten. Sie wirken deodorierend.

Chlorophyll übertönt jedoch nicht einfach schlechte Gerüche, sondern bekämpft erfolgreich die Bakterien, die Körperflüssigkeiten abbauen und zum schlechten Geruch führen. Erfolgreich werden chlorophyllgetränkte Tampons bei Frauen eingesetzt, die schlecht riechenden Ausfluss haben. Man kann dafür aus Afa-Algen-Pulver eine konzentrierte Lösung zubereiten, in die man die Tampons kurz eintaucht. Wegen der Farbintensität bitte eine Binde in den Slip einlegen!

Bewährt hat sich Chlorophyll diesbezüglich bei Tieren, zum Beispiel bei Hunden, die einen schlechten Mundgeruch haben. Man verabreicht ihnen Gerstengras- oder Weizengraspresslinge oder eben Chlorophylltabletten.

Chlorophyll stärkt in einzigartiger Weise das Immunsystem und die Gehirnfunktion, und zwar durch seine Enzymkomplexe und Polypeptide und senkt damit sowohl zu hohen Blutdruck als auch zu hohen Cholesterinspiegel.

Forscher haben herausgefunden, dass grüne Pflanzen uns sogar vor radioaktiven Strahlenschäden schützen und das Krebsrisiko senken. Sie erhöhen unsere Vitalität und beugen vorzeitigen Alterungserscheinungen vor. Chlorophyllhaltige Pflanzen fördern zudem die Eisenbildung und Vitamin-B_{12}-Bildung im Körper und regenerieren somit ebenfalls die Darmflora. Durch die Aufnahme von organischem, nicht erhitztem Blattgrün oder Gemüse wird im Dünndarm eine bakterielle Reaktion angeregt, die dazu führt, dass dort das wichtige Vitamin B_{12} ausreichend produziert wird. Außerdem macht Chlorophyll den Dünndarm basisch, wodurch ein reibungsloser Glukosetransport in die Blutbahn zur Energiegewinnung und der Bildung von Immunabwehrzellen im Dünndarm erreicht wird.

Die geringe Menge von 25 Milligramm Chlorophyll pro Tag reicht aus, um Frauen mit PMS, dem Prämenstruellen Syndrom, Erleichterung und Schmerzfreiheit zu verschaffen. Diese Menge entspricht dem Chlorophyllgehalt von nur 1 Gramm Afa-Alge pro Tag.

Sogar stimmungsaufhellend wirkt Chlorophyll, denn beim Abbau der Grünsubstanzen im Körper entstehen Catorphine, die eine leichte Euphorie erzeugen. Vorteil dieser »Glückshormone«: Sie machen nicht süchtig und haben keinerlei Nebenwirkungen.[40]

Auch der berühmte Ernährungswissenschaftler, Buchautor und Arzt Norman Walker schätzte das »grüne Blut« der Pflanzen hoch ein und empfahl, täglich chlorophyllhaltige Nahrung zum Beispiel in Form von frisch gepressten Grünsäften zu sich zu nehmen. Walker aß zu jeder Mahlzeit Algen. Er ist für mich das größte Ernährungsvorbild, wurde er doch 116 Jahre alt und war bis zuletzt nicht auf Hilfe oder »Pflege« angewiesen. Und der Forscher und Buchautor Dr. H. E. Kirschner schrieb: »Es gibt absolut keinen Ersatz für grüne Nahrungsmittel in unserer Ernährung. Wenn Sie sich dieser ›Sonnenlicht-Energie-Nahrung‹ verweigern, berauben Sie sich zu einem hohen Grad eines ganz besonderen Lebenselixiers.«

Weitere Farbstoffe

Die Afa-Alge enthält insgesamt elf Farbstoffe, darunter auch den blauen Farbstoff Phycocyanin. Die Betakarotene in der Afa-Alge, ebenfalls Pigmente, werden in den Kapiteln über Vitamine (vgl. Seite 84) und über das Immunsystem (vgl. Seite 116) besprochen. Der menschliche Körper kann kein Vitamin A herstellen. In der Afa-Alge ist mehr Betakarotin, der Vorstufe von Vitamin A, enthalten als in Tomaten oder Möhren. Betakarotene gehören zu den kraftvollsten Anti-Oxidantien, welche erfolgreich zellschädigende Freie Radikale bekämpfen. Die Karotinoide in der Afa-Alge sind chemisch ähnlich wie die Betakarotene aufgebaut und verleihen der Farbe der Afa-Alge manchmal einen Stich ins Rötliche oder Gelbliche.

Zusammen mit dem grünen Chlorophyll gibt der blaue Farbstoff Phycocyanin der Wildalge vom Klamath Lake ihre tiefdunkle, türkise beziehungsweise blaugrüne Farbe. Blaue Pigmente in Lebensmitteln sind sehr selten. Es handelt sich bei diesem Farbstoff um ein Protein und Anti-Oxidans, das im Versuch in der Lage war, Krebsgeschehen zu verhüten.[41] In anderen Versuchen verbesserte Phycocyanin die Überlebenschance von Mäusen mit Leberkrebs.[42] Zusammen mit dem körpereigenen Pigment Bilirubin wirkt dieser Farbstoff adstringierend (zusammenziehend) und hilft dabei, die Funktion der Leber zu stärken und die Verdauung von Aminosäuren zu erleichtern.

Phycocyanin führt die Proteine zusammen, welche zur Bildung von Neurotransmittern gebraucht werden, und die wichtig für eine optimale Gehirnfunktion sind. Eine ausreichende

Zahl von Neurotransmittern sorgt für emotionale Gesundheit, Ausgeglichenheit, gutes Gedächtnis und Konzentration.

Auch der rote Farbstoff in der Afa-Alge, Phycoerythrin, stellt eine gesunde Phytochemikalie dar und dient dem Schutz der Zellen vor dem Angriff aggressiver Sauerstoffverbindungen.

Die farbigen Pflanzenstoffe hat die Afa-Alge entwickelt, um sich vor Freien Radikalen und den Auswirkungen sehr starker Sonneneinstrahlung zu schützen. Die Erforschung dieser Pflanzenfarbstoffe steht noch am Anfang. Schon jetzt kann man aber festhalten, dass wir von ihrer Eigenschaft als Fänger Freier Radikale profitieren können, besonders, weil Stress, der deren Oxidation fördert, in unserem Alltagsleben zunimmt (Näheres im Kapitel »Power fürs Immunsystem!« auf Seite 116).

Folgende Pigmente sind in der Afa-Alge enthalten:[43]

Phycocyanin, Phycobilis, Phycobiliproteine, Phycoerythrin, Chlorophyll, Yanthophyll, Chrysolaminarin, Betakarotene, Flavacene, Myxoxanthin, Oscilloyanthin, Fucoxanthin, Myxoxanthophyll, Allophycocyanin, Karotinoide.

Mehrfach ungesättigte Fettsäuren – denn Fett ist nicht gleich Fett!

Viele Menschen, die auf eine schlanke Linie achten, machen einen großen Bogen um Nahrungsfette, nach dem Motto: »Fett macht fett«. Allerdings ist »Fett« nicht gleich »Fett«. Nicht alle pflanzlichen Fette sind gesünder als tierische. Es geht darum, möglichst viele essenzielle, mehrfach ungesättigte Fettsäuren (MUFs) zu sich zu nehmen, und zwar in einem optimalen Verhältnis von Omega 3- zu Omega-6-Fettsäuren, und insgesamt natürlich nicht zu viel. Die Durchschnittsernährung enthält etwa 10 Gramm zu viel Fett als von Ernährungswissenschaftlern empfohlen, und außerdem zu viele gesättigte Fettsäuren und zu viele gehärtete Fette, Trans-Fettsäuren, welche einen ungünstigen Einfluss auf die Blutfettwerte ausüben.[44]

Die Afa-Alge hingegen ist besonders reich an essenziellen, mehrfach ungesättigten Fettsäuren, welche der Körper nicht selbst herstellen kann, weil diese Alge ihre Zellen damit vor den Temperaturschwankungen des hoch gelegenen Klamath-Sees erfolgreich schützt. Sie werden daher auch »Vitamin F« genannt. Fettsäuren sind nötig für die Umwandlung von Betakarotin in Vitamin A und als Trägerstoff der fettlöslichen Vitamine A, E und K. Mehrfach ungesättigte Fettsäuren sind Bestandteil jeder Zellmembran, die sie elastisch halten und dafür sorgen, dass die Zellen optimal ernährt und entgiftet werden. Sie helfen außerdem bei der Verhütung von Herz-Kreislauf-Krankheiten, indem sie cholesterinsenkend wirken und den Spiegel des »guten« Cholesterins, HDL, steigen lassen. Außerdem dienen sie als Ausgangsmaterial für Prostaglandine mit hormonähnlicher Wirkung, welche entzündungshemmend und blutdruckregulierend wirken. MUFs stärken das Immunsystem und aktivieren die weißen Blutkörperchen der Thymus-Drüse.

Weitere Vorteile

Fischöl gilt als zuverlässige Quelle von Omega-3-Fettsäuren. Allerdings besteht bei Kaltwasserfischen die Gefahr der zu hohen Konzentration von Vitamin A und D sowie der Belastung mit Schwermetallen. Für Vegetarier und Veganer ergeben sich deshalb Probleme, wenn sie sich Fischöl-Kapseln aus dem Reformhaus besorgen. Die gute Neuigkeit für sie: Auch in der Afa-

Alge sind Fischfettsäuren wie EPA (Eicosapentaensäure) und DHA (Docosahexaen) vorhanden, von denen früher vermutet wurde, dass sie nur in tierischen Produkten vorkommen![45]

EPA lindert Schuppenflechte und senkt den Blutdruck, indem es verklebte Blutplättchen auflöst. DHA ist wichtig für die Intelligenzentwicklung (auch schon des Ungeborenen) und beugt Depressionen vor. Alpha-Linolensäure, ebenfalls in der Afa-Alge vorhanden, schützt vor Herzinfarkt als Vorläufer bestimmter Prostaglandine (PGE 3). Die Omega-3-Fettsäuren in der Afa-Alge verdünnen das Blut und verhüten ebenfalls das Verkleben von Blutblättchen.

Bei den Omega-6-Fettsäuren in der Afa-Alge ist die Gamma-Linolensäure (GLA) zu erwähnen, wovon in der Afa-Alge mehr als etwa in Nachtkerzenöl vorhanden ist. GLA ist wichtig für eine optimale Gehirnfunktion und schon in der Muttermilch vorhanden. Sie hilft auch beim Prämenstruellen Syndrom und bei Neurodermitis und stärkt zudem das Immunsystem. GLA ist hundertmal so effektiv, zu hohe Cholesterin-Werte zu senken, wie Linolsäure.

Die Afa-Alge ist reich an Lipiden, die 60 Prozent unserer Gehirnmasse ausmachen und für gesunde Denkleistungen unentbehrlich sind. Mehr als ein Drittel der Fettsäuren im Gehirn und mehr als die Hälfte der Fettsäuren in der Augennetzhaut sind MUFs. Abgesehen von der Afa-Alge gibt es im Pflanzenreich nur unzureichende Quellen für langkettige mehrfach ungesättigte Fettsäuren. Wildpflanzen weisen einen höheren Anteil mehrfach ungesättigter Fettsäuren auf als Kulturpflanzen, und das Omega-3- zu Omega-6-Fettsäuren-Verhältnis ist bei letzterem kleiner. Durch die Industrialisierung der Landwirtschaft finden sich weniger Omega-3-Fettsäuren in der Nahrung, als für den menschlichen Organismus nötig wäre. Es kann zu Mangelerscheinungen in der Membran von Gehirnzellen kommen, was zu einer Beeinträchtigung des Lernvermögens führen kann. Die Unterversorgung des Gehirns mit mehrfach ungesättigten Omega-3-Fettsäuren wird mit altersbedingten Funktionseinbußen wie Vergesslichkeit, Demenz und Alzheimer (vergleiche auch das Kapitel »Alzheimer – Situation und Auswege« auf Seite 155) in Verbindung gebracht.

Das Verhältnis der Omega-3- zu den Omega-6-Fettsäuren in der Afa-Alge entspricht mit etwa 2 zu 1 dem, was Ernährungswissenschaftler für optimalen Herzschutz, Immunstärkung, Prophylaxe von Entzündungen, gesunde Nerven- und Gehirnzellen, Schutz vor Stress und eine gute Fließfähigkeit des Blutes empfehlen.[46]

Parallelen zur Muttermilch

Viele Gemeinsamkeiten

Als ich von einem der Afa-Algen-Hersteller am Klamath-See las, die Afa-Algen seien die Milch von Mutter Natur, dachte ich an eine Übertreibung. Immer wieder werden neue »Wunder« enthüllt, was die menschliche Muttermilch betrifft: Sie nährt nicht nur das Neugeborene, sondern hilft, sein Immunsystem zu stärken, seinen Körper ins Säure-Basen-Gleichgewicht zu bringen und seine Intelligenz zu entwickeln. Daher habe ich meine beiden Kinder sehr lange, meinen Sohn zweieinhalb Jahre lang, gestillt. Und nun soll diese wilde Mikroalge mit der Muttermilch zu vergleichen sein? Das kam mir doch zu hoch gegriffen vor.

Als ich mich dann mit den Inhaltsstoffen der Alge und der menschlichen Muttermilch näher beschäftigte, fiel mir auf, dass es tatsächlich Gemeinsamkeiten gibt, und vielleicht sogar mehr, als in jedem anderen Lebensmittel, das daraufhin untersucht wurde. Man hat zum Beispiel festgestellt, dass die menschliche Muttermilch eine hohe Konzentration von vielen ungesättigten Fettsäuren aufweist, die für die Gehirnentwicklung des Babys wichtig sind. Im ersten Lebensjahr wächst die Intelligenz des kleinen Erdenbürgers in einem unvorstellbaren Ausmaß, mehr als in der ganzen dann folgenden Kindheit und Jugend. Ungesättigte Fettsäuren machen ein Viertel des Gewichtes des menschlichen Gehirns aus.[47] Man hat festgestellt, dass sich die Gehirnentwicklung von Babys wesentlich verbesserte, wenn man ihnen zusätzlich bestimmte ungesättigte Fettsäuren ins Fläschchen gab.

Am besten schon während Schwangerschaft und Stillzeit

Leider kannte ich die Afa-Alge noch nicht, als ich meine Kinder stillte. Wenn ich noch einmal schwanger werden würde, würde ich sehr darauf achten, schon während der Schwangerschaft täglich Afa-Algen zu essen, und natürlich auch während der Stillzeit. Damit hätte ich eine Garantie, im Säure-Basen-Gleichgewicht zu sein – bei säurebildendem Stress würde ich die Algen-Dosis verdoppeln –, und das Beste für die geistige Entwicklung meiner Kinder zu tun. Gillian McKeith berichtet in ihrem informativen Buch »Miracle Superfood: Wild Blue-Green Algae« von ihren Erfahrungen als stillende Mutter, die Afa-Algen konsumierte: »Viele Monate nach der Geburt meines gesunden Kindes kann ich immer noch stillen, und mein Gynäkologe sagt, dass ich eine einmalig dickflüssige und sahnige Milch produziere. Seit ich beobachten konnte, wie prächtig mein Baby sich mit der Afa-Alge entwickelt, bin ich zu einer glühenden Anhängerin dieser einzigartigen Alge vom Klamath-See geworden.«[48]

So lange wie möglich stillen

Aufgrund der positiven Effekte des Stillens auch als Schutz vor Übergewicht, Diabetes, Allergien, Bluthochdruck und Atemwegserkrankungen hat die Amerikanische Akademie für Pädiatrie kürzlich ihre Richtlinien geändert und empfiehlt nun Müttern, nicht wie bisher sechs Monate, sondern mindestens ein Jahr lang zu stillen. Wenn man diese Stillzeit mit der von Naturvölkern – zwischen drei und vier Jahren – vergleicht, ist dies immer noch eine relativ kurze Zeit.

Leider sind keine Untersuchungen bekannt, wie klug Kinder werden, die von Müttern gestillt wurden, die während Schwangerschaft und Stillzeit Afa-Algen aßen! Gabriel Cousens, der sich als Arzt viel mit der Afa-Alge beschäftigt hat, geht davon aus, dass diese Uralge nicht nur die Gehirnentwicklung von Babys fördert, sondern auch die Entwicklung des Nervensystems. Babykost-Hersteller erwägen auf Grund dieser Ergebnisse, mehrfach ungesättigte Fettsäuren wie Docosahexaen (DHA) Milchpulvern für Flaschenkinder zuzusetzen. In den USA werden drei der seltenen Fettsäuren, die auch Bestandteil der Muttermilch sind, auf Empfehlung der Weltgesundheitsorganisation bereits Babynahrung zugesetzt, was auch nicht gestillten Säuglingen eine optimale Entwicklungsfähigkeit ermöglichen soll.

Ich empfehle auf jeden Fall, die vitalstoffreiche Afa-Alge während der Stillzeit regelmäßig einzunehmen. Viele stillende Mütter, die zu wenige Vitalstoffe aus der Nahrung aufnehmen, stillen vorzeitig ab, weil sie zu erschöpft sind, um eine geplante längere Stillzeit durchzuhalten. Ich habe meine Kinder lange stillen können und habe keine Energieprobleme gehabt, trotz Berufstätigkeit als allein erziehende Mutter, weil ich meine Ernährung schon damals auf fast ausschließliche vitalstoffreiche Rohkost zumeist aus Bio-Anbau umgestellt hatte.

In der Stillzeit kann die Afa-Alge eine große Hilfe für Mutter und Kind sein, weil sie die Vitalstoffe enthält, die beide so dringend brauchen, und die in unserer normalen Ernährung immer weniger zu finden sind.

Die Wichtigkeit der ungesättigten Fettsäuren

Eine der wertvollsten Fettsäuren in der Muttermilch von Menschen ist Gamma-Linolensäure, die bisher nur in sehr wenigen Lebensmitteln gefunden wurde, darunter im Nachtkerzenöl und in der Afa-Alge. Wussten Sie, dass der Gehalt an Gamma-Linolensäure in der Afa-Alge das Zehnfache dessen ausmacht, was man davon in der reichhaltigsten bekannten Quelle, dem Nachtkerzenöl, findet? Rund 28 Prozent des Trockengewichts der Afa-Alge besteht aus dieser seltenen ungesättigten Fettsäure, im Vergleich zu 7 bis 10 Prozent im Nachtkerzenöl und 0,7 Prozent in der Spirulina-Alge![49] Nachtkerzenöl wurde schon im mittelalterlichen England als »königliches Allheilmittel« bezeichnet, weil die darin enthaltene Gamma-Linolensäure auch in kleinen Mengen nicht nur die Intelligenz von Babys steigert, sondern auch für Erwachsene nützlich ist: Sie lässt den Körper Stoffe im Gehirn produzieren, die Depressionen heilen können, die Konzentration und Aufmerksamkeit steigern, die Gedanken klären, geistig wach machen und für allgemeines Wohlbefinden sorgen.

Fast identische Konzentrationen

In einer Schrift der Cell Tech Company unter dem Titel »Super Blue Green Algae, The ›Mother's Milk‹ Of Nature«, veranschaulichte die Stillberaterin Sheila Janakos die Gemeinsamkeiten von menschlicher Muttermilch und Afa-Algen anhand von Zahlen. Auf Grund einer Analyse des Woodson-Tenent Laboratory wurden fast identische Konzentrationen bestimmter Fettsäuren festgestellt (vgl. unten stehende Tabelle).

Die Afa-Alge ist das einzige bekannte Lebensmittel, welches das gleiche Spektrum von aktiven essenziellen Fettsäuren wie die menschliche Muttermilch enthält. Das ideale Verhältnis von Omega-3- zu Omega-6-Fettsäuren, 2 zu 1, findet sich in der Afa-Alge wieder.[50]

Vergleich von essenziellen Fettsäuren in Muttermilch und Afa-Algen[51]

Fettsäure	*Muttermilch*	*Afa-Alge*
Gamma-Linolensäure (GLA)	0,34 %	0,25 %
Rechtsdrehende Gamma-Linolensäure (DGLA)	0,49 %	0,35 %
Arachidonsäure (A)	0,77 %	0,47 %
Eicosapentaensäure (EPA)	0,43 %	0,30 %

Die Afa-Alge enthält, wie die menschliche Muttermilch, ein Peptid, das als »Substanz P« bekannt ist und das Immunsystem stärkt. In einem Artikel in der amerikanischen Zeitschrift »American Journal of Clinical Nutrition« wird die Ansicht vertreten, dass das Nichtvorhandensein dieser Substanz in Babynahrung möglicherweise die Nährstoffversorgung der Säuglinge und ihre Entwicklung beeinträchtigt.[52]

In Zukunft gibt es sicherlich auch fertige Milchpulver mit Klamath-Algen versetzt zu kaufen, wie auch jetzt schon einigen Milchprodukten für Säuglinge in den USA und Deutschland Fettsäuren wie Gamma-Linolensäure zugesetzt werden (Beispiele: Beba Start HA, Pre-Apamil mit Milupan, Apamil H1).

DHA und EPA

Die Afa-Alge enthält wie gesagt auch Docosahexaensäure (DHA), die »Schlüsselsubstanz für die Heranbildung des menschlichen Gehirns«[53] sowie Eicosapentaensäure (EPA), eine seltene Fettsäure, von der viele Ernährungswissenschaftler wie Professor Michael Hamm meinen, dass sie nur im Öl von Kaltwasserfischen wie Makrele und Hering zu finden sei. (Ich habe mit ihm darüber ein Gespräch geführt, und er war überrascht zu hören, dass EPA auch in einem anderen Lebensmittel, nämlich der Afa-Alge, anzutreffen ist). Die Nahrung der »Urmenschen«, unserer Vorfahren, enthielt reichlich DHA und EPA. Michael Crawford, Professor am Institute of Brain Chemistry, University of North London, veröffentlichte kürzlich eine Studie darüber, wie Omega-3-Fettsäuren wie EPA und DHA schon im Mutterleib die Intelligenz und das Sehvermögen von Embryos günstig beeinflussen. Besonders DHA ist entscheidend für die embryonale und frühkindliche Entwicklung von Nervensystem und Gehirn. Zu früh geborene Kinder leiden oft an einem Mangel an DHA.[54]

Gefahr der Überversorgung

Fische fördern mit ihren Fettsäuren den Organismus und je fetter sie sind, desto reichhaltiger ist DHA vorhanden. Allerdings gilt nicht generell: Je mehr, umso besser. Beim Fischverzehr besteht nämlich die Gefahr der Überversorgung mit den Vitaminen A und D. Fische wie Tunfisch, Aal, Heilbutt, Hai oder Rotbarsch sollten von schwangeren und stillenden Müttern wegen der hohen Quecksilberbelastung auf Grund der Meeresverschmutzung laut Empfehlung des Bundesinstituts für gesundheitlichen Verbraucherschutz und Veterinärmedizin allerdings gemieden werden. Am besten wäre Wildlachs aus zuverlässiger Quelle. Die Afa-Alge bietet sich als gesunde Alternative auch für Vegetarierinnen und Veganerinnen an, weil sie im Gegensatz zu Fisch ganz am Anfang der Nahrungskette steht und ein völlig unbelastetes Lebensmittel darstellt. In Japan hat die Firma »Martek und Meiji« fünfzehn Patente inne für Babynahrung-Rezepturen mit DHA-haltigen Mikroalgen. Die größten Babynahrungs-Hersteller der USA haben mit dieser Firma bereits Lizenzverträge abgeschlossen.

Die einzigartige Wirkung auf Gehirn und Gemüt

Mehr Kreativität und Selbstbewusstsein

Im informativen Ratgeber »Iss Dich klüger – Das praktische Handbuch für die optimale Gehirnernährung« wird auf die positive Wirkung von Algen über die körperliche Ebene hinaus hingewiesen: »Untersuchungen in den USA ergaben, dass Algen die nervliche Belastbarkeit und emotionale Stabilität unter Stress, die Auffassungsgabe bei angestrengten Lernprozessen und sogar das Traumerleben fördern.«[55] Ich rief den Autor Johannes Holler an und fragte ihn, welche Algen damit gemeint sind, und er antwortete: »Besonders positive Ergebnisse auf Nervensystem, mentale Fitness und erfolgreiche Stressbewältigung werden mit der blaugrünen Afa-Alge erzielt.« Er nimmt die Afa-Algen selbst und freut sich über bessere Konzentration und Ideen beim Bücherschreiben.

Was ich an der Afa-Alge so beeindruckend finde, ist nicht nur ihre einmalige Nährstoffdichte, sondern auch ihre einzigartige Wirkung auf Gehirn und Stimmung. Als ich darüber bei Gabriel Cousens und Christian Opitz las, war ich zuerst skeptisch. Aber die eigene Erfahrung bestätigte mir: Ich konnte mich besser konzentrieren, bis nachts kreativ arbeiten, wurde intuitiver und selbstbewusster. Dies klingt für Sie vielleicht etwas unglaublich, aber ich stehe mit diesen Erfahrungen nicht allein da, und auch bei kleinen Kindern und Tieren lässt sich eine positive Wirkung der Afa-Alge auf Gemüt und geistige Wachheit beobachten, bei denen der so genannte Placebo-Effekt entfällt.

Die Biofotonen der Afa-Alge werden nach Christian Opitz im Gegensatz zu denen in anderen Lebensmitteln auch und gerade ins Gehirn transportiert, wo sie helfen, neuronale Querverbindungen zwischen linker und rechter Hemisphäre aufzubauen. Die primäre Wirkung dieser Alge vom Klamath-See findet auch für Gabriel Cousens vorwiegend auf das Gehirn und auf unser Bewusstsein statt, im Gegensatz zu anderen Mikroalgen wie Spirulina und Chlorella. Opitz: »Die *Gesamtwirkung* von Afa-Algen ist die, dass sie es unserem Gehirn – als einem wesentlichen Transportmittel unserer ganzheitlichen Entwicklung – wesentlich besser ermöglichen, schneller und reibungsloser … durch das Bilden von neuronalen Querverbindungen mehr und mehr in die EEG-Zustände tieferer Frequenzbereiche zu kommen und dadurch energetisch ausgeglichener zu sein. Dadurch intellektuell wacher, versierter, kreativer zu sein und somit die höheren intuitiven Ebenen unserer höheren Körper wesentlich besser nutzen zu können.«[56]

Christian Opitz geht in Anlehnung an die indische Chakrenlehre davon aus, dass alle unsere Energiezentren auch im Gehirn zu finden sind und sich nur entlang der Wirbelsäule widerspiegeln. Durch den Verzehr der wild wachsenden Alge vom Klamath-See entwickeln wir unsere schöpferische Intuition und fördern unsere spirituelle Entwicklung, wofür eine ausreichende Neuronenbildung die Voraussetzung ist. Wenn das Gehirn in tieferen Frequenzen arbeitet, ist es in der Lage, sich zu entwickeln und aus momentanem Chaos eine Ordnung auf höherer Ebene zu schaffen. Die Afa-Alge als wild gewachsene Pflanze und »beste von allen Lebensformen, die es in der Natur gibt« (Opitz) befähigt uns, von ihrer selbst strukturierten Intelligenz zu profitieren und damit unsere göttliche Natur zu leben.

Mehr Intuition und ganzheitliches Denken

Die Afa-Alge hilft nicht nur der Gehirnentwicklung des Ungeborenen und Säuglings (vgl. Kapitel »Parallelen zur Muttermilch« auf S. 102), sondern auch der des Erwachsenen. Die Entwicklung des menschlichen Gehirns ist nie abgeschlossen. Generell nutzen wir meist nur etwa ein Drittel unserer Gehirnkapazität, der größte Teil liegt brach. Und: Die meisten Menschen in unserem Kulturkreis nutzen vorwiegend die linke Hemisphäre, den Sitz von analytischem Denken und rationalem Verstand. Es geht darum, auch die rechte Gehirnhälfte in unser Denken und Tun einzubeziehen, den Sitz von Intuition, Kreativität und ganzheitlichem Denken, und beide Hälften gleichzeitig zu nutzen. Wichtig ist dabei auch, den »Balken« zwischen diesen Hemisphären zu stärken, sodass nicht mehr Verstand gegen Intuition arbeitet, sondern beide sozusagen Hand in Hand zusammen. Eine Entdeckungsreise steht uns bevor, die Erweckung unseres Gehirnpotenzials, wobei uns die Afa-Alge offenbar hervorragend helfen kann.

Gabriel Cousens betont, dass die Afa-Alge besonders das Sechste und Siebte Chakra aktiviert. Auch für ihn liegt der Wirkungsschwerpunkt der Afa-Alge auf dem Gebiet von Gehirn und Verstand. Schon Mitte der achtziger Jahre beobachtete er bei zweien seiner Alzheimer-Patienten erstaunliche Verbesserungen in ihrem Befinden und in ihren mentalen Fähigkeiten. Eine Frau konnte sich wieder normal unterhalten und Wanderungen unternehmen und selbst wieder den Haushalt versorgen (vgl. dazu das Kapitel über Alzheimer auf Seite 155). Als Gabriel Cousens, auch bei uns durch seine Bücher zu Ernährungsthemen bekannt, 1982 das erste Mal die Afa-Alge nahm, hatte er so viel Energie, dass er auf einer Tanzveranstaltung die ganze Nacht durchtanzte. Diese Erfahrung war für ihn neu.

Stärkung der Energiezentren

Cousens begann, Patienten mit der Afa-Alge zu behandeln. Eine Frau, die seit rund dreißig Jahren an Depressionen litt, bemerkte schon nach einem Tag eine wesentliche Verbesserung, und die Depressionen kehrten so lange nicht zurück, wie sie die Algen zu sich nahm (vgl. auch Kapitel »Warum die Afa-Alge für eine gute Stimmung sorgt« auf Seite 115). Durch die Eiweißbausteine in der Alge zur Herstellung von Neurotransmittern wird die Gehirnfunktion verbessert. Im Gehirn machen sich Nährstoffdefizite am dramatischsten bemerkbar, und das Gehirn ist vielleicht das Organ, das am meisten unterernährt ist. Obwohl es nur 2 Prozent unseres Körpergewichts ausmacht, verbraucht es 20 Prozent der Energieressourcen. Die etwa 10 Milliarden Neuronen haben einen schier unersättlichen Appetit.

Die Peptide oder Proteine mit einem leichten Molekulargewicht, welche die Afa-Alge aus dem Stickstoff der Luft bildet, sind in der Lage, die Blut-Hirn-Schranke zu passieren und werden von den Neuronen im Gehirn genutzt, um Botenstoffe herzustellen und zu nutzen. Die Afa-Algen haben nach Cousens zudem eine subtile stärkende Wirkung auf unsere Energiezentren, die auch mit unserer Psyche in Verbindung stehen. Die Afa-Algen versetzen offenbar Geist und Körper in einen Zustand tiefer Entspannung und Zufriedenheit.

Ein anderes Beispiel für die Wirkung der Afa-Alge auf die mental-emotionale Ebene waren zwei autistische Kinder, die unter Afa-Algen-Einnahme beide nach nur einem Monat zu sprechen anfingen!

Nach Cousens spüren 60 bis 80 Prozent der Menschen, welche die Alge erstmals nehmen, sofort ihre Wirkung. Sie bemerken den Unterschied in Form von mehr geistiger Klarheit und Kreativität. Für Cousens steht fest, dass die Afa-Alge in der Lage ist, Prana-Energie aus der Luft aufzunehmen und an uns weiterzugeben. Sie stimuliert die Lebenskraft des gesamten Organismus. Dadurch hilft sie indirekt, alle Arten von Krankheiten zu heilen. Hilfreich ist sie zum Beispiel bei Ängsten, Depressionen und dem Chronischen Müdigkeitssyndrom CFS. Wer die Afa-Alge isst, braucht nur noch wenig stoffliche Nahrung. Das kann ich bestätigen: Nach meinem »Algenfrühstück« kommt es mir oft erst um 11 oder 12 Uhr in den Sinn, etwas anderes zu essen.

Stimulation des Gehirns

Eine placebo-kontrollierte Studie an der University of New Mexico ergab, dass die Afa-Alge tatsächlich spezifische Teile des Gehirns stimuliert. Damit werden die vielen Erfahrungsberichte von Anwendern untermauert, die von einer vergrößerten mentalen Wachheit Zeugnis geben. Die Messung der Gehirnströme ergab, dass der Verzehr der Afa-Alge die Gehirnintegration fördert. Teilnehmer der Studie berichteten von einer Verbesserung ihres allgemeinen Gesundheitszustandes. Durch verschiedene Tests wurde herausgefunden, dass jene Teile des Gehirns besser miteinander verknüpft waren, die mit Aufmerksamkeitsstörungen, Depressionen, Reizbarkeit, schlechtem Gedächtnis und Schlafstörungen in Verbindung stehen. »Beide Tests, in denen EEG-Messungen vorgenommen wurden, ergaben eine signifikante Verbesserung der Fähigkeit des Gehirns, Informationen zu verarbeiten.«[57]

Anti-Stress-Mittel

Die Aminosäuren Tryptophan und Tyrosin werden vom Körper gebraucht, um sowohl Serotonin herzustellen, ein »Glückshormon« und »Stimmungsaufheller«, als auch Dopamin, einen wichtigen Botenstoff, der uns hilft, bei Stress gelassen zu bleiben. Auch Mangan spielt für die Produktion von Dopamin eine Rolle und ist in der heutigen Ernährung nur noch unzureichend anzutreffen, sodass die meisten Menschen einen Mangel an diesem Spurenelement haben. Tyrosin zusammen mit Vitamin C wird benötigt, um das Stress-Hormon Adrenalin zu produzieren. Arginin, eine weitere Aminosäure, wird besonders von Kindern und Menschen, die unter zu viel Stress leiden, benötigt. Histidin ist eine essenzielle Aminosäure, von der Kinder und stressanfällige Menschen einen Mehrbedarf haben. Alle diese Stoffe sind in der Afa-Alge vorhanden.

In der Afa-Alge findet sich auch eine ausreichende Menge an Niazin, dem »Anti-Stress-Vitamin« schlechthin. Vitamin B_{12}, in der Afa-Alge reichlich vorhanden, repariert unser Nervensystem und hilft bei Nervosität. Magnesium, das »Anti-Stress-Mineral«, hilft uns, uns gelassen und kraftvoll zu fühlen. Deutschland ist bekanntermaßen ein Magnesium-Mangelland. Magnesium ist in der Afa-Alge nicht nur reichlich vorhanden, sondern auch noch besonders leicht assimilierbar.

Warum die Afa-Alge für eine gute Stimmung sorgt

Glycin, eine einfache Aminosäure, ist wichtig für die Gehirnfunktion und hat einen beruhigenden Effekt, wie auch Serin, ebenfalls eine Aminosäure, die sogar bei Phobien hilft. Tyrosin gilt als »anti-depressive Aminosäure« und wirkt damit ähnlich stimmungsaufhellend wie Phenylalanin. Ein Mangel an Tyrosin wird mit Stimmungsschwankungen und Ängstlichkeit in Verbindung gebracht. Methionin, eine essenzielle Aminosäure, wirkt anti-depressiv. Die Tatsache, dass die Afa-Alge viel Tryptophan, Tyrosin und Phenylalanin enthält, macht sie für Abrams zum »alternativen Anti-Depressivum«.[58] Tryptophan verbessert Ängste und sogar Phobien. Nach Bedarf wandelt der Körper Tryptophan in Serotonin um, einen Stimmungsaufheller, der Depressionen lindern kann.

Die essenziellen Fettsäuren DHA und EPA, in der Afa-Alge vorhanden, helfen bei Depressionen und wirken stimmungsaufhellend. Asparagin wird aus Aspartamsäure gebildet, einer nicht-essenziellen Aminosäure, und bei Behandlung von Depressiven eingesetzt. Cholin, ein wasserlösliches B-Vitamin und Bestandteil der Afa-Algen-Zellmembran, wird für die Biosynthese von Azetylcholin gebraucht, einem Botenstoff, der eine wichtige Rolle für ein ausgeglichenes Gefühlsleben spielt. Das Kalzium in der Afa-Alge beruhigt die Nerven und wirkt als natürlicher »Tranquilizer«.

Power fürs Immunsystem!

Voraussetzung ist eine gesunde Lebensweise

Die Stärkung des Immunsystem bekommt eine immer wichtigere Bedeutung, weil nur ein ausreichender Schutzschild uns vor Infektionen schützen und eine strahlende Gesundheit schenken kann. Immer mehr Bakterien werden resistent gegenüber Antibiotika, und wir müssen umschwenken und wieder *mit* der Natur zusammenarbeiten, um auf Dauer Viren und Bakterien trotzen zu können. Nur bei einem geschwächten Immunsystem haben Viren und Bakterien eine Chance, Krankheiten zu verursachen. Wer gesund lebt und seine Vitalstoffspeicher gut gefüllt hält, braucht keine Angst vor Infektionen zu haben.

Wichtig sind auch positive Gedanken und harmonische Gefühle. Nur wenn die Seele ausgeglichen ist, kann das Immunsystem effektiv arbeiten (vgl. Kapitel »Innerer Frieden, Humor und Optimismus…« auf S. 224).

Meiden sollte man alles, was das Immunsystem schwächt: Nikotin (auch als Passivraucher!), Alkohol, Fast Food, Konserven und Mahlzeiten aus der Tüte (zu viel Chemie, zu wenig Vitalstoffe), zu wenig Schlaf, Dauerüberforderungen und unnötigen Ärger. Darüber hinaus stärkt regelmäßige Bewegung (mindestens zwei Mal die Woche, am besten täglich) nachweislich die Abwehrkräfte: Nach nur 30 Minuten joggen oder schwimmen sind wesentlich mehr Abwehrzellen im Blut nachweisbar.

Ärzte sind nicht mehr nötig

Ich habe durch meine gesunde Lebensweise – viel Rohkost, täglich Wildgemüse und Obst, viel Bewegung in freier Natur, viel Sport, viel Entspannung und Stressabbau mit dem authentischen Reiki, ein erfüllender Beruf, aufbauende Lektüre wie »Gespräche mit Gott« von Neale Donald Walsch, jeden Tag die Fünf »Tibeter«, natürliche Nahrungsergänzungen wie die Afa-Alge und Gerstengrassaft – ein so starkes Immunsystem, dass ich nur alle paar Jahre eine Erkältung habe, in den letzten siebzehn Jahren keine meiner zahlreichen Seminare oder Vorträge wegen Krankheit absagen musste, und ich vor fünf Jahren aus der Krankenkasse für ambulante Behandlungen ausgetreten bin. Ich war mangels Beschwerden mehr als zehn Jahre nicht mehr beim Arzt oder Heilpraktiker. In der Krankenkasse bin ich nur noch, weil ich wegen einem Unfall oder ähnlichem mal im Krankenhaus landen könnte, und das kann teuer werden. Diese Mini-Versicherung kostet mich jetzt nur noch einen Bruchteil der früheren Beiträge.

Schutz vor Freien Radikalen

Wir brauchen heute nicht weniger, sondern mehr »Schutznährstoffe« (Professor Hamm), um dem Angriff Freier Radikaler durch Umweltgifte und Stress Paroli bieten zu können. Freie

Radikale sind sehr reaktionsfreudige Sauerstoffteilchen, die im Körper ohne Partner umherschwirren – ihnen fehlt ein Elektron –, und versuchen, es aggressiv einem anderen Molekül zu entreißen. Freie Sauerstoffradikale treten im Organismus zum Beispiel durch die Atmung, Stress, Sauerstoffmangel im Gewebe, Infektionen, Zigarettenrauch, Luftschadstoffe wie Ozon, Medikamente und zu hohen Alkoholkonsum auf. Wenn Freie Radikale dem Fett im Körper ein Elektron entreißen, entstehen Schäden an den Zellmembranen, wenn sie Proteine erfolgreich angreifen, werden lebenswichtige Enzyme, unsere Bio-Katalysatoren, geschädigt, und wenn DNS-Moleküle betroffen sind, können Krebs und Erbschäden entstehen.

Gegenspieler zu Freien Radikalen sind Anti-Oxidanzien, darunter körpereigene Enzyme, Vitamin E, Vitamin C, Betakarotin und die Spurenelemente Selen und Zink. Diese Anti-Oxidanzien sind in der Lage, Freie Radikale anzugreifen und unschädlich zu machen.

Unsere Nahrung ist immer ärmer an diesen Stoffen, während gleichzeitig der oxidative Stress durch Umweltbelastung und eine angespannte Lebensweise sowie erhöhte Anforderungen in Beruf und Familie zunimmt. Wer ernährt sich schon hauptsächlich von Obst und Gemüse aus Bio-Anbau, ist in der Lage, Stress, Reizüberflutung und Überanstrengung zu vermeiden sowie Umweltbelastung in Wasser, Luft, Boden und Lebensmitteln aus dem Weg zu gehen? Wer mitten im Leben steht, für den dürfte ein Leben auf einer paradiesischen Insel ohne Umweltbelastung und Stress Utopie bleiben. Wir müssen daher dringend gegensteuern, um nicht vorzeitig zu altern, ständig müde und antriebsschwach zu sein, eine Infektion nach der anderen zu bekommen und keine degenerativen Erkrankungen wie Rheuma, Diabetes und Krebs zu bekommen.

Die Afa-Alge kommt als »Rettungsanker« in dieser brisanten Situation wie gerufen. Sie enthält über 60 Prozent Eiweiß, darunter alle essenziellen Aminosäuren, zwölf Vitamine, darunter die wichtigsten Anti-Oxidanzien Vitamin C, Betakarotin und Vitamin E, insgesamt 23 Mineralien und Spurenelemente, darunter Selen, Magnesium und Germanium mit antioxidativen Eigenschaften, wertvolle essenzielle, ungesättigte Fettsäuren sowie den Weltrekord an Chlorophyll-Gehalt von 3 Prozent.

Betakarotin

Die Londoner Ärztin Dr. McKeith stellte fest, dass ihre Patienten unter Afa-Algen-Einnahme weniger Erkältungen haben, sich schneller von Krankheiten erholen und eine stärkere Widerstandskraft gegenüber Viren und Bakterien entwickeln. Dies kann ich aus eigener Erfahrung und den Berichten von anderen Afa-Algen-Anwendern bestätigen. Sie macht dafür den sehr hohen Gehalt an Betakarotin verantwortlich, welches die Aktivität der Thymusdrüse stimuliert, die über die T-Lymphozyten das Immunsystem dirigiert und kontrolliert. Betakarotin stärkt das Immunsystem und kann die Entwicklung von Krebs verhindern. Viele Ärzte verabreichen ihren Krebspatienten hohe Dosen von diesem Anti-Oxidans, wie Dr. Hans Nieper in Hannover und der Autor von »Cancer and Nutrition« (Krebs und Ernährung), Dr. Charles Simone. Im Rahmen einer Studie des US Department of Agriculture Food Intake Survey wurde festgestellt, dass die Betakarotin-Versorgung durch die durchschnittliche amerikanische Ernährung in keiner Weise ausreicht, um einem Krebsgeschehen vorzubeugen. Bei uns sieht es ähnlich aus. Betakarotin kann den Prozess blockieren, bei dem Krebszellen bösartig werden. Weitere Betakarotene in der Afa-Alge wie Alphakarotin sind wertvolle Stimulanzien fürs Immunsystem. In der medizinischen Fachzeitschrift »The Journal of the National Cancer Institute« wurde schon 1989 festgestellt, dass ein Auszug aus der blaugrünen Uralge in der Lage ist, das Wachstum von HIV-Viren zu stoppen.[59]

Weitere Vitamine

Riboflavin oder Vitamin B_2, ebenfalls in der Afa-Alge zu finden, ist ein antioxidativ wirkendes Vitamin, was zahlreiche Enzymsysteme aktiviert, welche Tripeptide bilden, die wiederum Freie Radikale fangen. Ähnliches gilt für Vitamin B_6, was mehr als 60 Enzym-Systeme aktiviert und an der Bildung roter Blutkörperchen und Immunzellen beteiligt ist.

Pantothensäure oder Vitamin B_5 stärkt das Immunsystem, indem es die Produktion von natürlichen Killer-Zellen stimuliert.

Vitamin C hilft bei der Bildung immunstärkender Co-Enzyme, was vor Infektionskrankheiten schützt und die Krankheitsdauer verkürzt. In der Afa-Alge ist der Vitamin C-Gehalt etwa fünf Mal so hoch wie der in Chlorella- und Spirulina-Algen. Der Vitamin-C-Gehalt der Afa-Alge ist zwar nicht atemberaubend, aber durch die synergetischen Effekte mit anderen Inhaltsstoffen trotzdem sehr wirksam.[60]

Auch das Vitamin E in der Afa-Alge unterstützt das Immunsystem, indem es die Zellmembrane stärkt. So werden Viren vom Eindringen in die Zellen abgehalten. Außerdem schützt Vitamin E vor den Auswirkungen von Strahlenbelastung und Umweltgiften.

Aminosäuren

Die Aminosäuren Arginin und Asparagin in der Afa-Alge stimulieren die Thymusdrüse und erhöhen damit unsere Fähigkeit, Infektionen zu widerstehen. Professor Abrams vertritt sogar die Meinung, dass diese Biostimulanzien diese Drüse wachsen lassen, während sie normalerweise während des Alterungsprozesses dramatisch schrumpft und einen Teil ihrer Funktionen fürs Immunsystem einbüßt.[61] Dadurch ist sie in der Lage, mehr weiße Blutkörperchen, T-Lymphozyten, zu bilden. Sie sind unsere »Abwehr-Elite«.

Arginin aktiviert daneben auch die Hirnanhangdrüse, bestimmte Hormone vermehrt auszuschütten, welche der Leber ermöglichen, mehr entgiftende und schützende Eiweiße zu bilden. Lysin, eine essenzielle Aminosäure in der Afa-Alge, stärkt ebenfalls das Immunsystem. Methionin, eine seltene Aminosäure, wird vom Körper zum Teil in Cystin umgewandelt, was als Fänger Freier Radikale wirkt. Threonin, eine weitere Aminosäure in der Afa-Alge, wird auch »Immunstärker« genannt, weil es ebenfalls die Aktivität der T-Lymphozyten stimuliert.

Mineralstoffe

Das Eisen in der Afa-Alge, besonders leicht assimilierbar, stärkt ebenfalls das Immunsystem. Einige der weißen Blutkörperchen benötigen es, um Laktoferrin-Eiweiße herzustellen, die nötig sind, um hilfreiche Sauerstoffradikale zu bilden, die als Bollwerk dienen, um krankheitsverursachende Bakterien zu zerstören. Vitamin C sowie kleine Mengen von Kupfer, Kobalt und Mangan fördern die Eisenaufnahme im Darm. Sie alle sind in der Afa-Alge vorhanden. Das seltene Spurenelement Selen, an dem unsere Böden und damit auch Lebensmittel so arm sind, ist wichtig zur Bekämpfung von Viren und schützt vor Hautkrebs auf Grund zu starker Sonnenbestrahlung. Germanium, noch seltener in unserer Nahrung zu finden, stimuliert unser Immunsystem und weist Anti-Krebs-Aktivitäten auf. Das Germanium in der Afa-Alge stimuliert die Aktivität der Makrophagen oder Fresszellen. Zink, Kupfer und Mangan, alle in der Afa-Alge vorhanden, sind wichtig zur Aktivierung des Radikalen-Fängers Superoxid-Dismutase (SOD), einem Enzym, was ein noch kraftvolleres Anti-Oxidans als Vitamin E darstellt.[62] Kupfer und Zink werden darüber hinaus für die Herstellung von Anti-Körpern benötigt, Zink zudem für die Aktivität weißer Blutkörperchen. Chrom, ebenfalls in der blaugrünen Uralge vorhanden, stärkt die Funktion von Lymphozyten, auch dies ist wichtig für das Immunsystem.

Schutz vor Strahlung

Nicht nur der grüne Farbstoff Chlorophyll, sondern auch der rötliche Farbstoff Phycoerythrin und der bläuliche Phycocyanin sind Phytochemikalien, die als Anti-Oxidanzien wirksame Radikalen-Fänger darstellen. Diese Farbstoffe schützen, neben Betakarotin, auch vor Schäden durch ultraviolettes Licht. Wer regelmäßig eine ausreichende Menge Afa-Algen isst, braucht sich nach meinen Erfahrungen nicht mehr vor Sonnenbrand zu fürchten. Das heißt natürlich nicht, dass man sich im Sommer mittags der vollen Sonne ungeschützt aussetzen sollte! Als ich mit meinem Sohn im Juli 1999 am Klamath-See war, hatten wir zwei Wochen lang strahlend blauen Himmel bei Temperaturen von 25 bis 30 Grad im Schatten. Obwohl wir fast den ganzen

Tag draußen waren und kein Sonnenschutzmittel benutzt haben, bekam keiner von uns auch nur einen Hauch von Sonnenbrand.

Gamma-Linolensäure (GLA) hilft bei Röntgenstrahlung oder zu starker Sonnenstrahlung. Im britischen »Journal of Cancer« wurde berichtet, dass Strahlenschäden gar nicht oder sehr vermindert auftraten, und dass GLA offenbar vor gesundheitlichen Beeinträchtigungen auf Grund von Strahlenbelastung schützt.[63] Auch die Lipopolysaccharide in der Zellwand der Afa-Alge stärken das gesamte Immunsystem, wie die Fachzeitschrift »International Journal of Immunopharmacology« schreibt.[64]

Dr. Gabriel Cousens berichtet von einem Versuch, wonach Mäuse, welche mit Afa-Algen gefüttert wurden, 100-mal so resistent gegenüber Strahlenschäden waren wie jene, welche mit Spirulina-Algen gefüttert wurden.[65] Die Enzyme in den Afa-Algen wie Glutamin, Galaktase, Peroxidase und Superoxid-Dismutase sind kraftvolle Anti-Oxidanzien, welche die Zellen vor dem Angriff Freier Radikale auch bei Röntgenstrahlen schützen. Vor und nach Röntgenaufnahmen empfiehlt Christian Opitz daher dringend, eine hohe Dosis Afa-Algen einzunehmen. Die Firma Cell Tech hat Strahlenopfern der Tschernobyl-Katastrophe kostenlos Afa-Algen zur Ausleitung von radioaktiven Stoffen wie Strontium 90 zur Verfügung gestellt, mit hervorragenden Ergebnissen (die leider bis Januar 2000 noch nicht veröffentlicht worden sind; Informationen in einem Gespräch mit Christian Drapeau, wissenschaftlicher Leiter der Cell Tech Company, im Juli 1999).

Natürliche Killerzellen

Die Afa-Alge wird vor allem in den USA und in Kanada auch schon für therapeutische Zwecke erforscht und eingesetzt. In einer wissenschaftlichen Studie am Royal Victoria Hospital in Montreal, Kanada, durchgeführt von Dr. Gitte S. Jensen, wurde die Wirkung der Afa-Alge auf das Immunsystem untersucht. In dieser Studie fand man heraus, dass diese Alge einen positiven und einzigartigen Effekt auf natürliche Killerzellen (NKZ) ausübt. Natürliche Killerzellen haben die Aufgabe, im Gewebe nach Krebszellen und von Viren befallenen Zellen zu fahnden und diese zu zerstören, indem sie sie mit Freien Radikalen »beschießen«. Dadurch entsteht ein Loch in der Zellwand, und die toten Zellen werden später von Makrophagen (so genannten Fresszellen) eliminiert. Jeder Mensch produziert täglich etwa 5000 bis 10 000 Krebszellen. Wenn das Immunsystem stark genug ist, werden sie von den NKZ entdeckt und vernichtet. In der erwähnten Studie konnte gezeigt werden, dass nur 1,5 Gramm Afa-Algen ausreichen, um 40 Prozent der NKZ (etwa eine Milliarde!) ins umliegende Gewebe ausschwärmen zu lassen. Die im Blutstrom verbleibenden NKZ bildeten zwei- bis dreimal so viele Adhäsionsmoleküle wie zuvor. Diese ermöglichen es den NKZ, durch die Kapillarwand der Blutzellen ins Gewebe zu gelangen. Nach einigen Stunden kehrten die ausgeschwärmten NKZ in den Blutstrom zurück.

Keine andere Substanz ist dafür bekannt, eine solche Massenbewegung von NKZ hervorzurufen. Zwar gibt es viele Substanzen wie Grüner Tee oder Ginko biloba, um die Aktivität von natürlichen Killerzellen zu verbessern. »Doch bisher, bevor man die Afa-Alge fand, hat es keine Substanz, noch nicht einmal eine pharmakologische, gegeben, welche die NKZ bewegen konnte, ins Gewebe auszuschwärmen, um dort ›kranke‹, entartete Zellen zu suchen und zu zerstören.«[66] Der tägliche Konsum von Afa-Algen stellt also möglicherweise ein wirksames Mittel dar, um sich vor Krebserkrankungen und Virusinfektionen wie zum Beispiel Herpes, Hepatitis, Aids, Grippe, Windpocken, Mumps zu schützen, oder nun vielleicht sogar bei bösartigen Zellveränderungen zu helfen.

Weitere Ergebnisse

Eine andere kontrollierte Doppelblind-Studie, durchgeführt von der McGill University in Montreal, zeigte, dass Afa-Algen die Produktion von roten Blutkörperchen stimulieren, was wahrscheinlich mit ihrem hohen Gehalt an Vitamin B_{12} zusammenhängt. In derselben Studie erwies sich die Afa-Alge als ein Mittel, zu hohe Cholesterinwerte im Blut zu senken. Eine placebokontrollierte Studie an der University of New Mexico, USA, zeigte, dass die Afa-Alge in der Lage ist, innerhalb nur eines Monats eine krankhafte Durchlässigkeit im Darm zu reduzieren. Wenn die Darmwand Risse aufweist, können größere Proteine durch die Darmwand ins Blut übertreten und dort zur Zielscheibe von Immunoglobulinen werden, die Immunkomplexe formen und zu Entzündungen und degenerativen Prozessen führen können.[67]

Die Afa-Alge stärkt das Immunsystem, indem sie die Lebenskraft des Organismus stärkt, sodass Viren und Bakterien den Menschen nicht erkranken lassen und unser Körper über die Stimulierung seiner Selbstheilungskräfte wieder in die Lage versetzt wird, etwaige Krankheiten selbst zu heilen. Wir müssen mit kraftvollen, konzentrierten und natürlichen Nahrungsmitteln wie der Afa-Alge sowie einer gesunden, auf Rohkost betonten Ernährung, mit Bewegung und Entspannung gegensteuern, um die immunschwächenden Einflüsse von Stress, Umweltgiften und einer häufig schädlichen Lebensweise wirksam aufzufangen und zu neutralisieren.

Azidose – sauer ist nicht lustig

Fehlendes Säure-Basen-Gleichgewicht

Nicht nur der Regen und mit ihm der Waldboden wird sauer – im Waldboden können trotz Kalkung kaum noch Bodenlebewesen existieren –, sondern auch der pH-Wert des menschlichen Organismus verschiebt sich in den sauren Bereich. Azidose oder Übersäuerung ist zu einer Volkskrankheit geworden. Kaum jemand ist im Säure-Basen-Gleichgewicht. »Säurekrankheiten« wie Diabetes, Gicht, Rheuma und Krebs greifen um sich. Der Mensch reagiert nicht nur körperlich sauer, sondern bei einem bestimmten Säurewert auch psychisch »sauer«: Er ist leicht gereizt, ungeduldig und aggressiv.

Ernährungswissenschaftler wie Dr. Paul Bragg oder Dr. Paavo Airola bezeichnen die Azidose als Hauptursache für Krankheiten jeder Art. Ein geregelter Stoffwechsel ist von einem Säure-Basen-Gleichgewicht abhängig. Therapien stoßen an ihre Grenzen, wenn nicht gleichzeitig für Harmonie im Säure-Basen-Haushalt gesorgt wird.

Ursachen

Was sind die Ursachen dieser Entwicklung, der Naturheilpraktiker und Ärzte versuchen, Einhalt zu gebieten? Der Hauptgrund liegt in unserer säurebetonten Ernährung. Ragnar Berg, ein norwegischer Biochemiker, hatte bereits 1913 in einem Ernährungsbuch für Schwangere empfohlen, dass Gesunde viermal so viele basenbildende wie säurebildende Nahrungsmittel essen sollten, Kranke sogar siebenmal so viel. Unsere moderne Zivilisationskost steht in einem umgekehrten Verhältnis: Der Hauptanteil unserer Ernährung besteht aus Säurebildnern wie Fleisch, Fast Food, Weißmehl, pasteurisierten Säften, kohlensäurehaltigen Soft Drinks, Zucker, Kaffee, Schwarztee, Brot und Alkohol, und nur etwa 20 Prozent, – wenn überhaupt – aus Basenbildnern wie Obst, Gemüse, Kräutern, Kartoffeln und Mineralwasser.

Außer der säureüberschüssigen Ernährung tragen auch Stress, wenig Schlaf, mangelnde Entspannungsmöglichkeiten und zu wenig Bewegung zur weit verbreiteten Azidose bei. Ein Säure-Basen-Gleichgewicht findet man heute fast nur noch bei gestillten Säuglingen – die Muttermilch ist basisch, pasteurisierte Kuhmilch säurebildend –, bei Rohköstlern und bei Naturvölkern.

Symptome

Eine schleichende oder latente Azidose zeigt sich zum Beispiel in Form von Allergien, Mundgeruch, Schwindelgefühlen, belegter Zunge, Cellulitis, Hautproblemen wie Mitessern und Pickeln, Candida-Befall, Verstopfung oder Ringen unter den Augen und häufigem Gähnen. Durch Übersäuerung werden vermehrt Freie Radikale gebildet, die Tätigkeit von Enzymen eingeschränkt, und die Vitalstoffe in der Nahrung werden nicht ausreichend verwertet. Die Neigung zu Infektionen steigt, da unser Immunsystem geschwächt ist, und Kopfschmerzen und Migräneanfälle häufen sich.

Wie kann man nachweisen, ob man übersäuert ist? Die Untersuchung des Urins mit Teststreifen aus der Apotheke ist wenig aussagekräftig, da ein saurer Urin nur anzeigt, dass Säure ausgeschieden wird. Ein Mensch mit basischem Urin kann völlig übersäuert sein, da seine Nieren Säure schlecht ausscheiden.

So kann Azidose vermieden werden

Wer übersäuert ist, sollte seine Ernährung umstellen und viel pflanzliche Frischkost wie Obst und Salate essen sowie Säurebildner wie Kaffee, Fisch und Fleisch meiden.

Besonders basenreich sind tropische Früchte wie Ananas, Papaya und Feigen, außerdem Oliven, Wildkräuter, Algen, Gersten- und Weizengras sowie Sprossen und Keime.

Zudem ist die Afa-Alge eines der basenreichsten Lebensmittel der Welt. Kein Wunder, wächst sie doch in dem extrem alkalischen (basischen) Klamath-See, dessen Gewässer einen durchschnittlichen pH-Wert von 9 bis 11 haben.

Empfehlenswert ist die Einnahme der Afa-Alge daher schon morgens, wenn der Körper wegen der nächtlichen Entschlackung eher übersäuert ist, um auch stimmungsmäßig dem neuen Tag positiv gegenüberzustehen. Oft merkt man dabei unmittelbar einen Stimmungsumschwung, ist voller Optimismus und Tatendrang. Besonders wichtig ist die Afa-Alge während Fasten- und Entschlackungskuren, um die damit einhergehende extreme Übersäuerung psychisch und auch körperlich abzufangen. Viele brechen Fastenkuren ab, weil sie von Säuren überschwemmt werden, die sich aus dem säurespeichernden Bindegewebe lösen, und sich der daraus entstehenden psychischen Belastung – man reagiert empfindlich und gereizt – nicht gewachsen fühlen. Hierbei ist die Afa-Alge eine ganz besonders wertvolle Hilfe! In dieser Zeit sollte man als zusätzlichen Säurepuffer viel Kräutertee oder auch frisch gepresste, verdünnte Obst- und Gemüsesäfte trinken.

Anorganische Basen-Präparate, die es in Apotheken zu kaufen gibt, dürfen laut Dr. Renate Collier nicht über längere Zeit eingenommen werden, weil sie sonst zur Arterienverkalkung führen! Der Körper kann nur organisch gebundene Mineralstoffe in Obst und Gemüse optimal verwerten.

Auch mit Mineralien gesättigte Mineralwässer sind keine Lösung. Sie führen zwar zu einem basischeren pH-Wert, verkalken aber laut Bragg und Walker ebenfalls die Arterien, da ihre Mineralstoffe auch in anorganischer Form vorliegen. Daher ist es besser, gereinigtes und vitalisiertes Leitungswasser zu trinken.

Auch Saunagänge und sportliche Betätigungen wie Joggen oder Skilanglauf sind bei der Entsäuerung nützlich, ebenso wie auch Kneippsche Leberwickel, weil auch über die Haut Säuren ausgeschieden werden. Auch tief greifende Bindegewebemassagen, Azidose-Behandlungen nach Dr. Renate Collier, helfen gegen Übersäuerung, weil der Körper überschüssige Säuren im Bindegewebe speichert. Es gibt in ganz Deutschland Heilpraktiker und interessierte Laien, die als Azidose-Therapeuten nach Dr. Renate Collier ausgebildet worden sind und solche Massagen durchführen und in Seminaren weitervermitteln. (Auch die Autorin bietet Azidose-Seminare zur Entsäuerung nach Dr. Collier mit Bindegewebs- und Lymph-Massagen, Fasten- und

Ernährungstipps bundesweit und in Österreich und auf La Palma) an; Adresse siehe Anhang Seite 293.

Der Betroffene sollte unbedingt genug Ruhe und Schlaf finden und eine Technik wie das authentische Reiki, Meditation oder autogenes Training erlernen, um effektiv entsäuern und besser mit Stress-Situationen umgehen zu können.

Ich habe den pH-Wert des Urins von Menschen vor und nach Reiki-Behandlungen untersucht. Das Erstaunliche: Der pH-Wert hatte sich danach meist um einen ganzen Wert auf der Säureskala mehr ins Basische verschoben!

Der Erfolg einer solchen Azidose-Therapie ist im Allgemeinen: Schlafstörungen und Nervosität verschwinden, die Konzentration steigt, man ist seelisch ausgeglichener und optimistischer, und eine oft lange vermisste Lebensfreude und Fröhlichkeit stellen sich von selbst wieder ein.[68]

Entgiftungsmittel und Schutz vor Umweltbelastungen

Umweltgifte sind überall

Fortschrittliche Ärzte sagen, dass Entgiftungsmedizin die Medizin der Zukunft sein wird. Ich habe schon vor 29 Jahren in meiner Abiturarbeit in Biologie den Zusammenhang zwischen Bleibelastung sowie Lern- und Verhaltensstörungen bei Kindern beschrieben. Dennoch ist das Bewusstsein immer noch nicht genügend darüber ausgeprägt, dass auch kleinste Mengen von Schwermetallen und anderen Umweltgiften nicht tolerabel sind.

Als Beispiel: Noch immer sind in Hamburg 41 000 Haushalte mit Trinkwasserleitungen aus Blei ausgestattet, und viele der Betroffenen wissen noch nicht einmal von dieser Problematik. Zwar ist die Verwendung des Insektizids DDT in Deutschland verboten, es wird aber weiter, ebenso wie Lindan, in großen Mengen produziert und exportiert. Wussten Sie, dass weltweit mindestens eine Million Menschen in Entwicklungsländern am unsachgemäßen Gebrauch von Agrargiften sterben?

Ich bin an Entwicklungsprogrammen in Haiti beteiligt, wo es immer noch einen hohen Anteil an Analphabeten gibt. Wie sollen diese Menschen die Warnhinweise auf Packungen verstehen können? Über Importe aus Dritte-Welt-Ländern holen wir uns diese Gifte wieder auf den Teller. Ich empfehle daher, besonders exotische Früchte nur aus Bio-Anbau zu verzehren. Es gibt mittlerweile Bio-Mangos und -Kiwis preiswert in Supermärkten oder im Versand (zum Beispiel über »Tropenfrüchte-Direktversand«, Tel. 06254-942345, Fax -942349).

Umweltgifte sind überall, in Verpackungen, in der Luft, in Lebensmitteln, im Trinkwasser und der Atemluft. Einige sagen angesichts dieser Malaise: »Warum soll ich denn Bio-Ware kaufen, es ist ja sowieso überall Dreck drin!« Dieser Argumentation kann ich nicht folgen. Wenn auch Bio-Ware, bei uns angebaut, nicht mehr völlig unbelastet ist, brauche ich doch nicht noch zusätzliche Giftstoffe aus der Agrarindustrie wie Pestizide und Herbizide darin, die sich auch noch im Trinkwasser anreichern, weil es sich um aufbereitetes Gebrauchtwasser handelt!

Schadstoffe in unserer Umwelt können wir nicht sehen, riechen oder schmecken, und das macht sie so heimtückisch. Im Januar 2000 wurde darüber berichtet, dass die hochgiftige Chemikalie TBT, mit der Schiffsrümpfe als Schutz vor Planktonbewuchs angestrichen werden, jetzt nach einem Bericht der Zeitschrift »Öko-Test« auch in Fischkonserven nachgewiesen wurde. Die Umweltstiftung WWF fordert ein Produktionsverbot für die deutschen Hersteller von TBT und anderen Organozinn-Verbindungen.[69]

Die eigene Belastung testen

Ob und wie hoch Sie belastet sind, können Sie durch eine Haaranalyse, einen Bluttest beim Arzt oder Heilpraktiker, oder einen Schadstoff-Test aus der Apotheke, beispielsweise von der Firma ratiopharm, herausbekommen. Mit deren »Pharmadies-Test-

Reihe« können Sie eine eventuelle Quecksilberbelastung durch Amalgamfüllungen, Schwermetallbelastung im Leitungswasser, Schadstoffe im Gartenboden und auch in der Raumluft und ihre Schwermetallbelastung anhand einer Haarmineralanalyse untersuchen lassen. Eine Haaranalyse, die Auskunft über Schwermetallbelastung gibt, steht mittlerweile auch für Haustiere und Pferde zur Verfügung (Näheres darüber und eine Adresse im Kapitel »Ein Super-Lebensmittel auch für Tiere« auf Seite 194).

Ursache für viele Krankheiten

Dr. McKeith hat viele Patienten in ihrer Londoner Klinik, die hohe Schwermetallbelastungen im Gehirn oder im Blut aufweisen. Schwermetallbelastung kann eine (Mit-)Ursache für so verschiedene Krankheitsbilder wie Alzheimer, Nierenschäden, Herzkrankheiten und Bluthochdruck sein. McKeith hat mit der Afa-Alge besonders positive Erfolge bei der Ausleitung von Blei, Cadmium und Quecksilber verzeichnet.[70]

Cadmium kann das Immunsystem beeinträchtigen, Blei zu Unfruchtbarkeit und Candidabefall sowie Anämie und Gehirnstörungen führen. Quecksilber kann über die Ansammlung im Gehirn zu Verwirrtheit, Schlaflosigkeit und Depressionen führen.

Für die hervorragende Entgiftung durch die Afa-Alge macht McKeith bestimmte Aminosäuren, kurzkettige Peptide, wie Methionin in der Afa-Alge verantworlich, die sich um Metalle wie Kupfer oder Blei legen, sie durch Chelatierung unschädlich machen und zur Ausscheidung bringen. Methionin ist gleichzeitig in der Lage, vor Strahlenschäden zu schützen. Zink, der Gegenspieler von Cadmium, ist reichlich in der Afa-Alge zu fin-

...bis das Fass überläuft!

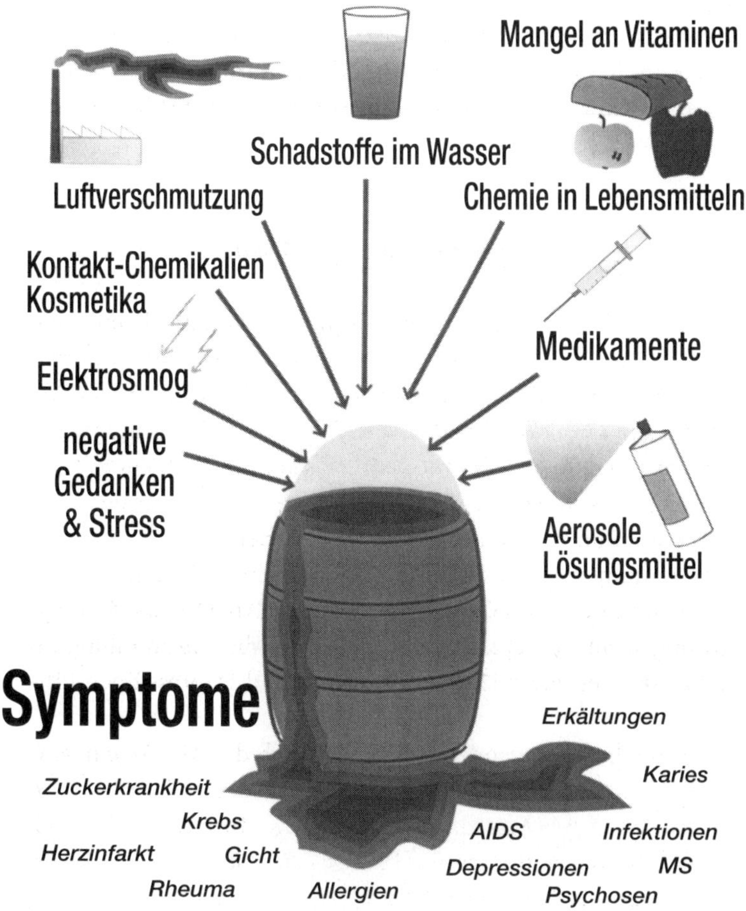

den. Auch die Folsäure in der Afa-Alge ist in der Lage, Zellen zu entgiften. Das vorhandene Niazin ist fähig, Blei und Cadmium in Blut und Gewebe zu binden und auszuscheiden. Vitamin B_1 oder Thiamin schützt Nerven- und Gehirngewebe davor, Blei aufzunehmen und anzureichern.

McKeith empfiehlt bei Schwermetallbelastung eine Dosis von 6 bis 10 Gramm Afa-Algen pro Tag, unter der Aufsicht eines erfahrenen Heilpraktikers oder Arztes.

Kinder sind besonders gefährdet

Kinder gehören zu der am meisten vernachlässigten Bevölkerungsschicht, was Gesundheitsprophylaxe betrifft. Schon drei- und vierjährigen Kindern werden Fleisch sowie Light- und Colagetränke gegeben. Besonders gravierend trifft diese Gruppe die Belastung mit Umweltgiften. In einer Studie mit 150 Kindern wurde der Blei- und Cadmiumgehalt im Haar in Beziehung mit dem verbalen und nonverbalen IQ gesetzt. Ergebnis: Je mehr Schwermetallbelastung, desto niedriger die Intelligenz.[71] Bleibelastung führt zu Störungen der Neurotransmitter in verschiedenen Hirnregionen. Bei 28 Kindern war der Aluminiumspiegel um 70 Prozent (!) höher als normal. Ein Zusammenhang zwischen Blei und Hyperaktivität ist lange bekannt.

Kinder mit hohen Bleiwerten können sogar zu gewalttätigem Verhalten neigen.[72] Bleiwerte im Blut sind nur bedingt aussagefähig, weil sich Schwermetalle besonders im Gehirn ablagern.

Besonders gefährdet durch eine Cadmiumbelastung sind Kinder, die Weißmehlprodukte verzehren, weil durch die Entfernung der Randschichten im Korn der Zinkgehalt als Gegenspieler zu Cadmium sinkt.[73]

Gefahr für Ungeborene

Noch völlig unbekannt ist die Belastung der Ungeborenen mit chemischen Schadstoffen über die Plazenta und die damit zusammenhängende Vergiftung des Embryos während der Schwangerschaft. Bekannt ist, dass die Mutter während der Schwangerschaft und Stillzeit extrem entgiftet und damit ihr Kind belastet. Die Richtwerte orientieren sich an einem erwachsenen Mann mit 70 Kilo Gewicht, nicht an Kindern, Säuglingen und Embryos! Dabei müssten Grenzwerte so festgelegt werden, dass auch »das schwächste Glied der Kette«, also die Ungeborenen, keinen Schaden nehmen können.

Extrem für Embryo und Säugling kann die Belastung mit Quecksilber werden, wenn die Mutter dieses Schwermetall aus Amalgamplomben und Gewebeablagerungen über die Fruchtblase und die Muttermilch an das Kind weitergibt. Schätzungen von Experten gehen davon aus, dass etwa 60 Prozent der Quecksilbermenge der Mutter an das erstgeborene Kind über die Plazenta und während der Stillzeit weitergegeben werden. Die Folgen: Wachstumsverzögerungen, gestörte Entwicklung des Nervengewebes – auch des Gehirns –, ein schwach ausgebildetes Immunsystem und später eine verringerte Zunahme an Körpergewicht.

Weitere mögliche Symptome, die meist mit psychischen Ursachen in Verbindung gebracht werden: Lernstörungen wie Legasthenie und Aufmerksamkeitsstörungen, Autismus, Depressionen, Hyperaktivität, Neurodermitis, Colitis ulcerosa, Morbus Crohn.[74]

Wenn eine Frau Mutter werden will, sollte sie möglichst ein Jahr vor der geplanten Empfängnis alle Amalgamplomben entfernen lassen und unter Aufsicht von Experten mit Hilfe der Afa-

Alge und unterstützend mit Korianderkraut-Tinktur (erhältlich über Apotheken oder das Institut für Psychokinesiologie in Stuttgart) ausleiten.

Gegenmaßnahmen

Ärzte und Heilpraktiker empfehlen zur Ausleitung der Schwermetalle hohe Dosen der Afa-Alge mit der seltenen Fettsäure Docosahexaen (DHA). Diese ist wichtig für die Gehirnentwicklung. Man rührt Algenpulver in Säfte, in Säuglingsnahrung oder mischt etwas davon unters Essen, je nach Alter und Geschmacksvorlieben des Kindes. Unterstützend kommt Korianderkraut-Tinktur in Frage, das die Zellentgiftung fördert.

Die Afa-Alge ist besonders effektiv bei Schadstoffbelastung, weil sie über ihre Omega-3-Fettsäuren wie Alpha-Linolensäure und DHA den normalen Gehirnstoffwechsel fördert und für eine optimale Entwicklung sorgt. Auch Muttermilch enthält sehr viele Omega-3-Fettsäuren (vgl. das Kapitel »Parallelen zur Muttermilch« auf Seite 102). Wenn Kinder nicht gestillt werden, sollte man sie mit der Afa-Alge versorgen, um das Risiko von späterer Legasthenie und anderen Lernstörungen zu reduzieren. Die WHO propagiert bereits, Babynahrung mit DHA anzureichern.

So hilft die Afa-Alge

Die Afa-Algen nehmen bis zu einem Drittel ihres Trockengewichtes an Schwermetallen auf. Proteinfragmente, so genannte Phytochelate, binden chemisch toxische Metallatome. Wenn

Cadmium oder andere Schwermetalle einmal an die Alge gebunden sind, werden sie nicht wieder an den Körper abgegeben, sondern über die Ausscheidungsorgane ausgeleitet. Auch die Alginsäure in der Afa-Alge hat die Fähigkeit, Schwermetalle und andere Umweltgifte an sich zu binden. Andere Stoffe, die bei einer Vergiftung des Körpers mit Arsen, Blei, Cadmium und Quecksilber therapeutisch verabreicht werden, sind Vitamin A, B_6, Betakarotin, Jod, Selen und diverse Aminosäuren. All diese Stoffe sind bekanntermaßen in der Afa-Alge enthalten.

Die Cadmium- und Quecksilberausscheidung erhöht sich innerhalb von 14 Tagen Algeneinnahme um rund das Dreifache, wie mir der Heilpraktiker Thomas Blasig aus Berlin versicherte.

Im Verlauf des Reinigungsprozesses kann es zu Durchfällen oder Hautunreinheiten kommen, die aber nur wenige Tage andauern. Man sollte dann die Algendosis vorübergehend reduzieren.

Positive Nebenwirkungen der Schwermetallausleitung mit Afa-Algen: Das Immunsystem wird gestärkt, es treten weniger Infekte auf, es erfolgt eine Besserung bei Kopfschmerzen, Asthma, Neurodermitis und Allergien. Kinder sind so gut drauf, dass sie wieder Lust auf sportliche Aktivitäten bekommen, was ich auch bei meinem Sohn und seinem Cousin beobachten konnte.

G. A. Ulmer schreibt in seinem Buch »Gesundheitswunder Chlorophyll«, (siehe Literaturverzeichnis), dass Afa-Algen auch in Japan benutzt werden, um Menschen von Cadmiumbelastungen zu befreien, und bezeichnet sie als »kraftvolle Entgifter«.

Die Afa-Alge erhöht die Stabilität der Zellen und schützt so vor Strahlung. Die Alge ist sehr belastbar und mutiert erst nach der 10-fachen Strahlenbelastung, die für die Zellen der Spirulina-Alge bereits zellschädigend ist. Innerhalb von nur zwei Generationen, etwa nach zweieinhalb Stunden, hat sich die mutierte Afa-Alge wieder zur ursprünglichen gesunden Pflanze entwickelt!

Professor Abrams weist darauf hin, dass die Afa-Alge ebenfalls in der Lage ist, wirksam vor Strahlenschäden zum Beispiel durch Elektrosmog, Röntgenstrahlen oder ultraviolettem Licht zu schützen. Die Alge enthält eine Fülle von Anti-Oxidanzien wie Betakarotin, die uns vor dem Beschuss Freier Radikale schützen, die unter anderem durch Umweltstrahlung entstehen können. Diese Freien Radikale können sonst Gewebeschäden verursachen, indem sie die Struktur und die Funktion von Fettsäuren in den Zellmembranen und die empfindliche DNS im Zellkern verändern und zerstören. Dysfunktionale Zellmembrane und eine veränderte DNS sind die Basis von Alterungsprozessen, Alzheimer, Herzinfarkt, Arteriosklerose und Krebs.

Methionin schützt ebenfalls vor Strahlenschäden. Asparagin und deren Salze, in der Afa-Alge zu finden, schützen ebenfalls vor zu starker Sonneneinstrahlung. Das Vitamin E in der Alge wirkt allgemein als Schutzschild gegenüber Luftverschmutzung und anderen Umweltgiften, und auch gegenüber ultravioletter und radioaktiver Strahlung.[75] Die geringen Jodmengen in der Afa-Alge können ausreichen, radioaktives Jod davon abzuhalten, sich in der Schilddrüse anzureichern. Jod kann uns vor den toxischen Effekten von radioaktiven Substanzen in der Umgebung schützen.[76]

Selen, ein Anti-Oxidans, wird nicht nur in der Krebstherapie empfohlen, sondern ist in der Form von Selenmethionin, wie es in der Afa-Alge vorkommt, in der Lage, uns vor Hautkrebs auf Grund von zu intensiver Sonneneinstrahlung zu bewahren. Einige Algenarten, die man am Great Barrier Reef in Australien findet, und die ähnliche Aminosäuren wie die Afa-Alge enthalten, werden zur Herstellung von Sonnenschutzmitteln verwendet.[77]

Die Gamma-Linolensäure in der Afa-Alge ist nicht nur wichtig für Intelligenz und klares Denken, sondern schützt zudem vor Sonnenbrand und Strahlenschäden.[78] Nach Abrams verwendet der menschliche Körper die Anti-Oxidanzien in der Afa-Alge, welche jene zum Schutz vor extremer Sonneneinstrahlung aufgebaut hat, zum Schutz der eigenen Haut.

Als Verjüngungsmittel und zur Verzögerung von Alterungsprozessen

Die richtige innere Einstellung

Eine Umfrage unter jüngeren Menschen ergab, dass die meisten nur höchstens achtzig Jahre alt werden wollten. Viele verbinden das Thema »hohes Alter« mit langem Siechtum, Krankheiten, Schwäche, Demenz und einem Leben im Altersheim, vielleicht sogar an Krücken oder im Rollstuhl. Viele kennen in ihrem Verwandten- und Freundeskreis alte Menschen, die krank sind und leiden. Kaum ein alter Mensch stirbt noch eines natürlichen Todes, das heißt, an Altersschwäche. Kein Wunder, dass ein solches Altwerden als nicht besonders erstrebenswert erscheint.

Einige Forscher sagen uns allerdings, dass der menschliche Körper für etwa 120 bis 140 Jahre programmiert ist. Wie kann uns die Afa-Alge helfen, alt zu werden ohne Beschwerden, Krankheiten, eingeschränktes Denken und Erschöpfung?

Natürlich gehört zu Vitalität auch die richtige innere Einstellung. Menschen, die auch im Alter aktiv sind und vor Energie sprühen, sehen Probleme nicht als Weltuntergang an, sondern als Herausforderung. Diese Menschen sehen das Glas immer als halb voll, nie als halb leer an. Der gemeinsame Nenner von über Hundertjährigen ist nicht ein Zaubertrank oder eine bestimmte Ernährungsrichtung, sondern »Humor« und »Optimismus«. Der älteste Deutsche wurde an seinem 110. Geburtstag gefragt, was sein Geheimnis eines so langen Lebens sei, und er antwortete: »Einfach nicht sterben!« Mein Großvater, mittlerweile 104 Jahre alt, erzählt aus den beiden als Soldat erlebten Weltkriegen, als handele es sich um eine spannende Pfadfinder-Exkursion. Selbst aus der Zeit seiner Kriegsgefangenschaft berichtet er in so lustigen Anekdoten, dass wir Enkelkinder und Urenkel uns manchmal vor Lachen schütteln (wie man eine solche Einstellung bekommen kann, habe ich in dem Kapitel »Innerer Frieden, Humor und Optimismus sind wichtige Säulen der Gesundheit« auf Seite 224 beschrieben).

Mangelernährung bei älteren Menschen

Alte Menschen sind besonders von Vitalstofflücken betroffen, da sie Nährstoffe schlechter aufnehmen, meistens wenig essen, auch weil sie oft keine Lust mehr haben, für sich allein zu kochen. 60 Prozent der über 75-Jährigen, die in ein Krankenhaus eingeliefert werden, sind laut Bethanien-Ernährungsstudie (BEST) mangelernährt. Hauptursache: Die zu geringe Nahrungsaufnahme, vor allem durch fehlenden Appetit. Die Folgen sind ein angeschlagenes Immunsystem, allgemeine Schwäche und langsamere Genesung.

Professor Günter Schlierf, Leitender Arzt des Geriatrischen Zentrums Bethanien, Heidelberg, fordert daher den Einsatz von Nahrungsergänzungsmitteln und eine intensivere Betreuung der Patienten. Schlierf: »Die Ernährung muss fester Bestandteil der Ausbildung von Ärzten und Pflegepersonal werden sowie einen höheren Stellenwert bei der Therapie alter Menschen bekommen.«

Die Qualität des Essens in Krankenhäusern und Altersheimen lässt oft sehr zu wünschen übrig. Ich habe kürzlich ein Seminar für authentisches Reiki in einem großen Altersheim gegeben und war über das angebotene Essen erschrocken. Es gab kaum Frisches wie Obst und Salate, angeblich, weil die alten Menschen nicht mehr gut kauen können. Cola-Automaten und zuckerhaltige Kuchen und Nachtische waren eine Selbstverständlichkeit. Es sollten Entsafter in jedem Altersheim und Krankenhaus stehen und genutzt werden, um die Betroffenen mit vitalstoffreichen, lebensspendenden Frischsäften von Obst und Gemüse zu versorgen.

Schutz vor vorzeitigem Altern

Es ist bekannt, dass Freie Radikale durch die Schädigung von Zellen vorzeitiges Altern verursachen. Die Afa-Alge steckt voller Anti-Oxidanzien wie Betakarotenen, Vitamin E, Vitamin C, Zink, Selen und Nukleinsäuren, alles erfolgreiche Fänger von Freien Radikalen. Die Afa-Alge enthält nicht nur Betakarotin, sondern zahlreiche Betakarotene, welche Betakarotin erst voll wirksam werden lassen und darüber hinaus ebenfalls das Wirken Freier Radikale neutralisieren. Eine ausreichende Versorgung mit Betakarotin schützt vor Herzinfarkt. Und: Herz-Kreislauf-Erkrankungen sind bei uns mit Abstand die Todesursache Nummer 1.

Viele ältere Menschen haben einen zu niedrigen Vitamin-C-Spiegel und damit ein geschwächtes Immunsystem sowie eine schlechte Entgiftung. Zink hilft bei unzureichender Produktion von Magensäure (bei vielen alten Menschen ein Problem) und dabei, das Essen besser zu verdauen und Nährstoffe aufzunehmen. Ein Zinkmangel kann zu Auto-Immun-Krankheiten wie

Rheuma führen, indem es die Aktivität weißer Blutkörperchen und die Anti-Körper-Produktion reduziert. Viele alte Menschen leiden zudem an einem Zink-Defizit.

Professor Abrams empfiehlt betroffenen älteren Menschen, täglich zweimal Afa-Algen zu sich zu nehmen. Betakarotin hilft, sowohl die Thymusdrüse vor den negativen Auswirkungen von Stress und Altern zu schützen, als auch die Produktion von Thymus-Hormonen und die ursprüngliche Größe der Drüse beizubehalten.

Die Afa-Alge für ältere Menschen

Die Fülle von Enzymen in der Afa-Alge hilft dem Körper, die Aufnahme von Nährstoffen aus der Nahrung zu verbessern, sodass er mehr Bausteine für ein starkes Immunsystem hat. Bei älteren Menschen über sechzig beträgt die körpereigene Enzymproduktion nur noch ein Zehntel bis die Hälfte von Dreißigjährigen! Der Alterungsprozess wird sehr oft mit einem Nachlassen der körpereigenen Enzymproduktion in Verbindung gebracht, weil Enzyme »Zündfunken des Lebens« sind. Ohne Enzyme gibt es kein Leben! Das Ananas-Enzym Bromelain, zwischen den Mahlzeiten genommen, unterstützt die Verdauung und hilft bei Gasbildung.[79] In diesem Zusammenhang ist auch die Förderung einer gesunden Darmflora durch die Faserstoffe und andere Inhaltsstoffe der Afa-Alge hervorzuheben. Erst eine gesunde Darmflora beseitigt Eiweißrückstände in der Darmwand vollständig und ermöglicht die körpereigene Produktion zum Beispiel von Vitamin B_{12} und Folsäure. Der Zellstoffwechsel wird durch die Enzyme in der Afa-Alge verbessert, sodass die Regeneration von Zellen als auch die Entschlackung des Körpers gefördert werden. Die Afa-Alge enthält nicht nur selbst eine Fülle von Enzymen, sondern aktiviert auch die körpereigenen.

In der Afa-Alge findet sich das Enzym Superoxid-Dismutase (SOD). Mehr als 50 Prozent aller über 50-Jährigen leiden beispielsweise unter Zahnfleischbluten, was durch eine ausreichende SOD-Versorgung geheilt werden kann. Viele Menschen wissen, dass unsere normale Kochkost kaum noch Enzyme enthält, und greifen zu Enzympräparaten. Isolierte Enzympräparate bringen aber nicht viel, wenn nicht durch die Nahrung auch die nötigen Co-Enzyme – Mineralstoffe und Vitamine – aufgenommen werden. Diese sind ebenfalls reichlich in der Afa-Alge vorhanden, die ein natürliches und vollständiges Nahrungsmittel darstellt.

Reich an Nukleinsäuren

Bei der Afa-Alge handelt es sich um ein Füllhorn an den Nukleinsäuren RNS und DNS, welche die Erneuerung der Zellen fördern, für Gewebewachstum und den Aufbau neuer Zellen nötig sind, Zellschäden beheben und damit den Alterungsprozess verlangsamen.[80] Das Trockengewicht der Afa-Alge besteht etwa zu 4 Prozent aus RNS und DNS. Durch Umweltverschmutzung, Stress und ungesunde Essgewohnheiten – leider sind letztere bei älteren Menschen nicht unüblich – wird der Quotient dieser Nukleinsäuren herabgesetzt. Ein geschwächtes Immunsystem und vorzeitiges Altern sind die Folgen. Wer die Zerstörung seiner Zellen aufhalten, seinen Körper verjüngen und regenerieren und sein Immunsystem stärken will, sollte daher möglichst täglich Afa-Algen essen.

Glutathion-Peroxidase

Selen ist reichlich in der Afa-Alge vorhanden und sorgt für eine jugendliche, straffe Haut, beseitigt Altersflecken und dient als Schutz vor ultravioletter Strahlung und dadurch verursachten Hautkrebs. Selen kann vor rheumatischer Arthritis schützen, weil es für die Bildung von Glutathion-Peroxidase wichtig ist, einem effektiven Enzym und Anti-Oxidans. Ebenso verhält es sich mit Cystin, dessen Vorläufer Methionin ebenfalls in der Afa-Alge zu finden ist, sowie Vitamin E, ebenfalls Bestandteil der Afa-Alge.

Glutathion-Peroxidase ist in der Lage, Peroxidase zu zerstören, eine aggressive Sauerstoffverbindung, die sich an die Fettsäuren der Zellmembrane klebt.

Thiamin-Defizit

Ein Mangel eines weiteren Stoffes ist häufig bei Älteren anzutreffen: Ein Thiamin-Defizit oder Mangel an Vitamin B_1. Dieses Vitamin wird auch als »Nerven- und Energie-Vitamin« bezeichnet und wird für viele Reaktionen von Nerven, Muskeln und Herzmuskeln im Körper benötigt. Vitamin B_1 ist wichtig, um die Glukose im Blut in Energie zu verwandeln. Ältere Menschen sowie starke Kaffee- und Teetrinker weisen oft eine gestörte Aufnahmefähigkeit dieses Vitamins im Darm auf. Vitamin B_1 ist reichlich in der Afa-Alge vorhanden, und zwar in einfach aufnehmbarer, chelatierter Form. Schon eine kleine Menge Thiamin kann in dieser Form Körperfunktionen verbessern. Vitamin B_1 ist wichtig für geistige Klarheit, wie auch andere Inhaltsstoffe in der Afa-Alge. Viele Menschen erleben daher bereits nach kurzer Zeit der Afa-Algen-Einnahme mehr Gedankenklarheit und sowohl ein besseres Langzeit- als auch Kurzzeitgedächtnis. Außerdem hilft Thiamin bei Störungen im Nervensystem.

Konzentrationsschwächen und Gedächtnisstörungen

Die Afa-Alge hilft nicht nur Kindern, Jugendlichen und jungen Erwachsenen mit Konzentrationsschwächen und Gedächtnisstörungen, sondern natürlich auch älteren Menschen. Das Gehirn ist von Vitalstoffdefiziten in unserer Nahrung ganz besonders hart betroffen, weil es am meisten von allen Organen davon benötigt. Die Polypeptide, lange Eiweißmolekül-Ketten, in der Afa-Alge versorgen das Gehirn mit den nötigen Bausteinen für die Herstellung von Neurotransmittern wie Serotonin und Dopamin. Tom Warren hat in seinem Buch »Beating Alzheimer's« (siehe Literaturverzeichnis) herausgefunden, dass Alzheimer-Patienten oft einen Protein-Mangel im Gehirn aufweisen, und nutzt die Afa-Alge als Teil seines Ernährungsprogramms für Alzheimer-Patienten (vgl. Kapitel »Alzheimer – Situation und Auswege« auf Seite 155).

Mangan, in der Afa-Alge reichlich vorhanden, ist ebenfalls ein wichtiges Element für ein optimales Funktionieren des Gehirns. Mangan-Mangel wird als eine der Ursachen für vorzeitigen Gehirn-Abbau betrachtet. Die Afa-Alge enthält außerdem Cholin, das B-Vitamin, das Gehirnfunktionen stärkt.

Eine ausreichende Vitamin-B_{12}-Versorgung ist gerade für ältere Menschen besonders wichtig. Eine ausreichende Versorgung mit diesem Vitamin fördert Vitalität und Lebensfreude. Es aktiviert Enzym-Reaktionen, die rote Blutkörperchen bilden.

Ein Teelöffel des Afa-Algen-Pulvers oder 1,5 Gramm decken bereits das Doppelte der empfohlenen Tagesmenge. Ein Mangel an diesem Vitamin kann zu Nervenschäden führen und wird ebenfalls mit Alzheimer in Verbindung gebracht. Besonders Menschen ab dem 60. Lebensjahr sind gefährdet. Zudem ist Nervosität oft ein Zeichen von Vitamin-B_{12}-Mangel. Bei einer ausreichenden Versorgung mit diesem Vitalstoff nehmen die Betroffenen ein verbessertes Kurz- und Langzeitgedächtnis wahr, sie sind geistig wacher und haben klarere Gedanken.

Folsäure ist der Nährstoff, von dem der gefährlichste Mangel anzutreffen ist, und zwar bei Schwangeren, Frauen, welche die Pille nehmen, und besonders gravierend bei Älteren. Folsäure wird durch Erhitzen der Nahrung zerstört. Ein Mangel an Folsäure kann zu Verdauungsstörungen führen, weil die gesunden Darmbakterien dieses Vitamin brauchen, und zu Blutkrankheiten, da die roten Blutkörperchen auf eine ausreichende Versorgung angewiesen sind. Durch den Folsäurespiegel wird das Niveau von Homocystin im Blut reguliert, ein Molekül, das für Herzinfarkt und Schlaganfälle verantwortlich gemacht wird. Ein eklatanter Folsäuremangel wurde bei zwei von drei aus psychischen Gründen entmündigten Senioren in den USA gefunden.[81] Neben Vergesslichkeit und Demenz können Schlaflosigkeit, Blutarmut, Reizbarkeit weitere Folgen eines Folsäuremangels sein. Folsäure findet sich am meisten in Kelp, Spinat und der Afa-Alge.

Psychische Probleme

Viele ältere Menschen leiden unter Depressionen und Einschlafproblemen. Das Tryptophan in der Afa-Alge wird vom Körper nach Bedarf in Serotonin umgewandelt, das als »Glückshormon« oder »Stimmungsaufheller« bezeichnet wird. Abends produziert der Körper aus Serotonin das »Schlafhormon« Melatonin. Ältere Menschen sollten, auch im Winter, jeden Tag mindestens eine Stunde nach draußen gehen, weil über die Sonnenlicht-Aufnahme (auch durch eine geschlossene Wolkendecke) der Serotoninspiegel im Körper steigt. Mit einer solchen »Lichttherapie« und der täglichen Einnahme der Afa-Alge können alte Menschen der gefürchteten Winterdepression vorbeugen.

Linolensäure

Die Afa-Alge enthält am meisten Gamma-Linolensäure von allen bisher untersuchten Lebensmitteln, mehr als Borretschöl oder Nachtkerzenöl, sogar mehr als Muttermilch! Diese Fettsäure sorgt für flexible, gesunde Zellmembranen und senkt zu hohen Cholesterinspiegel, unter dem viele alte Menschen leiden.[82] Zu viel »schlechtes« Cholesterin, genauer gesagt LDL, »low-density lipoprotein«, kann sich an den Arterienwänden ablagern und zu Schlaganfall, Herzinfarkt oder Thrombosen führen. Andere essenzielle Fettsäuren helfen, die Zellmembranen geschmeidig zu halten, und damit das Tempo des Zellstoffwechsels aufrechtzuerhalten.

Die Afa-Alge produziert so viele ungesättigte Fettsäuren, um in den harten klimatischen Bedingungen des Upper Klamath Lake überleben zu können. Linolensäure, in der Afa-Alge reichlich vorhanden, hilft dabei, Herzinfarkt und vorzeitigen Tod zu verhüten.[83]

Das Magnesium in der Afa-Alge, eingebunden in die Chlorophyll-Moleküle, beugt Herz-Kreislauf-Erkrankungen und Krebs vor. Wer täglich Zucker und Milchprodukte verzehrt, läuft Gefahr, die Aufnahme von Magnesium aus der Nahrung zu reduzieren. Deutschland ist ein Magnesium-Mangelland, das heißt, dass dieses Spurenelement zu wenig in unseren Böden und damit auch in unserer Nahrung vorhanden ist. Besonders ältere Menschen bei uns, daneben auch Diabetiker, Alkoholiker und Schwangere, weisen einen oft eklatanten Magnesiummangel auf und könnten durch die hohe Konzentration dieses Minerals in der Afa-Alge profitieren.

Zeichen für einen Magnesium-Mangel können depressive Verstimmungen, Müdigkeit, ein geringes Energieniveau, die Unfähigkeit, sich zu konzentrieren, Selbstmordgedanken und Appetitlosigkeit sein.[84]

Molybdän, ein sehr seltenes Mineral, ist ebenfalls in der Afa-Alge vorhanden. Es dient als Bio-Aktivator von verschiedenen Enzymen, die mit Langlebigkeit in Verbindung gebracht werden. Zudem absorbiert es Freie Radikale. Molybdän aktiviert zahlreiche körpereigene Enzyme, wie zum Beispiel Xanthin-Oxidase, Nitrase und Sulfit-Oxidase. Letzteres Enzym zerstört zellschädigende Sulfit-Ionen, die in der Lage sind, über die Zerstörung von B-Vitaminen zu Nervenschäden zu führen.

Eine ausreichende Chromversorgung ist besonders für ältere Menschen wichtig, da es eine große Rolle beim Zuckerstoffwechsel spielt. Chrom aktiviert den »Glukose-Toleranz-Faktor« GTF, der Glukose-Molekülen die Passage durch die Zellmembran ins Zytoplasma erlaubt. Raffinierte Kohlenhydrate wie Weißmehl und Zucker senken den Chromspiegel, was zu

Diabetes und der Beschleunigung von Alterungsprozessen führen kann. Chrom ist in der Afa-Alge reichlich vorhanden. Indem Chrom hilft, Glukose besser aufzunehmen, wird die Bauchspeicheldrüse entlastet und muss keine großen Mengen an Insulin mehr produzieren.

Viele alte Menschen leiden unter Knochenschwund. Bor, in der Afa-Alge reichlich vorhanden, gilt als »knochenstärkendes« Spurenelement. Es ist außer in der Afa-Alge auch in Äpfeln, Birnen und grünem Gemüse. Bormangel ist besonders bei Älteren, aber auch bei Alkoholikern weit verbreitet. Bor hält über die Konzentration in der Para-Thymusdrüse Kalzium und Magnesium zurück und ist daher gut für gesunde Knochen. Bei einer borhaltigen Kost verringern sich die Ablagerungen in den Arterien. Die Krankheitsbilder Osteoporose, Arthritis und Bluthochdruck werden durch eine borhaltige Nahrung verbessert. Bor soll zudem für einen wachen Geist sorgen.[85]

Auch Kalzium ist wichtig für gesunde Knochen und wird als »Anti-Osteoporose-Mineral« bezeichnet. Ein großer Teil des Kalziums in Milchprodukten kann nicht verwertet werden, weil das dazugehörige Magnesium zur Einlagerung in den Knochen fehlt. Die Absorption von Kalzium durch den Darm lässt mit dem Alter nach. Allein in den USA gab es in den 90er Jahren auf Grund von Kalziummangel eine Million Hüftbrüche.[86]

Das Kalzium in der Afa-Alge ist besonders leicht vom Körper aufzunehmen, weil es durch Betakarotin und Aminosäuren chelatiert ist und daher leichter durch die Darmwände wandern kann. Kalzium ist außerdem wichtig für einen niedrigen Cholesterinspiegel, senkt einen zu hohen Blutdruck, beruhigt die Nerven und dient als Einschlafhilfe.

Die Afa-Alge ist das eisenreichste natürliche Lebensmittel. Gerade ältere Menschen sind oft von einem Eisen-Mangel betroffen. In den USA leiden mindestens 40 Prozent der Bevölkerung an einem Eisenmangel, in Deutschland liegen die Zahlen ähnlich. Wichtig für die Eisenaufnahme sind Vitamin C, kleine Mengen Kupfer, Kobalt und Magnesium, alle in der Afa-Alge vorhanden. Schwarzer Tee, Aspirin und Mittel gegen zu viel Magensäure erschweren die Aufnahme von Eisen. Müdigkeit, Depressionen und Antriebsschwäche können Symptome sein, die auf einen Eisenmangel hinweisen.

Übergewicht führt zu einer geringeren Lebenserwartung

Die Enzyme, Proteine und Neurotransmitter in der Afa-Alge helfen auch beim Abnehmen. In Deutschland sind laut einer Untersuchung der Deutschen Gesellschaft für Ernährung (DGE) 40 Prozent der Menschen zu dick, und knapp die Hälfte von ihnen gilt wiederum als extrem übergewichtig. Die WHO (Weltgesundheitsorganisation) spricht von einer »Epidemie der Adipositas [Übergewicht] in den Industrieländern«. Übergewichtige haben generell eine wesentlich kürzere Lebenserwartung als schlanke Menschen. Diäten bringen nur den befürchteten Jo-Jo-Effekt, das heißt, nach immer kürzerer Zeit hat man sein Ausgangsgewicht wieder, oder sogar noch mehr, weil der Körper sich auf Hungerzeiten einstellt und die Nahrung besser verwertet als zuvor. Viele Menschen haben ständig Hunger, weil die Nahrung nicht mehr die Vitalstoffe enthält, die der Organismus benötigt, oder der Darm, zum Beispiel durch Dehydration infolge von zu wenig Flüssigkeitszufuhr oder verkrustete Darmwände, die Vitalstoffe nicht richtig aufnehmen kann.

Die Afa-Alge enthält alle Vitalstoffe, die wir brauchen, und kurbelt durch ihre Enzyme und Vitamine den Stoffwechsel an. Die Neurotransmitter und Proteine helfen dabei, gefühlsmäßig im Gleichgewicht zu bleiben, und Heißhungerattacken gehören bald der Vergangenheit an. Besonders Arginin, eine Aminosäure, dämpft den Appetit. Wer dauerhaft schlank ist, fühlt sich besser, sieht besser aus, und lebt länger. Es gibt keine dicken Hundertjährigen!

Alzheimer – Situation und Auswege

Die Anzahl der Erkrankungen steigt

Die meisten älteren Menschen, vor allem Frauen, fürchten sich vor nachlassender geistiger Beweglichkeit. Und das nicht ohne Grund, obwohl die Haupttodesursache Herz-Kreislauferkrankungen darstellen. Die Alzheimer-Krankheit ist eine Hirnleistungsstörung, bei der die Gehirnzellen zerstört werden und die damit unsägliches Leid über die Betroffenen und ihre Angehörigen bringt. 80 Prozent der Kranken werden zu Hause gepflegt. Etwa die Hälfte der Pflegenden erkrankt auf Grund der großen psychischen Belastung.

Immer mehr Menschen werden immer älter. Von den über Neunzigjährigen leidet etwa ein Drittel an Alzheimer. Im September 1999 gab es schon 800 000 Deutsche mit Demenzerkrankungen, häufigste Form ist die Alzheimer-Erkrankung, die ab dem 50. Lebensjahr auftreten kann. Andere Schätzungen gehen bereits von 1,3 Millionen Alzheimer-Erkrankten im Jahr 1999 aus.[87] Jährlich gibt es allein in Deutschland 100 000 neue Alzheimer-Fälle, im Jahr 2010 könnten es Prognosen zufolge bereits 1,7 Millionen sein, im Jahr 2030 2,5 Millionen.[88] Experten befürchten einen katastrophalen Pflegenotstand. Dennoch werden Demenzerkrankungen immer noch tabuisiert. Der bekannteste Alzheimer-Patient ist der ehemalige US-Präsident Ronald Reagan, der mittlerweile noch nicht einmal seine Frau Nancy oder seine Tochter erkennt.

Erste Anzeichen

Leichte Depressionen können das erste Anzeichen einer beginnenden Alzheimer-Erkrankung sein, stellten Forscher des Stockholmer Gerontologie-Zentrums fest.

Interesselosigkeit, Antriebsschwäche und Konzentrationsschwierigkeiten waren charakteristisch für Menschen, die später zu Alzheimer-Patienten wurden. Ärzte achten laut Studienleiter Lars Bäckman zu wenig auf solche Symptome.

Bluthochdruck erhöht nicht nur die Gefahr von Herzinfarkt und Schlaganfall, sondern kann zu einer Schädigung des Gehirns führen und die Denkleistung reduzieren. Dies fanden französische Forscher in einer Studie mit 1373 Frauen und Männern zwischen 59 und 71 Jahren heraus. Innerhalb von zwei Jahren sank die kognitive Leistung von Personen, die einen Blutdruck von 160/95 mm/HG oder mehr hatten, deutlich im Vergleich zu Personen mit normalem Blutdruck.[89]

Die Alzheimer-Krankheit gilt als unheilbar. Immer mehr Autoren machen darauf aufmerksam, dass die Hauptursachen in einer schlechten Ernährung ohne ausreichende Enzyme und andere Vitalstoffe zu suchen ist. Helmut Wandmaker sieht die Hauptursache der Alzheimer-Erkrankung im »langjährigen Verzehr von tierischen Produkten, der sich seit Kriegsende um 600 Prozent gesteigert hat.«[90] Bei der Verdauung von tierischen Produkten bildet sich der Abfallstoff Amyloid, der sich verstärkt im Gehirn ansammelt und dort die feinen Kapillargefäße verstopft. Im gesamten Pflanzenbereich gibt es kein Amyloid.

In Broschüren, die Ärzte zum Thema Alzheimer verteilen, heißt es allerdings oft: »Bei der Alzheimer-Krankheit ist keine Diät einzuhalten. Sie sollten aber auf eine ausgewogene Mischkost achten und auch den Geschmack des Patienten berücksichtigen.«[91]

Entgiftung ist wichtig

Vielleicht kann Alzheimer nicht völlig geheilt werden, aber der Krankheitsverlauf gestoppt und sogar zum Teil umgekehrt werden, sodass die Betroffenen wieder aufmerksam Gespräche und Fernsehsendungen verfolgen und Verrichtungen im Haushalt übernehmen können, zu denen sie einige Jahre lang nicht mehr in der Lage waren. Viele Heilpraktiker und Ärzte erzielen erstaunliche Heilungserfolge bei diesem Krankheitsbild durch eine Gehirnentgiftung nach Dr. Klinghardt. Die Afa-Alge hat eine hervorragende Stellung im Rahmen einer vitalstoffreichen und entgiftenden Ernährung für Alzheimer-Patienten inne.

Tom Warren schreibt in seinem Buch »Beating Alzheimer's«[92] über die Bedeutung von frischer, gesunder Nahrung möglichst aus Bio-Anbau mit ihrer Fülle an Enzymen, Mineralstoffen und Vitaminen für alte Menschen mit Alzheimer oder Demenz und denen, die dieser Krankheit vorbeugen möchten. Dem international anerkannten Forscher Abram Hoffer zufolge sind die meisten Fälle wirklicher Senilität das Ergebnis eines langjährigen Vitalstoffmangels. Sherry Rogers macht besonders einen Mangel an Mangan für degenerative Gehirnerkrankungen wie Alzheimer verantwortlich.

Hochwertige Nahrungsergänzungsmittel natürlichen Ursprungs spielen dabei für Warren eine ganz besonders wichtige Rolle. Man hat zum Beispiel festgestellt, dass Alzheimer-Patienten nicht genug Protein im Gehirn haben.[93] Dennoch propagierten Ernährungswissenschaftler wie Mary und John McDougell für eine vegane Ernährung ohne Fleisch, Eier und Milchprodukte, da der rapide zugenommene Fleischverzehr wiederum für die Zunahme von Alzheimer verantwortlich gemacht wird.[94]

Warren empfiehlt älteren Menschen, sich einen Garten anzuschaffen, um ihr chemiefreies Obst und Gemüse voller Vitamine und Mineralstoffe selbst anzubauen. Ich möchte ergänzen, dass Gartenarbeit an frischer Luft ein ideales Bewegungsprogramm darstellt.

Erfolge mit der Afa-Alge

Warren empfiehlt Alzheimer-Patienten darüber hinaus die blaugrüne Afa-Alge. »Ich mag die gefriergetrocknete Super Blue-Green Alge. Der Vater eines Freundes, der unter Alzheimer litt, erfuhr eine wesentliche Verbesserung seines Krankheitsbildes. Er würde nie mehr auf die Alge verzichten wollen.«[95] Warren hat der Afa-Alge einen festen Platz in seinem Ernährungsprogramm für Alzheimer-Patienten eingeräumt.

Lebenswichtige Nährstoffe

Diese positiven Erfahrungen mit der Afa-Alge überraschen nicht, wenn man ihre Inhaltsstoffe mit der empfohlenen Nährstofftabelle in seinem Buch vergleicht, die Menschen helfen soll, dem geistigen Verfall Einhalt zu bieten. Die Liste liest sich wie eine Inhaltsangabe der Afa-Alge: Vitamin A (der Autor rät von quecksilberbelastetem Fisch ab), der Vitamin-B-Komplex, Folsäure (wird als »Gehirnnahrung« bezeichnet), Pantothensäure (wird als »Anti-Stress-Vitamin« bezeichnet), Biotin oder Vitamin H (ein Mangel kann zu Depressionen führen), Cholin (wichtig für die Übertragung von Nervenimpulsen; ohne ausreichende Cholinversorgung leiden Gedächtnis und Gehirnfunktionen), Vitamin C (schützt vor Stress, Umweltbelastungen und Arteriosklerose auch im Gehirn), Vitamin K (Alzheimer-Betroffene leiden an einem Defizit dieses Vitamins im Gehirn), Kalzium (wird für Nervenübertragung gebraucht), Magnesium (ebenfalls bei der Übertragung von Nervenimpulsen nötig), Zink (nach Dr. Collin ist ein Zinkmangel die Ursache für Nahrungsmittelallergien und degenerative Erkrankungen), Eisen (wichtig für Sauerstoffversorgung der Zellen und Blutbildung), Mangan (ein Mangel führt zu allen möglichen degenerativen Erkrankungen, weil dieses Spurenelement als Schlüssel fungiert, um die Energie in der Zelle freizusetzen), Kalium (wird benötigt für die Übertragung von Nervenimpulsen und die Bildung und Ausschüttung von Hormonen).

Hinzu kommen die wertvollen Proteine in der Afa-Alge, die vom Körper zu fast 100 Prozent assimilierbar sind, und die für den Aufbau gesunder Gehirnzellen und Neurotransmitter sowie von Rezeptoren von Neurotransmittern so wichtig sind. Diese so genannten Polypeptide stellen Vorläufer der Botenstoffe dar, die Botschaften innerhalb des Gehirns, vom Gehirn zu den Muskeln und wieder von den Organen zum Gehirn weitergeben. Obwohl das Gehirn nur 2 Prozent des Körpergewichts ausmacht, braucht es die zehnfache Menge an Energie und ist daher auf eine optimale Nährstoffversorgung angewiesen, um Gedächtnisverlust, geistiger Erschöpfung und Nervenstörungen vorzubeugen.

Wichtig zur Verlangsamung des Alterungsprozesses von Körper und Gehirn sind auch die Nukleinsäuren RNS und DNS in der Afa-Alge, welche die Zellerneuerung fördern und »den Alterungsprozess potenziell rückgängig machen oder zumindest verlangsamen können.«[96] Gealterte DNS stehen für Professor Abrams an der Wurzel von Alterungsprozessen und haben oft Demenz-Erscheinungen zur Folge. Die Fülle an Anti-Oxidanzien, die in der Afa-Alge vorhanden sind, helfen ebenfalls, über die erfolgreiche Bekämpfung Freier Radikale den »oxidativen Stress« einzudämmen und degenerative Prozesse in Körper und Gehirn zu verlangsamen.

Professor Abrams bringt Demenz und Alzheimer außerdem besonders mit einem Mangel an Folsäure in Verbindung, der verbreitetsten Vitaminmangelerscheinung weltweit. Folsäure wird durch Erhitzen der Nahrung zerstört. Ein Folsäuremangel kann zu Vergesslichkeit, Schlaflosigkeit, Gereiztheit und Demenz führen.[97]

Auch das Lezithin in der Afa-Alge hilft, Alzheimer vorzubeugen, indem es für den Aufbau einer gesunden Zellmembran sorgt und das Cholin im Lezithin für die Bildung von Acetylcholin (einem Neurotransmitter) nötig ist.

Belastung durch Schwermetalle

Alzheimer wird auch mit einer Schwermetallbelastung in Verbindung gebracht. Durch Schwermetalle werden dem Körper wichtige Mineralstoffe entzogen. Quecksilber kann zu Depressionen und Verwirrtheit führen, Blei zu Gehirnschäden und Gedächtnisverlust. Die Afa-Alge fördert die Ausscheidung von Schwermetallen wie Blei und Cadmium, hilft beim Aufbau gesunder Zellen auch im Gehirn und der Erneuerung des Bindegewebes. Ihre Proteine hüllen Schwermetalle ein und machen sie damit weniger gefährlich. Einige der Proteine in der Afa-

Alge verwandeln Schwermetalle in harmlose Substanzen, die dann über den Urin ausgeschieden werden. Die Ärztin Gillian McKeith empfiehlt in ihrem Buch »Miracle Superfood: Wild Blue-Green Algae« zur erfolgreichen Schwermetallausleitung in schweren Fällen bis zu 10 Gramm Afa-Algen täglich[98] unter Anleitung eines erfahrenen Heilpraktikers oder Naturheilarztes.

Zwei Fallbeispiele

Als Erster hatte der Arzt und Psychiater Gabriel Cousens in der Fachzeitschrift »The Journal of Orthemolecular Medicine« 1985 von zwei Alzheimer-Patienten berichtet, die durch die tägliche Einnahme der Afa-Alge Verbesserungen ihrer Gehirnfunktionen erlebten.[99] Eine 66-Jährige, die seit sieben Jahren unter Alzheimer litt, erlebte nach einem halben Jahr mit der Afa-Alge einen teilweisen Rückgang ihrer Symptome. Sie war wieder in der Lage, sich an Gesprächen zu beteiligen, Wanderungen zu unternehmen, Fernsehsendungen zu verfolgen und sogar wieder Haushaltsarbeiten auszuführen, was sie über Jahre hinweg nicht mehr konnte. Ihre Aufmerksamkeitsspanne hatte sich so weit verlängert, dass sie wieder in der Lage war, einige Stunden lang Musik zu hören. Urteilsvermögen und klares Denken kehrten wieder. Ihr Kurzzeitgedächtnis verbesserte sich beträchtlich, und auch ihr Sinn für Humor kam zurück. Sie war wieder in der Lage, gerade zu gehen und zu stehen.

Der andere Patient, über den Cousens berichtete, war ein 64-jähriger Rechtsanwalt, der seit drei Jahren an Alzheimer litt, und dessen Krankheitsbild sich rapide verschlechtert hatte. Durch die Einnahme der Afa-Alge wurde diese Entwicklung gestoppt. Nach einem Monat, währenddessen eine hohe Afa-Algen-Dosis verabreicht wurde, war sein degenerativer Prozess gestoppt. In diesem stabilen Zustand verblieb er drei Jahre. Als seine Frau anfing, ihm aus Kostengründen Spirulina- statt Afa-Algen zu geben, verschlechterte sich sein Zustand wieder. Der Degenerierungsprozess stoppte erneut, als sie ihrem Mann wieder Afa-Algen gab.

Dr. Cousens vermutet, dass es möglich ist, zumindest zeitweise den Prozess der Alzheimer-Krankheit mit der Afa-Alge zu stoppen, die Symptome teilweise rückgängig zu machen oder auch den Ausbruch der Krankheit zu verhindern. So viel ich weiß, sind zu diesem Thema noch keine umfassenden klinischen Studien durchgeführt worden, was angesichts der dramatischen Zunahme der Alzheimer-Erkrankungen dringend wünschenswert erscheint.

Ein großes Plus für sportlich Aktive und Leistungssportler

In den USA längst kein Geheimtipp mehr

Ich selbst bin Freizeitsportler, das heißt, ich jogge täglich zwischen einer halben und einer Stunde. Was ich bemerkt habe, seitdem ich täglich die Afa-Alge nehme: Meine Ausdauer ist größer, ich kann müheloser auch bergiges Gelände bewältigen und ohne Schnaufen auch mal eine schnellere Laufart mit langbeinigeren Jogging-Partnern einschlagen.

Die Afa-Alge ist in den USA unter Sportlern längst kein Geheimtipp mehr. Kein Wunder, enthält doch diese Wildalge vom Klamath-See die idealen Bausteine für mehr Ausdauer, Leistungsfähigkeit und Muskelaufbau.

Aminosäuren sind wichtig

Drei Aminosäuren spielen für die Sportlerernährung eine besondere Rolle: Leuzin, Isoleuzin und Valin. Diese drei werden vor allem von der Skelettmuskulatur benötigt, um Energie zur Verfügung zu stellen oder zusätzliche Muskelmasse zu bilden. Diese Eigenschaft ist für Bodybuilder und andere Athleten wichtig. Die Konzentration dieser Aminosäuren bleibt über eine Stunde leichter sportlicher Betätigung stabil und steigt danach an. Offenbar stellen die Leber und andere Organe diese Aminosäuren zur Verfügung. Wenn starke körperliche Beanspruchung fortdauert, sinkt die Konzentration dieser Aminosäuren im Blut. Ein Zwei-Stunden-Workout kann 90 Prozent der empfohlenen täglichen Menge an Leuzin verbrauchen.[100] Bei zu wenig Leuzin können Müdigkeit und Leistungsschwäche auftreten.

Wer um diese Zusammenhänge weiß und sportliche Leistungen erbringen will, sieht sich folglich nach geeigneten Nahrungsmitteln um. Die Afa-Alge bietet sich an, weil sie eine exzellente Quelle gerade dieser Aminosäuren darstellt. Ihr Aminosäureprofil ist vollständig und ausgewogen. Es empfiehlt sich, eine Extra-Portion Afa-Algen, etwa 1 bis 2 Gramm, etwa 45 Minuten vor einer Trainings-Session einzunehmen, und danach mit etwa 30 Minuten Abstand eine weitere Portion. Bei extremen Belastungen wie Marathon kann die Dosis problemlos zusätzlich erhöht werden. Es handelt sich ja nicht um ein Medikament, sondern um ein vitalstoffreiches Lebensmittel. Wichtig ist, zur Algeneinnahme viel zu trinken, weil es sich um ein Produkt handelt, dem Wasser entzogen wurde. Es kommt bei der Einnahme vor und nach dem Workout zu weniger Müdigkeit und Muskelkater. Zudem verkürzen sich die Erholungszeiten nach Phasen körperlicher Anstrengung.

Hochwertige Proteine in Form der Afa-Alge einzunehmen ist sicherlich sinnvoller als Eiweiß-Ergänzungen in Kristallform. Der Körper kann ganze Proteine in den Algen besser aufnehmen als isolierte, und die Glukose in der Afa-Alge fördert die Aufnahme der Aminosäuren. Die Enzyme in der Afa-Alge helfen dem Organismus, die Produktion von Dipeptiden und Tripeptiden zu steigern, die schneller absorbiert werden können.

Mehrfach ungesättigte Fettsäuren

Das Thema »Ernährung und Sport« wird immer mehr unter dem Aspekt betrachtet, wie man Überlastungsphänomenen im Organismus vorbeugen kann, zum Beispiel Muskelrissen und Entzündungsreaktionen. Eine herausragende Rolle spielt in diesem Zusammenhang das Gleichgewicht mehrfach ungesättigter Fettsäuren im Körper, welches die durch Belastungen bedingten Regenerationsprozesse und damit die Leistungsfähigkeit beeinflussen.

In der üblichen Ernährung ist die Arachidonsäure aus tierischen Produkten überrepräsentiert, und die Omega-6-Gamma-Linolensäure, die Omega-3-Alpha-Linolensäure und die Eicosapentaensäure (EPA) werden nur unzureichend zugeführt.

Wenn dieses Ungleichgewicht zum Beispiel durch die Einnahme von Afa-Algen ausgeglichen wird, in der alle erwähnten Fettsäuren enthalten sind, wird der Stressmediator Interleukin 6 gesenkt, und es kommt zu einer Verbesserung der Belastbarkeit, Regeneration und Wohlbefinden bei Sportlern. Auch die Immunabwehr wird optimal aufgebaut, und Infekte und Erkältungskrankheiten bleiben aus oder finden nur noch selten statt.[101] Wichtig für Sportler ist zudem eine ausreichende Versorgung mit der seltenen Gamma-Linolensäure, in der Afa-Alge reichlich vorhanden, der Vorstufe des körpereigenen Prostaglandins. Dieses Hormon steuert wichtige Körperfunktionen wie Blutdruck, Cholesterinspiegel und Zellteilung. Während Trainingsphasen laufen diese Funktionen auf Hochtouren.

Erhöhter Bedarf an Vitalstoffen

Ein regelmäßiges intensives Training erhöht den Bedarf an Mineralstoffen wie Zink und Eisen für die Reparatur von Gewebe und zur Bildung roter Blutkörperchen, und außerdem den Bedarf von Vitaminen, die für den Stoffwechsel wichtig sind, wie B-Vitamine, und für die Regeneration von Gewebe, wie Vitamin A beziehungsweise sein Vorläufer Betakarotin. Der Bedarf an Anti-Oxidanzien ist bei Sportlern ebenfalls erhöht, wie Betakarotin, Vitamin C, Vitamin E, Karotinoide und Bioflavonoide. Durch eine ausreichende Versorgung mit Fängern von Freien Radikalen werden Muskelzellenschäden, Schmerzen, Ödeme und Muskelverspannungen vermieden. Alle die erwähnten Stoffe sind in der Afa-Alge vorhanden.

Vor allem für Leistungssportler

Immer mehr Leistungssportler vertrauen auf die Kraft der Natur etwa in Form von Afa-Algen oder Gerstengrassaft zum Muskelaufbau und zur Leistungssteigerung, anstatt fragwürdigen Produkten aus dem Chemielabor, meist mit Einfachzuckern angereichert, welche die Illusion von Energie vermitteln, aber nicht das halten, was sie versprechen.

Über Steroide und Dopingmittel brauche ich an dieser Stelle hoffentlich mangels Interesse von Seiten der Leserschaft kein Wort zu verlieren.

Bei Gillian Cribbs finden sich eine Menge Beispiele, wie Triathleten, Synchronschwimmer, Boxer, Sporttrainer, Olympische Fünfkämpfer, Marathonläufer, Kanufahrer und andere Sportler von der Einnahme der Afa-Alge profitieren. Sie erleben eine Steigerung von Leistung und Ausdauer, den Verlust von Körperfett sowie einen verstärkten Aufbau von Muskelgewebe, schnellere Regenerationszeiten, weniger Infekte, mehr Psycho-Power, persönliche Rekorde, mehr Optimismus und Motivation, erholsameren Schlaf, mehr Fitness und grenzenlose Energiereserven.[102]

Weltrekord mit der Afa-Alge!

Gerhard Wagner von der medizinischen Abteilung »Wasserfreunde Spandau 04« in Berlin war »auf der Suche nach einem gesunden *und* wirksamen Mittel, das in der Lage ist, den entscheidenden Vorsprung *ohne* verbotene Substanzen zu ermöglichen.« Seit geraumer Zeit verwendet er ausschließlich die Klamath-Algen der Firma Sanacell.

Wie Recht er damit hat, zeigt sich darin, dass »Spandau 04« derzeit die beste Wasserballmannschaft (18 Mal Deutscher Meister, 16 Mal Deutscher Pokalsieger) ist und das beste Schwimm-Team Deutschlands stellt. Am 30. April 1998 wurde ein neuer Schwimm-Marathon-Weltrekord 100 mal 100 Meter Freistil aufgestellt. Die »Wasserfreunde Spandau 04« verbesserten die alte Bestmarke um 85 Sekunden auf 1:41:3,55 Stunden und erreichten damit einen Eintrag ins Guiness-Buch der Rekorde. Das nächste Ziel von »Spandau 04« laut Gerhard Wagner: »Der Olympiasieg in Sydney 2000 mit Hilfe der Klamath-Algen von Sanacell.« Ich drücke »Spandau 04« die Daumen!

Aufmerksamkeitsstörungen und Hyperaktivität

Millionen Kinder und Erwachsene sind betroffen

Hyperaktive Kinder sind seit Jahren ein Thema in den Medien, und dieses Thema ist aktueller denn je, auf Grund der wachsenden Gewaltbereitschaft von Schülern in der Schule und der häuslichen Umgebung. Es werden immer mehr, Schätzungen gehen von 12 Prozent der Kinder und Jugendlichen aus, davon sind 80 Prozent Jungen. Das sind allein in Deutschland mindestens eine halbe Million.

Das Leben der Betroffenen ist voller Nachteile: Die Kinder werden selten zu Geburtstagen eingeladen, von Spielgefährten gemieden, ihr Selbstwertgefühl ist auf Grund mangelnder sozialer Akzeptanz und schlechter schulischer Leistungen schwach ausgeprägt. Auch die Eltern leiden und fühlen sich oft als Versager, was ihre Erziehung betrifft.

Über den 150 Jahre alten »Zappelphilipp« im Struwwelpeter kann man sich vielleicht noch amüsieren – »Er gaukelt, und schaukelt, er trappelt, und zappelt, auf dem Stuhle hin und her« –, solange man nicht selbst ein »hyperkinetisches« Kind oder einen Partner mit dem gleichen Syndrom hat. Was damals eine Ausnahme war, gilt heute als weit verbreitetes Problem.

Schwankende Aufmerksamkeit mit oft kurzer Spanne, Konzentrationsprobleme, Zerstreutheit, Vergesslichkeit, Nervosität und Impulsivität machen den betroffenen Menschen das Leben schwer und vereiteln oft Erfolg in der Schule oder im Beruf sowie in Partnerschaft und Ehe.

Dieses Problem, mit multikausalem Hintergrund, wird oft sehr spät erkannt, wenn überhaupt. Etwa 5 bis 20 Prozent der Kinder (hier weit mehr Jungen als Mädchen) und Erwachsenen sind betroffen, die Tendenz ist steigend.

Was sind die Hintergründe für dieses Phänomen, und wie lässt es sich auch langfristig erfolgreich behandeln? Ist vielleicht nicht der Einzelne »auffällig« oder »krank«, sondern stellen die Menschen nur die schwächsten Glieder einer Kette dar, die immer mehr gespannt und überspannt wird, ist also vielleicht eher die Gesellschaft »krank«?[103] Jedenfalls ist keine psychische Auffälligkeit bei Kindern und Jugendlichen häufiger als ADHD, Aufmerksamkeitsstörungen mit und ohne Hyperaktivität.

Zunehmender Leistungsdruck

Schon Vorschulkinder leiden heute unter Leistungsdruck. In der Schule wird dieser Druck noch größer, es gibt kaum noch Freiräume für die Kinder. Als mein Sohn in der dritten Grundschulklasse war, ging es für die meisten Eltern – und damit auch für ihre Kinder – nicht mehr darum, in welche Schule das Kind nach der vierten Klasse kommen sollte, sondern in welches Gymnasium! Und das in der dritten Klasse! Als ich auf einem Elternabend, an dem über die verschiedenen Schulformen gesprochen wurde, einwarf, es gebe ja noch Gesamtschulen und die Rudolf-Steiner-Schule, wurde ich von der Klassenlehrerin und den anderen Eltern so missbilligend angesehen, als ob ich einen schlechten Witz gemacht hätte. Die Lehrerin sagte mir dann hinterher in einem privaten Gespräch, dass es kein Wunder sei, wenn mein Sohn nicht den nötigen Ehrgeiz für einen Erfolg in staatlichen Schulen entwickeln würde, wenn seine Mutter nicht voll hinter dem Leistungsgedanken dieses Schulsystems stehe.

Geistige Erschöpfungszustände treten immer häufiger bei der lernstressgeplagten Gruppe der Schulkinder, Jugendlichen und Studenten auf: Es entsteht das Gefühl, die Grenzen seiner geistigen Belastbarkeit erreicht zu haben.[104] Schon Neunjährige entwickeln morgendliche Spannungskopfschmerzen in ihrer Unsicherheit, ob sie den Anforderungen des Schulalltags voll gewachsen sein werden. Die permanente Leistung, die dem Gehirn abgefordert wird, setzt die entsprechende Energie voraus, die ihm jederzeit zur Verfügung stehen muss. Fehlen die ausreichenden Nährstoffe für Körper und Gehirn, laufen einige ihrer Grundfunktionen verzögert oder nicht mehr ausreichend ab.

Dieser Energiemangel hängt zum einen mit dem wachsenden Leistungsdruck zusammen – bei Stress werden mehr Vitalstoffe benötigt –, und andererseits mit einem dramatischen Verlust an Vitalstoffen in unseren Lebensmitteln. Oft stammt die Nahrung, auch in Schul-Cafeterias und Mensen, von überdüngten, übersäuerten und ausgelaugten Böden (vgl. das Kapitel »Vitalstoffdefizite sind vorprogrammiert« auf Seite 55). Umweltbelastungen und industriell verarbeitete Lebensmittel tun ein Übriges, um die Nährstoffbilanz des Körpers und vor allem des Gehirns – das am sensibelsten auf eine negative Energiebilanz reagiert – aus dem Lot zu bringen. Schwermetalle wie Blei, Aluminium, Cadmium und Blei wirken sich nachweislich negativ auf die Gehirnfunktion aus und können zu Konzentrations- und Lernschwächen sowie Stimmungsschwankungen, Aggressionen und Antriebsschwäche führen.

Symptome

Es gibt fast keine Familie, keine Kindergartengruppe oder Schulklasse mehr, in der nicht Kinder negativ auffallen: Sie

- haben eine geringe Aufmerksamkeitsspanne,
- neigen zu impulsivem Verhalten,
- haben oft Allergien und Schlafstörungen,
- tauchen oft in Tagträume ab,
- sind ständig zerstreut und vergesslich,
- zeigen auffällige Stimmungsschwankungen,
- besitzen eine geringe Frustrationstoleranz,
- zeigen oft wenig Ehrgeiz und Leistungsbereitschaft,
- stören und streiten oft,
- können sich schwer konzentrieren und sind leicht abgelenkt,
- haben Schwierigkeiten damit, Aufgaben zu Ende auszuführen,
- weigern sich oft, Anweisungen zu befolgen,
- neigen manchmal zu Wutanfällen und Gewalt gegen Personen und Sachen.

Viele dieser Verhaltensweisen sind allein gesehen noch kein Grund zur Sorge. Wenn sie aber gehäuft und in starker Ausprägung auftreten, kann es sein, dass das Kind eine »Aufmerksamkeitsstörung« mit oder ohne Hyperaktivität hat.

Während ältere Menschen bei Leistungsstress intuitiv ihr Tempo drosseln, wenn es ihre Lebenssituation zulässt, können Kinder dem täglichen Leistungsstress nicht durch solche Kompensationsmechanismen ausweichen, weil ihrer Stressbewältigung viel engere Grenzen gesetzt sind. Gerade für sie ist daher eine frühzeitige optimale Versorgung mit Nähr- und Aufbaustoffen fürs Gehirn wichtig, um die Leistungsbilanz des Gehirns zu verbessern. Kinder reagieren nämlich schon sehr früh auf die wachsende Schere zwischen geistigem Leistungsdruck und Energiemangel im Gehirn mit psychosomatischen Auffälligkeiten und Verhaltensstörungen und auch mit Konzentrations- und Lernschwächen bei gleichzeitig oft überdurchschnittlicher Intelligenz.

Aufmerksamkeitsstörungen und Hyperaktivität können nicht nur bei Kindern sogar schon im Kleinkindalter auftreten, sondern ebenso bei Erwachsenen. Bei Erwachsenen kommen zu den erwähnten Symptomen oft noch ein zwanghafter Aktivitäts- und Planungsdrang, Gleichgültigkeit in Partnerschaft und Familie, zeitweilige depressive Erschöpfungszustände, Neigung zu Entspannungsdrogen wie Alkohol, Nikotin, Beruhigungsmitteln etc., zwanghaftes Konsumverhalten, chronische Müdigkeit und körperliche Symptome wie Allergien, Kopfschmerzen und asthmatische Beschwerden hinzu.

Auch der erwachsene Mensch reagiert auf Leistungsüberforderung zunehmend hyperaktiv und ist oft nicht mehr in der Lage, seine Nährstoff-Depots mit Vitalstoffen so weit aufzufüllen, dass er die befürchteten Stress-Symptome gar nicht erst entwickelt. Aus Zeitmangel greift er immer häufiger zu »leeren Kalorien« in Form von Fast Food sowie Fertigprodukten und »puscht« sich mit koffeinhaltigen Energy-Drinks, was seine Energiereserven zusätzlich strapaziert.

Nebenbei bemerkt, Dauerstress sowie Cola- und Kaffee-Getränke führen zu einem erhöhtem Adrenalinspiegel, der den Stoffwechsel beschleunigt. Durch diese erhöhte Stoffwechselrate werden noch schneller die Energiereserven erschöpft, die für körperliche und geistige Leistungen gebraucht werden. Zuckerhaltige Energiespender verbrauchen zusätzlich B-Vitamine und andere Vitalstoffe, die für Nerven und Gehirn wichtig sind.

Mögliche Ursachen und Lösungsansätze

Die Ursachen des hyperkinetischen Syndroms oder auch ADHD (»Attention Deficit Hyperactivitydisorder«) – Aufmerksamkeitsstörungen mit und ohne Hyperaktivität – sind offenbar vielfältig. Das Thema wird in mittlerweile mehr als 6000 wissenschaftlichen Publikationen abgehandelt, Seiten aus dem Internet füllen mehrere große Aktenordner. Untersuchungen an betroffenen Kindern und Erwachsenen zeigen, dass der Zuckerstoffwechsel verlangsamt ist und daher Teile des Gehirns, die für die Aufmerksamkeit zuständig sind, mit zu wenig Glukose versorgt werden. Einige Forscher machen hierfür genetische Ursachen verantwortlich, andere dagegen Schwermetalle wie Blei und PCBs. Wahrscheinlich sind drei von vier Kindern, die unter dem hyperkinetischen Syndrom leiden, gleichzeitig gegen Pollen, Hausstaub und andere Stoffe allergisch, und die dadurch verursachten Allergien können zu lokalen Gehirnschwellungen führen und damit Fehlfunktionen auslösen.

Außer Schwermetall-Belastungen und Allergien wird der zu hohe Gebrauch von Antibiotika mit dem Syndrom in Verbindung gebracht, und auch das Auftreten von Mittelohrentzündungen in der frühen Kindheit. Mit Sicherheit sind die Ursachen multikausal, und damit sollte auch der Behandlungsansatz das gesamte Spektrum möglicher Ursachen berücksichtigen. Mehrere seriöse Studien haben gezeigt, dass eine konsequente Ernährungsumstellung oft den entscheidenden Durchbruch bringt. Hans Krautstein in »Schrot & Korn« vom Dezember 1999: »Hierzu gehört nicht nur das vorübergehende Meiden der ermittelten Allergene, sondern auch eine vitalstoffreiche, vollwertige Kost.« Klaus-Dietrich Runow, ärztlicher Leiter des »Instituts für Umweltkrankheiten« in Bad Emstal: »Die Lebensmittel sollten möglichst naturbelassen sein und aus ökologischem Anbau stammen.[105] Ein Vitamin- oder Mineralstoffmangel sollte ihm zufolge immer mit Präparaten *natürlichen* Ursprungs ausgeglichen werden.

Die extrem positiven Erfahrungen mit natürlichen, hochwertigen Nahrungsergänzungen wie der Afa-Alge vom Klamath-See in einer nur geringen Dosis von 1 Gramm pro Tag zeigen, dass eine ausreichende Vitalstoffversorgung offenbar viel wichtiger ist, als bislang angenommen.

Ritalin – die bessere Lösung?

Schon 1998 nahmen in den USA mehr als vier Millionen Kinder sowie eine Million Erwachsene regelmäßig das Medikament Ritalin. Der International Narcotics Control Board (INCB) der Vereinten Nationen warnt vor dem alarmierenden Zuwachs an Verschreibungen für Ritalin in den USA in den letzten Jahren und schätzt, dass im Jahr 2000 acht Millionen(!) Kinder in Nordamerika täglich Ritalin einnehmen.[106] Es handelt sich um ein Psychostimulantium, das unter das Betäubungsmittelgesetz fällt, weil es in Drogenkreisen als Aufputschmittel (»Speed«) gehandelt wird. Bei hyperaktiven Kindern hat dieses Mittel allerdings eine harmonisierende, die Konzentration fördernde Wirkung, indem es über eine Stimulierung der Adrenalindrüsen das Adrenalin- und Serotonin-Niveau im Körper hebt. Es besteht ein Gewöhnungseffekt, das heißt, nach einigen Jahren lässt die Wirkung nach oder hört ganz auf. Nebenwirkungen sind zum Beispiel erhöhter Blutdruck, Salzansammlungen im Körper, Kopfschmerzen, Appetitlosigkeit, Wachstumsstörungen, Übelkeit, Depressionen und Schlafstörungen.

Ratgeber – allein im Jahr 1999 sind rund 20 Handbücher zu diesem Thema auf dem deutschen Markt erschienen! – und vorsichtige Ärzte empfehlen, Ritalin nur »im Notfall« zu verschreiben, wenn Kinder zu aggressivem Verhalten neigen.

Die Wirklichkeit sieht leider anders aus. Ritalin wird oft viel zu leichtfertig verabreicht. Diese Erfahrung habe ich selbst gemacht. Mein Sohn hatte eine Aufmerksamkeitsstörung ohne Hyperaktivität. Sein Kinderarzt überwies ihn an einen Neurologen. Dieser Arzt machte einen kurzen Intelligenz-Test mit ihm – Kommentar des Arztes: »Ihr Kind ist überdurchschnittlich begabt, das ist typisch für hyperaktive Kinder!«, ich musste einen Fragebogen ausfüllen, und mein Sohn bekam das Rezept für Ritalin. Als ich den Arzt fragte, ob es nicht irgendeine Alternative gebe, wie Psychotherapie oder Ernährung, meinte er: »Nein, alles andere bringt nichts. Ritalin ist das Einzige, was hilft.«

Der Arzt gab mir eine dreiseitige Informationsschrift mit, in welcher der Teufel an die Wand gemalt wird: Wenn das Kind nicht rechtzeitig Ritalin bekommt, bestehe in der Pubertät die Gefahr der Drogensucht. Doch Untersuchungen zeigen, dass eher das Gegenteil zutrifft: Gerade Kinder, die Ritalin bekommen, sind stärker drogengefährdet als ihre Altersgenossen, weil sie erleben, dass sie ihre Stimmung mit Pillen verbessern können. Er gab mir dann noch einen Buchtipp. Der Autor dieses Buches empfiehlt allerdings Ritalin nur in extremen Fällen, nachdem alle anderen Möglichkeiten ausgeschöpft worden sind, und fordert eine gründliche Anamnese. Er schreibt: »Sonst bewerte ich eine Verschreibung von Ritalin als ärztlichen Kunstfehler.«

Auf Empfehlung einer Freundin ging ich mit meinem Sohn zu einem anderen Arzt, der Chiropraktiker und Kinesiologe ist.

Der fand im Gegensatz zum ersten Arzt nicht, dass mein Sohn hyperaktiv ist, und begrüßte meine mittlerweile getroffene Entscheidung, ihn mit der vitalstoffreichen Afa-Alge und Leinöl zu behandeln. Zusätzlich empfahl er noch ein Vitamin-B-Präparat aus den USA. Ich bin dankbar, dass ich gut genug informiert war, damit ich Ritalin kritisch gegenüber eingestellt war und mich über Alternativen informieren konnte. Aber was ist mit den vielen Eltern, für die Ärzte »Götter in Weiß« sind, und die den Äußerungen von verschreibungswütigen Ärzten blind glauben?

Keine Langzeitstudien

Dr. Runow schränkt den Nutzen von Ritalin stark ein: »Nur die Umgebung hat etwas davon, doch das Kind ist dann ein Zombie, nicht mehr es selbst.«[107] Da über die Langzeitfolgen noch viel zu wenig bekannt ist, und die Nebenwirkungen teilweise gravierend sein können, erscheint der »Preis« für ein »pflegeleichtes« Kind viel zu hoch.

In den USA haben sich bereits Initiativen von Eltern gebildet, die Ritalin kritisch gegenüber stehen, und es sind auch bereits Prozesse gegen den Hersteller angestrengt worden. Obwohl Ritalin schon seit mehr als zwanzig Jahren auf dem Markt ist, sind noch keine Langzeitstudien durchgeführt worden!

Eine der Graswurzel-Organisationen ist »Parents Against Ritalin« in Oklahoma, die sich vehement gegen Ritalin wehrt auf Grund seiner Nebenwirkungen und der Gefahr der Drogenabhängigkeit. Aktuelle Ritalin-kritische Erkenntnisse habe ich unter meinem Namen ins Internet gestellt (http://www.Barbara-Simonsohn.de). Ich würde meinem Kind nie Ritalin geben. Eine Seminarteilnehmerin, die früher Drogen nahm, sagte mir auf meine Frage nach Ritalin: »Das nennen wir Billig-Koks oder Speed. Jeder weiß, dass man damit sein Herz ruiniert und Gehirnzellen abtötet.« Der Hersteller von Ritalin hat übrigens früher LSD produziert!

Umdenken ist nötig

Bei uns gibt es leider noch keine Elterninitiative gegen Ritalin. Aber immer mehr Eltern, Lehrer und im Gesundheitsbereich Beschäftigte beginnen zu verstehen, dass eine Lösung des Problems nicht in synthetischen Drogen wie Ritalin liegen kann, sondern in bestimmten Lebensmitteln und einer Ergänzung mit natürlichen Nahrungsergänzungsmitteln oder vielmehr konzentrierten Lebensmitteln wie der Afa-Alge.

Ich hoffe, dass ich einen Beitrag dazu leisten kann, dass sich die Situation in den USA nicht bei uns wiederholt, wo genervte Kindergärtnerinnen von Eltern verhaltensauffälliger Kinder – manchmal erst ein oder zwei Jahre alt – anrufen und sinngemäß sagen: »Wenn Ihr Kind nicht Ritalin bekommt, fliegt es aus der Gruppe.«[108] Mir sind Einzelfälle bekannt, wo Lehrer Eltern von Grundschulkindern entsprechend unter Druck zu setzen versuchten. Was meinem Sohn und seinem Cousin geholfen hat, kann sicher auch vielen anderen Kindern helfen, mit der einzigen »Nebenwirkung«: Bessere Gesundheit und allgemeines Wohlbefinden, ein stärkeres Immunsystem und bessere Laune. Nur wenn wir die Natur unterstützen, können wir erwarten, dass sie uns hilft. Vielleicht ist mein Buch ein Anstoß, Umweltgifte noch kritischer zu sehen, den Bio-Landbau als »normal« zu etablieren und unser Bewusstsein dafür zu schärfen, dass für unsere Kinder – unsere Zukunft – gerade das Beste gut genug ist.

Die Afa-Alge in Studien für Kinder mit Aufmerksamkeitsstörungen mit und ohne Hyperaktivität (ADHD)

In den USA nehmen wie gesagt täglich etwa 8 Millionen Kinder, davon 80 Prozent Jungen, Ritalin. Dort sind, im Gegensatz zu uns, aber auch bereits Elterninitiativen gegen die leichtfertige Verschreibung von Ritalin aktiv, es laufen Prozesse wegen der Nebenwirkungen gegen die Herstellerfirma, und es gibt begrüßenswerte Ansätze, das Problem mit natürlichen Nahrungsergänzungsmitteln wie der Afa-Alge zu lösen. Dieser Ansatz geht dahin, die Kinder wieder mit den Nährstoffen zu versorgen, die offenbar in der üblichen Ernährung auf Grund der Auslaugung der Böden und anderer Faktoren nicht mehr im ausreichenden Maße enthalten sind, um ein reibungsloses Funktionieren des Gehirns unter besonderen Anforderungen, wie es ihnen in der Schule oder im Kindergarten ausgesetzt ist, zu gewährleisten.

Auch in Deutschland wird zurzeit eine wissenschaftliche Studie an der Universität Kiel mit der Afa-Alge vorbereitet, um herauszufinden, wie Kinder mit Lern- und Verhaltensstörungen von der Alge profitieren können. Über diese Studie werde ich Sie eventuell in einem Folgeband und auch im Internet weiter informieren. Auch in Australien ist eine Langzeitstudie mit der Afa-Alge für Kinder mit Aufmerksamkeitsstörungen mit und ohne Hyperaktivität geplant.

Schulversuch in Österreich

Ein österreichischer Afa-Algen-Anbieter, die Firma Algavital, führte einen Versuch mit ihrem Produkt »Green Light« mit Schulkindern in Bregenz durch. Dieses Produkt enthält neben der Afa-Alge auch grünes Gerstengras und Kamutsprossen, alles enzymschonend getrocknet.

Die Klassenlehrerin einer Integrationsklasse in Bregenz und ihre Töchter hatten einige Zeit die blaugrüne Uralge genommen und vermehrt mentale Energie, Wachheit, leichteres Denken und Merkfähigkeit beobachtet; Auswirkungen, die sie auch ihren Schülern zugute kommen lassen wollte. Zusammen mit einigen Eltern startete sie vom 19. Oktober 1998 bis 18. Dezember 1998 die Aktion »Brainfit«: In der Pause erhielten ihre Schüler einmal pro Tag einen Teelöffel »Green Light« in einem viertel Liter Apfelsaft zum Selbstkostenpreis. Nach ein paar Tagen wollten die Kinder diese Mischung auch übers Wochenende mit nach Hause nehmen. Nur 14 Tage nach Beginn des Versuchs riefen Eltern beim Hersteller an und wollten das Produkt für den Eigengebrauch selbst haben. Sogar die Nachbarklassen wurden aufmerksam und wollten diesen »Brain Drink« ebenfalls zur Verfügung gestellt bekommen. Aus organisatorischen Gründen war eine Durchführung der Aktion laut Aussage der Klassenlehrerin über einen längeren Zeitraum nicht möglich, allerdings setzten nach Auskunft der Lehrerin einige Schüler und deren Eltern oder Bekannte die Einnahme zu Hause fort.

Die Resultate des Schulversuchs mit »Green Light« sind beeindruckend. Am Ende des Schuljahres berichteten die Kinder, die regelmäßig daran teilgenommen hatten – die Hälfte der Klasse 4c der Hauptschule Rieden in Bregenz – in einem Fragebogen von verbesserter Konzentration und Merkfähigkeit (77

Prozent), was sich auch in besseren Noten widerspiegelte, von mehr Vitalität und Lebensfreude, zusammen mit mehr Ausgeglichenheit. Einige bemerkten zudem eine schönere Haut, weniger Heißhungergefühle und Müdigkeit. Auch Eltern beteiligten sich an dem Versuch und berichteten überwiegend von mehr Ausgeglichenheit (85 Prozent), Ausdauer und Belastbarkeit (57 Prozent), die sich in Konflikt- und Stress-Situationen durch mehr Ruhe und heitere Gelassenheit bemerkbar machte.

Ein paar Textproben aus den Schülerberichten: Eine 14-Jährige schreibt: »Ich kann besser lernen und denken! Ich kann mich besser konzentrieren! Ich fühle mich besser und stärker und habe auch mehr Power. Ich finde ›Green Light‹ toll, und es schmeckt!« Eine 15-Jährige schreibt: »Ich bin fitter und nicht mehr so müde und schlapp wie früher.« Und ein 14-Jähriger gibt zu Protokoll: »Bessere Konzentrationsfähigkeit. Leichte Abhängigkeit nach der Einnahme, jedoch positiv. Macht klaren Kopf und frei von Schularbeitendruck. Ein wenig zu süßlich. Würde es im Spar-Laden kaufen. Es lebe der ›Algohol‹!«

The kid.com Study

Vom »Euro-Canadian Cultural Centre« in Calgary, Alberta (3127 Bowwod Drive NW, Calgary, Alberta T3B 2E7, E-Mail: third-academy @ home.com) wurde eine Studie, (»The *kid.com* Study«) durchgeführt, um herauszufinden, wie das Verhalten von Kindern, die unter ADHD leiden, sich verändert, denen das Afa-Algen-Produkt »kid.com« der Firma Klamath Valley Botanicals verabreicht wurde, und zwar über einen Zeitraum von zehn Wochen. Man hoffte durch diese Studie eine alternative und gesündere Therapie für Kinder mit ADHD zu finden.[109]

Der Ansatz der Studie geht davon aus, dass es nicht ausreicht, bei Kindern mit ADHD bestimmte Nahrungsmittel wie Zuckerhaltiges und Zusatzstoffe *wegzulassen*, wie von Ben Feingold[110] propagiert. Das Ergebnis dieser Bemühungen war nicht nur wenig überzeugend, sondern die Einhaltung der Diät für die Betroffenen oft sehr schwierig durchzuführen. Oft brachen Eltern diese spezielle Ernährungsform daraufhin wieder ab.

Nur wenige Forscher haben bisher untersucht, wie das *Zuführen* bestimmter Nahrungsmittel in der Ernährung von Kindern ihr Verhalten und ihre Lernfähigkeiten verbessert. Einer dieser wenigen Ansätze war der Nicaragua-Schulversuch von 1992, gesponsert von der amerikanischen Firma Cell Tech, bei dem die kanadische Krankenschwester Marie-Claude Simard aus Kanada Afa-Algen an unter- und fehlernährte Schulkinder zu verteilen begann, und zwar nur 1 Gramm pro Tag. Ihre Ergebnisse waren exzellent: Das Bildungsniveau der Schüler betrug 65 Prozent vor dem Versuch, 1992 75 Prozent, am Ende der Studie 1993 81 Prozent, sodass die Grundschule 1993 den ersten Preis aller Grundschulen in Nicaragua gewann.[111]

Zwei Forscher der University of Central America, Irma Sevilla und Nerexda Aguirre, setzten die Versuche fort und wählten eine weitere Schule in Nicaragua aus, die Monseñor Velez School in Nandaime, um eine kontrollierte Studie mit zwei Gruppen von je 111 Kindern durchzuführen.[112] Obwohl die Gruppe, welche die Afa-Algen bekam, noch schlechter ernährt war als die Kontrollgruppe, mehr klinische Symptome aufzeigte und ihr Bildungsgrad noch niedriger war, war diese Gruppe nach nur sechs Monaten besser ernährt, beteiligte sich stärker im Unterricht und war besser in der Lage, dem Unterricht aufmerksam zu folgen. Während zu Beginn der Studie nur 72 Prozent der Schüler regelmäßig die Schule besuchten, waren es am Ende der Studie 93 Prozent. Die Hautprobleme von 27 Prozent der Kinder zu Beginn der Studie verschwanden bei allen. Auch diese Gruppe bekam nur 1 Gramm Afa-Alge pro Tag.

Als die Studie begann, war das Bildungsniveau von nur 48 Prozent der Schüler als »gut« oder »sehr gut« einzustufen, während zum Abschluss dieser Studie 80 Prozent, welche die Afa-Alge nahmen, in diesem Sinn eingestuft werden konnten. Während vor der Studie 52 Prozent der Schüler unterdurchschnittliche oder durchschnittliche Schulleistungen erbrachten, waren zum Abschluss der sechsmonatigen Studie nur 20 Prozent der Schüler unter diese Rubrik einzuordnen. Es handelt sich also um eine signifikante Verbesserung der schulischen Leistungen der Kinder, die 1 Gramm Afa-Alge pro Tag erhielten.

Christian Drapeau, ein kanadischer Neurophysiologe und jetziger Leiter der wissenschaftlichen Abteilung der Cell Tech Company, untersuchte, wie die Verabreichung der Afa-Alge auf Kinder wirkt, die nicht von Unterernährung betroffen waren. Auch bei ihnen fand sich eine signifikante Verbesserung ihrer Fähigkeit, aufmerksam dem Unterricht zu folgen und in ihrer schulischen Präsenz.

In der Studie »The *kid.com* Study« wurde das Präparat »Kid.com« 109 amerikanischen Kindern über einen Zeitraum von zehn Wochen verabreicht. Sie nahmen täglich 1 Gramm Afa-Algen zu sich. In diesem Produkt sind außerdem Weizengras und probiotische Substanzen zur Harmonisierung der Darmflora enthalten. Sie bekamen außer dem Produkt »Kid.com« zusätzlich einen Teelöffel Leinsamenöl pro Tag, eine reichhaltige Quelle von Omega-3-Fettsäuren.

Die Verbesserungen, die bei den Kindern, welche die Afa-Alge nahmen, beobachtet wurden, betrafen:

- Signifikante Verbesserungen in ihrer Fähigkeit, zu fokussieren, Anweisungen zu folgen und sich zu konzentrieren;
- eine Abnahme von streitsüchtigem, forderndem und kämpferischem Benehmen;
- weniger Symptome von Angst und Depression;
- Verbesserung des sozialen Verhaltens;
- weniger Zeichen von emotionalem und verhaltensmäßigem Abgelenktsein;
- weniger Wutanfälle und Erziehungsprobleme;
- weniger Verhaltensweisen, die man als »auffällig« klassifizieren könnte;
- weniger körperliche Symptome wie Kopfschmerzen und Magenschmerzen, für die kein offensichtlicher medizinischer Grund vorliegt.[113]

Das besonders positive Ergebnis: Zwischen Kindern, die *kid.com* einnahmen, und denen, die medikamentös zum Beispiel mit Ritalin behandelt wurden, gab es am Ende der Studie keinen signifikanten Unterschied mehr! »Die beiden Behandlungsformen waren gleichermaßen effektiv.«[114]

Dieses Resultat ist besonders deshalb so bemerkenswert, als Ritalin bei vielen Kindern nicht wirkt, bei etlichen zu Nebenwirkungen wie Schlafstörungen und Kopfschmerzen führt, und es keine Langzeitstudien zu Nebenwirkungen dieses Medikamentes zum Beispiel auf Veränderungen im Gehirnstoffwechsel gibt. Wenn man weiß, dass die Afa-Alge offenbar eine ähnlich dramatische Verbesserung im Verhalten und den schulischen Leistungen von Kindern mit ADHD bewirkt, aber ohne jegliche negativen Nebenwirkungen, betrachte ich es als großen Fehler, es nicht erst einmal mit dieser natürlichen Nahrungsergänzung zu versuchen.

»*The Children & Algae Report*«

Auch diese Studie wurde vom Center for Family Wellness Study in Harvard durchgeführt.[115] Die Untersuchung wurde an insgesamt 109 Kindern mit einem Durchschnittsalter von 9 Jahren und einem Monat durchgeführt. An der Studie waren 55 Mädchen zwischen 4 und 16 Jahren und 54 Jungen zwischen 3 und 17 Jahren beteiligt. Die Studie wurde von der Firma Cell Tech gesponsert, deren Afa-Algen-Produkte »AlphaSun«, »Omega« und »Liquid Omega« die Eltern selbst bezahlen mussten. Kinder unter 5 Jahren bekamen 0,5 Gramm pro Tag, ältere 1 Gramm.

Bei der Auswertung der von den Eltern ausgefüllten Fragebögen wurde die so genannte »Aschenbach-Punktzahl« zu Grunde gelegt. Das Profil umfasst folgende Gebiete: Aufmerksamkeit, Abgelenktsein, somatische Beschwerden, Ängstlichkeit, Depressivität, soziale Probleme, Wutanfälle, Aufmerksamkeitsstörungen, Gedankenklarheit, Verhaltensauffälligkeiten und Aggression.

Dr. Thomas Aschenbach ist Professor für Psychiatrie und Psychologie und Direktor vom Center of Dance an der Groton School in Groton, Massachusetts, und hat an der Studie beratend mitgewirkt.

Das Ergebnis der Studie: Alle Eltern berichteten über hoch signifikante Verbesserungen im Verhalten und bei der Stimmung ihrer Kinder bei zehn der elf Kategorien. Verhaltensänderungen wurden bei allen weiter oben angeführten Themen, die auch bei »The *kid.com* Study« positiv aufgefallen waren, beobachtet, wie Verbesserung des sozialen Verhaltens, Konzentration, weniger Ängstlichkeit und depressive Verstimmungen und weniger körperliche Beschwerden.[116] Auch Betreuungspersonen wie Babysitter und Kindergärtnerinnen kamen zum gleichen positiven Ergebnis.

Lehrer, die am Ende der zehnwöchigen Studie um schriftliches Feedback gebeten wurden, berichteten von einer signifikanten Verbesserung ihrer Schüler, sich zu konzentrieren und zu fokussieren, einer Abnahme von Introvertiertheit, und einem deutlichen Rückgang von aggressivem und impulsivem Verhalten. Interessant ist an der Studie, dass auch Kinder, die kein Problem hatten, sich zu konzentrieren oder ihre Aufmerksamkeit längere Zeit auf ein Thema zu richten, genau so von der Algeneinnahme profitierten wie diejenigen, denen dies schwer fiel. Daraus kann geschlossen werden, dass die Fähigkeit *aller* Kinder, sich zu konzentrieren und zu fokussieren, durch die Afa-Alge verbessert werden kann.[117]

59 Prozent der Eltern nahmen wahr, dass ihre Kinder nach zehnwöchiger Algen-Einnahme »glücklicher« als vorher waren, und 50 Prozent der Eltern gaben an, dass ihre Sprösslinge ihre Fähigkeit, Frustrationen zu ertragen, und ihr emotionales Gleichgewicht nach Wutanfällen wieder zu erlangen, verbessert hatten. 48 Prozent der Eltern fanden, dass ihre Kinder flexibler geworden waren, und 42 Prozent war positiv aufgefallen, dass sie ihre Fähigkeit, positiv auf Veränderungen zu reagieren, verbessert hatten. 47 Prozent der Eltern hatten beobachtet, dass ihre Kinder mit der morgendlichen Routine besser klarkamen, und 33 Prozent, dass das Einschlafritual problemloser funktionierte. Immerhin 43 Prozent der Eltern sagten aus, dass ihre Kinder weniger Zeit brauchten, abzuschalten oder eine Tätigkeit zu beenden. 33 Prozent der Eltern registrierten, dass ihre Kinder besser mit Kritik umgehen und sie akzeptieren konnten, 48 Prozent beobachteten mehr Einsicht in ihr Verhalten, und 42 Prozent eine Zunahme von Humor bei ihren Kindern.[118]

Folgende weitere Beobachtungen wurden gemacht: Nur bei

wenigen Kindern wurden Veränderungen schon während der ersten Woche der Einnahme beobachtet. Einige wirkten müder als sonst, was wahrscheinlich mit der Entgiftung durch die Alge und auch mit der größeren Ruhe bei hyperaktiven Kindern zusammenhängt. Viele Kinder wollten von sich aus eine Veränderung ihrer Ernährungsweise und verlangten mehr Möhren, Früchte – besonders Orangen und Äpfel –, Joghurt und Getreide.

Wahrscheinlich bewirken die vielen Vitalstoffe in der Afa-Alge, dass der Blutzuckerspiegel stabiler bleibt und ein »Heißhunger« nach Süßem nicht mehr so häufig vorkommt. Einige Kinder, die vorher oft appetitlos und »schlechte Esser« waren, gewannen ihren gesunden Appetit wieder.[119]

Während des letzten Drittels der Studie verbesserten viele Kinder ihr sprachliches Ausdrucksvermögen und ihre Lesefähigkeit. Sprachprobleme verbesserten sich signifikant: Kinder konnte gängige Objekte besser beschreiben, sich an die Namen von alltäglichen Gegenständen besser erinnern, sie verwechselten nicht mehr so häufig Worte, und ihre Tendenz, Wortlaute zu verwechseln, nahm ab.

Als Ergebnis dieser positiven Resultate begannen viele an der Studie beteiligte Eltern, die Afa-Alge auch weiteren Kindern in ihrer Familie zu geben, die keine Lernprobleme oder andere Verhaltensauffälligkeiten aufwiesen. Auch viele Eltern begannen, die Afa-Alge zu essen, und berichteten, weniger gereizt, ruhiger und gelassener im Umgang mit ihren Kindern zu sein. »Eltern gaben auch an, dass sie persönlich eine Zunahme von Vitalität, Klarheit und Energie wahrnahmen.«[120]

Warum die Afa-Alge so wirksam ist

Viele der Inhaltsstoffe der Afa-Alge, wie essenzielle Fettsäuren, Aminosäuren, Nukleinsäuren, eine Anzahl von Vitaminen und Mineralstoffen, die Farbstoffe Chlorophyll und Phycocyanin, sind bekannt dafür, körperliche und geistige Gesundheit zu fördern. Die Power der Afa-Alge für eine optimale Gehirnfunktion liegt aber offenbar in ihrer einzigartigen Kombination von einzelnen gesunden Mikronährstoffen, die synergetisch zusammenwirken, wie sie bisher noch in keinem anderen Lebensmittel gefunden wurde.

Blei und andere Schwermetalle

Durch die Afa-Alge findet eine Entgiftung der Leber und des übrigen Körpers von Schwermetallen statt, indem sie an Proteine gebunden – chelatiert – und dann ausgeschieden werden. Auch das Thiamin in der Afa-Alge hilft, Blei in Nerven und Gehirngewebe auszuscheiden. Untersuchungen haben gezeigt, dass selbst äußerst geringe Mengen von Schwermetallen wie Blei die Aufmerksamkeit, den Intelligenzquotienten und das Verhalten von Erwachsenen und besonders von Kindern äußerst negativ beeinflussen können. Nach einem Bericht im »Journal of the American Medical Association« neigen Kinder mit hohen Bleikonzentrationen im Blut zu gewalttätigem Verhalten.[121] Studien in den USA haben eine enge Verbindung von Schwermetallbelastung und ADHD ergeben. Je mehr Blei im Haar, desto niedriger der nonverbale Intelligenzquotient; je mehr Kadmium, desto niedriger der verbale IQ.[122]

Oft ist die Konzentration von Schwermetallen im Gehirn höher als in Blut oder Haaren, sodass Blut- und Haaranalysen nur bedingt aussagefähig sind. Abrams verspricht: In einem Zeitraum von einigen Monaten bis zu einem Jahr können die Aminosäuren, esssenziellen Fettsäuren, blaugrünen Pigmente, Vitamine und Mineralien in der Afa-Alge die Konzentration giftiger Schwermetalle wie Blei signifikant verringern. Dies ergeben auch Untersuchungen von Ernährungswissenschaftlern an der McGill University in den USA.[123]

Proteine

Der hohe Gehalt der Afa-Alge an leicht verdaulichen Proteinen, darunter einer großen Zahl von Neuropeptiden, welche in der Lage sind, die Blut-Hirn-Schranke zu überwinden, versorgt das Gehirn mit den Bausteinen für gesunde Nerven und Neurotransmittern als Voraussetzung für optimale Denkleistung und Erinnerungsvermögen. Menschen mit ADHD weisen einen niedrigen Spiegel von Neurotransmittern wie Dopamin und Serotonin auf.

Essenzielle Fettsäuren

Die essenziellen Fettsäuren in der Afa-Alge spielen eine große Rolle bei optimaler Gehirnfunktion und Heilung der ADHD-Symptome. Das menschliche Gehirn besteht zu einem Viertel aus essenziellen Fettsäuren. Folgende essenzielle Omega-3-Fettsäuren, in der Afa-Alge vorhanden, spielen eine Schlüsselrolle für optimale Gehirnfunktion: Eicosapentaensäure (EPA), Docosahexaensäure (DHA) und Alpha-Linolensäure.[124] EPA und DHA haben als »Schlüsselsubstanz für die Heranbildung des menschlichen Gehirns und damit des modernen Homo sapiens fungiert«. EPA, DHA und Alpha-Linolensäure sind wichtige Bestandteile von Nerven und Gehirnzellen und fördern schon im Mutterleib die Intelligenz von Embryos. Ein Mangel besonders an DHA führt zu Störungen in der Gehirn- und Intelligenzentwicklung.

Weitere Nährstoffe

Die Afa-Alge enthält nicht nur die wichtigen Omega-3-Fettsäuren für eine optimale Gehirnentwicklung und -funktion, sondern auch alle zusätzlichen Nährstoffe, welche die ADHD-Symptomatik verbessern können. DHA, EPA und Alpha-Linolensäure brauchen einen gewissen Zinkspiegel, um wirken zu können. Die Afa-Alge enthält Zink. Eisen, in der Afa-Alge reichlich vorhanden und bioverfügbar, ist nötig für eine große Aufmerksamkeitsspanne. Das seltene Spurenelement Mangan, in der Afa-Alge vorhanden und leicht assimilierbar, wird zur Biosynthese von Dopamin benötigt. Die Folsäure in der Afa-Alge ist wichtig für einen hohen Intelligenzquotienten. Das Vitamin B_6 ist Ausgangsstoff von zahlreichen Neurotransmittern. Die Afa-Alge enthält reichlich Ribonukleinsäure (RNS), die wichtig ist zur Regeneration des Gehirns und für ein besseres Gedächtnis, mehr Konzentration und Gedankenklarheit.

Die Aminosäuren in der Afa-Alge sind nahezu identisch mit dem Aminosäureprofil im menschlichen Blut und Gewebe und in der Lage, die Blut-Hirn-Schranke zu passieren. Erwachsene und Kinder mit ADHD weisen eine signifikant geringere Konzentration bestimmter Aminosäuren wie Tyrosin, Phenylalanin, Tryptophan, Glutaminsäure und Histidin auf, alle in der Afa-Alge vorhanden.

Tyrosin ist der Ausgangsstoff für viele wichtige Neurotransmitter wie Dopamin und Norepinephrin, die wichtig sind für Aufmerksamkeit, Lernvermögen, Gedächtnis sowie eine ausgeglichene Stimmungslage. Phenylalanin verstärkt die Menge von stimmungsaufhellenden Endorphinen und stärkt Konzentration, Wachsamkeit und Lernfähigkeit. Tryptophan wird vom Körper zur Synthese des wichtigen Neurotransmitters Serotonin benötigt, der als Stimmungsaufheller und natürlicher Tranquilizer wirkt und hilft, Stress und Hyperaktivität zu verringern. Glutaminsäure passiert die Blut-Hirn-Schranke und dient über die Nährstoffversorgung von Gehirnzellen zur Steigerung des IQ und zur Verbesserung von Gedächtnis, Lernvermögen und den Symptomen von ADHD. Histidin stärkt das Immunsystem und hilft, Metalle wie Aluminium und Blei auszuleiten, wodurch die Gehirnfunktion verbessert wird.

Kinder und Erwachsene mit ADHD fühlen sich oft als Problem und Außenseiter. Wenn sie die Afa-Alge nehmen, erkennen sie, dass sie nicht krank sind, sondern nur unterversorgt. Schön wäre es, wenn die ganze Familie durch Einnahme der Afa-Alge und Umstellung der Ernährung auf biologisch angebaute Vollwertkost Solidarität mit den Betroffenen zeigt. Die Lebensqualität, seelische Belastbarkeit, das Gedächtnis und die Lebensfreude jedes Menschen, ob mit oder ohne ADHD, lassen sich mit Hilfe der Afa-Alge und gesunder Ernährung wesentlich steigern!

Wie kann man Kinder zur Einnahme motivieren?

Zunächst einmal ist es wichtig, seinen Kindern gegenüber klarzustellen, dass es sich bei der Afa-Alge nicht um ein Medikament, sondern um ein konzentriertes Power-Lebensmittel handelt. Ich habe die Alge meinem Sohn (11 Jahre), meinem Neffen (12 Jahre) und meiner Tochter (5 Jahre) so »schmackhaft« gemacht, indem ich von einem »Super-Lebensmittel« erzählt habe, das Kindern hilft, mehr Energie zum Beispiel für die Schule, sportliche Aktivitäten und die Hausaufgaben zu haben. Es ist sehr wichtig, Kindern klarzumachen, dass es sich nicht um »Tabletten« handelt, um ihnen nicht das Gefühl zu geben, krank oder ein Außenseiter zu sein.

Im Sommer 1999 waren mein Sohn und ich zusammen am Klamath-See, und er konnte die Algen dort vor Ort kennen lernen. Für ihn war das ein überwältigendes Erlebnis: der riesige See, die unberührte Natur und die vielen netten Menschen, die im »Algengeschäft« arbeiten.

Überzeugend ist es natürlich, mit gutem Beispiel voranzugehen und selbst die Alge zu nehmen. Die Afa-Alge wird so zu einem gemeinsamen Familien-Erlebnis. Auch wirkt sich positiv aus, allen Kindern der Familie, auch bereits Kleinkindern, die Alge zu geben, um klarzumachen, dass die Alge gut für *alle* Kinder ist, und nicht dafür gedacht ist, ein bestimmtes Kind zu »ärgern« oder zu »reparieren« oder gar »zu bestrafen«! Kleinkindern unter sechs Jahren sollte man nicht mehr als 0,5 Gramm Afa-Alge pro Tag geben. Nur im Einzelfall kann die Dosis erhöht werden (vgl. Kapitel »Wie man die Afa-Alge einnimmt« auf Seite 232).

Einige Kinder mögen den Geschmack der Algen nicht.

Freya, die Tochter der Autorin, mit einem Algen-Pressling

»Meine Jungs« – der Cousin meines Sohnes lebt unter der Woche bei uns – schlucken die großen, 500-Milligramm-Presslinge ohne Wimpernzucken, allerdings spülen sie die großen Tabletten mit einem Schluck Mineralwasser oder Saft hinunter. Für meine kleine Tochter waren diese Tabletten bisher zu groß, sie bevorzugte das Liquid mit Apfelpektin und sperrte wie ein kleines Vögelchen ihren Mund auf, wenn ich sie mit der Alge fütterte. Neuerdings nimmt sie aber auch die 250-Milligramm-Tabs. Es gibt Afa-Algen-Pulver auch eingekapselt in rein pflanzlicher Umhüllung, und diese Kapseln können völlig geschmacksneutral geschluckt werden.

Man kann die Alge für Kinder auch in Flüssigkeiten auflösen, natürlich nicht in heißen, um die wertvollen Enzyme und anderen hitzeempfindlichen Inhaltsstoffe wie einige Vitamine nicht zu zerstören. Man kann das Afa-Algen-Pulver in dickflüssigen Gemüse- und Obstsäften auflösen.

Man kann auch einen »Algen-Smoothie« zubereiten: Saft, eine Banane und Algenpulver im Mixer verrührt. Einige Kinder mögen auch gern Algenpulver mit Honig verrührt oder mit Erdnussbutter.

Einige Rezepte, die auch Kinder mögen, habe ich im Rezeptteil dieses Buches auf Seite 238 aufgeführt.

Ein Super-Lebensmittel auch für Tiere

Zu wenige Vitalstoffe im Tierfutter

In jedem dritten deutschen Haushalt lebt ein Heimtier, und 1999 gaben die Bundesbürger für Pflege und Ernährung der 21 Millionen Vögel und Vierbeiner 5,3 Milliarden Mark aus – ein neuer Rekord. Viele Besitzer von Haustieren essen selbst ökologisch und vollwertig und wollen auch für ihre Tiere nur das Beste. Wenn man der Werbung Glauben schenken könnte, dürfte es nur noch Hunde und Katzen mit seidigem Fell und strahlend-weißen Zähnen geben.

Die Wirklichkeit sieht oft anders aus. Die Zutaten für Tierfutter sind meist stark verarbeitete und isolierte Einzelstoffe, aufgepeppt mit Farbstoffen, Zucker und Geschmacksverstärkern. Es gibt kaum noch Haustiere, die an Altersschwäche sterben. Herzinfarkt und Krebs sind mittlerweile auch die Haupttodesursachen unserer lieben Vierbeiner geworden. Dass es auch anders geht, mit viel Bio-Frischfutter und Naturheilkunde, zeigen Artikel und Bücher über natürliche Haustierhaltung.[125]

Der Vitalstoffmangel unserer Lebensmittel macht auch vor Tierfutter nicht Halt. Öko-Firmen reichern daher ihr Futter für Katzen und Hunde mit Algen, Hefe und Kräutern wie Beinwell und Johanniskraut an. Welpenfutter wird Zink, Jod und Selen organischen Usprungs zugesetzt, um den Empfehlungen der Wissenschaftler für eine optimale Haustierernährung zu folgen, wie der tierärztlichen Fakultät der Universität Hannover. Auch Öko-Futter wird die Aminosäure Taurin zugesetzt, welche die Katze nicht selbst produzieren kann, und die sie nur aus Nahrung tierischen Ursprungs aufnehmen kann.[126] Hersteller von Bio-Tierfutter sind sich einig, dass chemische Geruchs-, Farb- und Geschmacksstoffe sowie künstliche Anti-Oxidanzien, die das Ranzigwerden der Fette verhindern sollen, in ökologischer Tiernahrung nichts zu suchen haben.

Dass die Afa-Alge auch für Tiere ein Segen ist, überrascht nicht angesichts ihrer einzigartigen Vitalstoffdichte und ihrer Fähigkeit, auch für Tiere belastende Schwermetalle auszuleiten. Wenn man mit bestimmten Lebensmitteln bei Tieren Erfolg hat, ist dies besonders überzeugend, weil ja der Placebo-Effekt, der bei Menschen eine große Rolle spielen kann, bei Tieren keinerlei Bedeutung hat. Entweder treten Veränderungen im Aussehen, im Verhalten und bei gesundheitlichen Themen ein – oder eben nicht.

In den USA werden Rennpferde und Haustiere wie Katzen und Hunde erfolgreich mit Afa-Algen gefüttert. Rennpferde bekommen ein glänzenderes Fell und mehr Ausdauer, und bei Haustieren können gesundheitliche Probleme verschwinden, und manchmal wird ein altes Tier wieder munter und verspielt wie ein junges.

In Deutschland ist die Fütterung von Tieren mit der Afa-Alge noch so gut wie unbekannt, obwohl zahlreichen Tierfutter-Präparaten zum Beispiel für Katzen Algen, meistens Spirulina-Algen oder Meeresalgen, zugesetzt sind. Bei Meeresalgen besteht die Gefahr, dass sie wegen ihres hohen Jodgehaltes die Schilddrüse überstimulieren und zu einer Beschleunigung des Stoffwechsels und anderen Gesundheitsproblemen führen können. Diese Gefahr besteht bei der Afa-Alge auf Grund ihres sehr geringen Jodgehaltes nicht.

Vielleicht kann mein Buch einen Beitrag dazu leisten, dass auch europäische Hersteller sich der Afa-Alge zuwenden (Algavital, Österreich, vertreibt mittlerweile auch Afa-Algen-Produkte für Tiere von der Firma Cell Tech).

Umweltgifte

Wichtig ist, dass Umweltgifte auch Tiere belasten und zum Beispiel dazu führen können, dass ältere Katzen und Hunde ein stumpfes Fell bekommen und lethargisch werden oder jüngere Tiere hyperaktiv und aggressiv sind.

Aluminium findet sich in Trinkwasser, Fertignahrung und verschiedenen Medikamenten. Blei kommt bei bleihaltigen Rohren im Trinkwasser, in Auto- und Industrieabgasen und in Haar- beziehungweise Fell- und Mähnenfärbemitteln vor und kann zu Störungen der Gehirnfunktion, der Darmfunktion und des Energie- und Enzymhaushalts von Tieren führen. Arsen, in Pflanzenschutzmitteln wie Pestiziden und damit auch im Futter und Trinkwasser vorhanden, führt auch bei geringer Belastung zu Hautproblemen und Haarausfall. Nickel gilt als Krebsauslöser und verursacht Allergien und Hautprobleme wie Neurodermitis. Nickel kommt in Autoabgasen, Halsbändern, Futterschüsseln und verchromten Gebissgeschirren vor.

Die Reihe von Belastungen unserer Haustiere durch Umweltgifte lässt sich beliebig fortführen. Es sei hier angemerkt, dass es die Möglichkeit gibt, sein Tier mittels Haaranalyse auf Schwermetalle testen zu lassen (Kosten: ca. 180 DM).[127] Ich gebe unseren Katzen ausschließlich Frisch- und Trockenfutter aus Bio-Anbau, enzymaktiv durch Rohkostqualität (erhältlich zum Beispiel über die gleiche Adresse wie Haaranalyse). Die Afa-Alge stellt das beste Mittel dar, Schwermetalle jeder Art zu binden – zu chelatieren – und über Stuhl und Urin auszuscheiden. Wenn Ihr Tier unter einer erhöhten Schwermetallbelastung leidet, können Sie unbedenklich die Afa-Algen-Dosis verdoppeln und zum Beispiel Ihrer Katze statt 0,5 sogar 1 Gramm täglich geben.

Algen ins Tierfutter geben

Linda Tellington-Jones, Autorin von »The Tellington Touch: A Breakthrough Technique to Train and Care for Your Favorite Animal« (siehe Literaturverzeichnis), empfiehlt in ihrem Buch wärmstens die Zufütterung der Afa-Alge. Sie bezieht sich vor allem auf das Produkt »Super Blue Green Animal Food« der Firma Cell Tech. Sie gibt eine vierteljährlich erscheinende Zeitschrift, »T.E.A.M. New Internation«, heraus, in der sie Folgendes bei Zufütterung dieses Produktes beobachtet hat:

- Hautallergien bei Hunden gehen zurück;
- Hunde, Katzen und Pferde bekommen ein glänzendes Fell;
- Haustiere werden seelisch ausgeglichener, zufriedener und aufmerksamer bei gleichzeitig mehr Energie;
- vor allem Pferde werden vitaler und ausdauernder;
- Tiere können sich schneller von Krankheiten oder Unfallfolgen erholen;
- Verhaltensauffälligkeiten wie Aggression gehen zurück oder hören auf;
- chronische Beschwerden wie Steifheit der Gelenke bessern sich;

– es ist eine erstaunliche Regeneration von alten Tieren möglich, die nach regelmäßiger Einnahme der Algen oft noch Jahre beschwerdefrei leben.

Diese Stärkung der Lebenskraft und der Selbstheilungskräfte durch die Afa-Alge haben mir zahlreiche Tierhalter bestätigt.

Linda Tellington-Jones berichtet auch davon, dass mit Afa-Algen gefütterte Tiere schneller an Gewicht zunehmen und fruchtbarer sind, wobei ihre Jungen gesünder sind und eine höhere Überlebensrate haben als mit normalem Futter versorgte Tiere.

Energiezentren

Auch Tiere haben Chakren, Energiezentren, und selbstverständlich eine Seele. Gabriel Cousens hat herausgefunden, dass die Wirkung der Afa-Alge über die Zirbeldrüse und Hirnanhangsdrüse besonders die höheren Chakren stimuliert. Rupert Sheldrake schreibt in seinem Buch »Der siebte Sinn der Tiere« (siehe Literaturverzeichnis), dass Tiere eine intuitive Gabe haben, zum Beispiel über den Gesundheitszustand ihres Herrchens Bescheid zu wissen oder in der Lage sind, ihre Besitzer vor Gefahren zu warnen. Von solchen Erfahrungen haben mir etliche Tierbesitzer berichtet. Diese telepathischen Fähigkeiten, die dem Dritten Auge zugeordnet sind, können mit der Afa-Alge vertieft und erweitert werden.

Falls Ihr Haustier doch einmal, mit oder ohne Afa-Alge, krank ist, hilft sehr gut das authentische Reiki – ich habe diese Technik zur Aktivierung der Selbstheilungskräfte im Kapitel über Entspannungsmethoden auf Seite 227 kurz beschrieben. Seminare im authentischen Reiki gebe ich bundesweit und in

Österreich und stimme auch Tiere in den ersten Grad ein (Foto genügt).[128]

Heilen mit der Afa-Alge

In den USA gibt es ein Netzwerk, »Animal Connection Network«[129], die einen Newsletter herausbringen, mit vielen Erfahrungsberichten von Tierhaltern. Die vielen Beispiele aus den USA rühren daher, dass dort schon seit 15 Jahren Afa-Algen-Produkte auch für Tiere angeboten werden. Um auch Erfahrungen mit Tieren aus dem deutschsprachigen Raum zu berücksichtigen, habe ich die Hersteller angeschrieben und ein eigenes »Tierprojekt« – zwei Pferde, zwei Hunde, zwei Katzen – ins Leben gerufen, durchgeführt von Karin Klopp und gesponsert von den Firmen Sanacell in Berlin und Klamath Blue Green Algae in Mt. Shasta, USA.

Einige der »Versuchstiere« mochten die Afa-Alge nicht, und einige nur ein paar Tage. Bevor man seinem Tier die Algen gibt, sollte man sie selbst eine Weile gegessen und gute Erfahrungen damit gemacht haben. Nach Linda Tellington-Jones ist es wichtig, mit Tieren zu sprechen. Unbewusst überträgt sich unsere Überzeugung auf das Tier. Wenn wir selbst nicht hinter einem Produkt stehen, lehnt das Tier es meist ebenfalls ab. Zwar empfehlen einige Tierheilpraktiker in den USA, das Tier zur Not »zwangszubeglücken« und ihm den Pressling einfach ins Maul (seitlich) zu schieben. Ich würde das nicht so machen, weil ich mich nicht über den Willen des Tieres hinwegsetzen möchte. Zum Glück fressen unsere Kaninchen und Katzen die Afa-Algen »freiwillig«, vielleicht auch, weil unsere Tiere beobachten können, dass meine Kinder und ich die Tabletten nehmen und gut finden. Hoffentlich gibt es bald geschmacklich attraktive Afa-Algen-Tierprodukte auch in Deutschland!

Übrigens: Wenn Sie Erfahrungen mit Ihrem Tier und der Afa-Alge machen, würde ich mich über einen Erfahrungsbericht sehr freuen. Vielleicht können auch andere Tierbesitzer von Ihren Erfahrungen profitieren, wenn ich diese Informationen für Artikel oder vielleicht einen Folgeband nutze (Adresse der Autorin im Anhang auf Seite 293).

Es kann sein, dass Sie im Folgenden das besondere Krankheitsbild nicht finden, unter dem Ihr Tier leidet. Ziehen Sie bitte daraus nicht den Schluss, die Afa-Alge wirke dabei nicht! Diese vitalstoffreiche, wild gewachsene Uralge hilft dem Körper (und der Seele) wieder, sich selbst zu helfen. Es gibt keine Schwäche oder kein Problem, das »resistent« für die Wirkung der Afa-Alge ist, wenn auch diese Alge kein Allheilmittel darstellt, sondern ein natürliches, hoch konzentriertes Lebensmittel. Vor allem ist die Verwendung der Alge als Gesundheitsprophylaxe wichtig, da dieses einzigartige »Produkt von Mutter Natur« dem Körper die nötigen Bausteine zur Verfügung stellt, um gesund zu bleiben und sich selbst zu reparieren. Krankheitssymptome haben eine lange Vorgeschichte und haben oft mit dem Mangel an vollwertiger Nahrung zu tun – bei Mensch und Tier.

Zwergkaninchen und andere Nagetiere

Meine Kinder haben zwei Zwergkaninchen. Seit wir die beiden mit Afa-Algen füttern, sind sie noch ausgeglichener und lebhafter geworden, und ihr Fell ist noch glänzender. Wir geben ihnen jeden Tag eine Afa-Algen-Tablette à 500 mg auf die Zunge, die sie dann runterschlucken, oder mischen etwas Afa-Algen-Pulver ins Trocken- oder Frischfutter. Als Frischfutter bekommen sie gekeimte Gerstenkörner, und natürlich Grünzeug wie Topinamburblätter und Gras. Sie sind im Sommer wie im Winter draußen und erfreuen sich bester Gesundheit.

Unsere Zwergkaninchen hatten ein traumatisches Erlebnis zu verarbeiten: Anfangs unbemerkt von uns, waren in der Nacht Ratten in ihr Freigehege geklettert und hatten ihnen das Futter weggefressen. Kaninchen können nicht gut sehen, aber sehr gut hören und riechen. Wir bemerkten, dass die Tiere immer nervöser wurden, und das Weibchen sogar aggressiv uns gegenüber – mein Sohn wurde von ihr blutig gekratzt und gebissen –, sodass wir schon an Tollwut dachten und »Schneeflocke« vom Tierarzt untersuchen ließen. Dieses Verhalten war einige Wochen geblieben, nachdem die Ratten längst keine Chance mehr hatten, ins Gehege zu gelangen. Der Tierarzt meinte, diese Verhaltensänderung sei auf die »Ratteninvasion« zurückzuführen, die Kaninchen hätten damit ein Trauma erlitten.

Erst als wir anfingen, die Tiere mit Afa-Algen zu füttern, wurden sie wieder so ruhig, schmusig und friedlich, wie wir sie in Erinnerung hatten.

Dieses Erlebnis zeigt erneut, dass die Afa-Alge offenbar auch auf der emotionalen und seelischen Ebene wirkt und hilft, traumatische Ereignisse zu verarbeiten.

Die allermeisten Katzen mögen die Afa-Alge sehr gern. Wir haben seit Weihnachten eine wunderschöne vierjährige Balinesin und vor kurzem noch eine junge dazu bekommen. Etwa eine Woche nachdem »Benita« zu uns kam, haben wir angefangen, ihr täglich die Afa-Alge zu geben. Sie wurde vorher ausschließlich mit Fertig-Katzenfutter gefüttert. Innerhalb von nur einer Woche bekam sie viel glänzenderes und dichteres Fell, und die Augen fingen an, mehr zu glänzen. Die Züchterin war ganz erstaunt, als sie erfuhr, wie schnell und leicht »Benita« sich bei uns in einem Haushalt mit zwei lebhaften Kindern eingewöhnt hat, weil die Katze ursprünglich aus einer kinderlosen Familie stammt.

Es empfiehlt sich, Katzen eine Tablette à 500 Milligramm einmal am Tag zu geben. Im Bedarfsfall, bei Unfällen oder Krankheit, kann die Dosis unbedenklich erhöht werden. Wenn die Katze keine Presslinge mag, kann man zwei 250-Milligramm-Kapseln öffnen, übers Futter geben und gut verrühren. Zusammen mit dem täglich empfohlenen Teelöffel Hefeflocken verrührt macht dies erfahrungsgemäß keine Probleme.

Wenn sich Katzen **äußere Verletzungen** zugezogen haben, kann man Afa-Algen-Pulver zur besseren Wundheilung und Desinfektion – Chlorophyll ist ein mildes Desinfektionsmittel – auf die Wunde streuen und einen Verband anlegen, damit das Tier das Pulver nicht ableckt. Man kann auch eine Paste aus Afa-Algen-Pulver mit Aloe-Vera-Gel oder gereinigtem Wasser herstellen, damit die Wunde bestreichen und mit einem Verband abdecken.

Afa-Algen wurden Katzen erfolgreich bei **Blutkrankheiten** gegeben. Es sind zahlreiche Fälle dokumentiert, wo die Zusammensetzung des Blutes sich nach Afa-Algen-Einnahme schon während eines relativ kurzen Zeitraums von nur einem Monat vollständig normalisiert hatte.

Ein Kätzchen litt unter **Leukämie** (Blutkrebs). Die Besitzerin gab ihr zwei Kapseln täglich à 250 Milligramm, und einen Monat später war der Bluttest für »Sushi« negativ!

Vergiftungen: Die Afa-Alge hilft auch Katzen, die sich vergiftet haben, weil sie das Immunsystem stärkt und die schnellere Ausscheidung von Giftstoffen unterstützt. In der Informationsschrift »Animals and Cell Tech's Super Blue-Green Algae« wird von zwei Katzen in Florida berichtet, die von Klapperschlangen gebissen wurden. Die ältere Katze hatte eine große Fleischwunde, und der Tierarzt meinte nach der Untersuchung, er könne nichts mehr für die beiden tun und würde empfehlen, die Tiere einzuschläfern. Sie wurden stattdessen mit »Super Blue-Green Animal Food« gefüttert, und ein kleines Wunder geschah: Beide Katzen erholten sich vollständig vom Schlangenbiss.

Auch bei **Arthritis** und anderen degenerativen Erkrankungen kann die Afa-Alge Katzen helfen. Eine Katze hinkte und wurde daraufhin geröntgt. Die Röntgenaufnahmen zeigten schwere Arthritis in beiden Kniegelenken. Außerdem hatte die Katze schweres **Asthma.** Der Besitzer begann auf Anraten des Tierarztes, die Katze mit Afa-Algen zu füttern. Schon nach wenigen Tagen hinkte die Katze nicht mehr, und auch die Asthmaanfälle traten wesentlich seltener und schwächer auf und verschwanden nach einigen Wochen ganz.

Harmonisierung auf der seelischen Ebene: Mit Afa-Algen gefütterte Katzen werden friedlicher und ausgeglichener und haben gleichzeitig mehr Energie und Lebensfreude. Oft bereitet es Probleme, zu einer erwachsenen Katze ein junges Tier hinzuzunehmen. Das ältere Tier fühlt sich zu Recht »entthront« und verteidigt sein Revier gegenüber dem »Eindringling«. Es kann zu Kämpfen kommen, die manchmal auf Tod und Leben gehen. Hilfreich ist in solchen Fällen, das authentische Reiki anzuwenden, schon einige Tage bevor der Neuling erwartet wird. Es handelt sich um eine einfache, sehr wirksame Methode für Stressabbau und Tiefenentspannung, welche die Autorin bundesweit unterrichtet. Ich stimme auch Tiere in den ersten Grad ein, dazu genügt ein Foto.

Wenn man die Katze rechtzeitig mit der Afa-Alge füttert, wird sie friedlicher gestimmt, und allermeistens arrangieren sich altes und neues Tier miteinander.

Hunde

Für Hunde werden 1 bis 2 Teelöffel Afa-Algen-Pulver pro Tag empfohlen, je nach Größe, oder 1 bis 3 Tabletten à 500 Milligramm. In besonderen Fällen kann diese empfohlene Dosis unbedenklich erhöht werden.

Die Wirkung der Afa-Alge auch bei **älteren Hunden** ist beeindruckend. Alte Hunde haben oft einen derart unangenehmen **Mundgeruch,** dass es einem den Atem raubt. Der schlechte Atem verliert sich oft schon nach wenigen Tagen, da die Enzyme und das Chlorophyll in der Afa-Alge die Darmflora normalisieren und das Maul desinfizieren. Bewährt hierfür hat sich auch Gerstengraspulver. Gerade alte Hunde brauchen sehr viel Zuwendung und Streicheleinheiten, und viele Hundebesitzer sind ganz erleichtert, dass ihr Hund den störenden Mundgeruch verloren hat.

Auch unangenehmer **Körpergeruch,** besonders deutlich nach dem Aufenthalt im Nassen, verliert sich mit der Zeit, weil die Afa-Alge die Entgiftung auch durch die Haut fördert. Bei einem 16 Jahre alten Chihuahua verschwand der Geruch schon nach zwei Tagen Einnahme der Afa-Alge. Für diese deodorierende Wirkung ist wie gesagt vor allem das Chlorophyll in der Afa-Alge verantwortlich.

Viele Hundebesitzer beobachten, dass ihre Hunde nach einer Fütterungszeit von mindestens drei Wochen nicht mehr von **Hundeflöhen** geplagt werden.

Allergien sind bei Hunden wie auch Katzen ein Gesundheitsproblem, das immer mehr zunimmt. In Colorado hatte sich ein Hund auf Grund einer juckenden Allergie die Ohren so zerkratzt, dass sie innen wund und verkrustet waren. Nach nur einem Monat Zufütterung von Cell Tech's »Super Blue Green Animal Food« waren die Ohren wieder völlig gesund.

Es gibt Hunde, die auf Flohbisse allergisch reagieren, und auf vieles mehr. Ein Irischer Hütehund brauchte alle paar Monate Medikamente, weil seine Augen auf Grund allergischer Reaktionen ständig tränten und seine Tränenkanäle oft verstopften. Der Besitzer gab Unsummen für Tierarztbesuche aus. Nachdem er ein Jahr lang Afa-Algen zugefüttert bekommen hatte, staunte der Tierarzt: Er konnte auf die normalerweise jährlich notwendige Allergiespritze verzichten, weil der Hund völlig symptomfrei war.

Bei **Wunden** leistet die Afa-Alge große Dienste. Hunde können sich beim Angriff von Artgenossen, Katzen oder auch im Straßenverkehr ernsthafte Verletzungen zuziehen. Man kann die Dosis von Afa-Algen unbedenklich erhöhen, und auch Afa-Algen-Pulver äußerlich als Wundheilmittel verwenden (mit Verband abdecken, damit der Hund das Pulver nicht ablecken kann).

Ich habe über einen Hund gelesen, der zum Zeitpunkt des Unfalls noch keine Afa-Algen bekam, sondern eine Spritze mit Antibiotika. Die Wunde heilte innerhalb von zwei Wochen ab. Nachdem er ein ganzes Jahr später regelmäßig die Afa-Algen bekam, gingen einige der alten Wunden noch mal auf und »suppten«. Nach drei Monaten Konsum der Afa-Alge sind alle Wunden wunderbar verheilt, und der Hund sieht besser aus, als der Besitzer überhaupt zurückdenken kann. Dieses Beispiel zeigt, dass die Afa-Alge hilft, Selbstheilungsprozesse zu aktivieren, und Giftstoffe wie Chemikalien und Eiter erfolgreich auszuscheiden.

Auch bei schmerzhafter **Arthritis** kann die Afa-Alge eine große Hilfe sein. Ein Tierarzt in Texas begann, einer Pudel-Dame in seiner Klinik Afa-Algen zu füttern, die so schwere Arthritis hatte, dass sie kaum auf den Beinen stehen konnte. Nach nur vier Tagen konnte der Hund wieder laufen.

Die Afa-Alge wirkt auch auf die **Hundeseele** harmonisierend und stärkend. Hunde sind oft sehr sensibel und schreckhaft, was Geräusche betrifft, aber auch auf fremde Besucher reagieren sie oft nervös. Ich kenne einen Collie, der bei jedem kleinen Geräusch zusammenzuckte, und sogar anfing zu zittern. Seit er die Afa-Alge gefüttert bekommt, hat er sich sofort beruhigt, und reagiert jetzt ganz normal. Wie bei Menschen, können psychische Probleme wie Depressionen oder Hyperaktivität bei Haustieren auch mit Nährstoff-Defiziten zusammenhängen. In den USA gibt es nicht nur Psychiater für Menschen, sondern auch für Hunde, die Neurosen und andere seelische Probleme behandeln. Vielleicht versuchen Sie es erst einmal mit der Afa-Alge!

Pferde

Obwohl Pferde so groß sind, machen bei ihnen schon 1 bis 2 Teelöffel Afa-Algen-Pulver täglich einen Unterschied in Wohlbefinden, Gesundheit und Aussehen! Man vermischt das Pulver gründlich mit feuchtem Futter – Körnern, die man eingeweicht hat –, damit sie es nicht wegschnauben, oder man legt ihnen die entsprechende Menge Presslinge (vier oder sechs à 500 Milligramm) auf die Zunge. Die meisten Pferde lieben die Algen und können nicht genug davon bekommen. Bei den wenigen Ausnahmen, wo Pferde die Algen ablehnen, kann man probieren, das Pulver auf einen aufgeschnittenen Apfel zu streuen.
Im **Krankheitsfall** und bei **besonderer Beanspruchung** (Rennen und Turniere) kann man die tägliche Dosis unbedenklich auf 4 oder mehr Teelöffel pro Tag erhöhen.

Viele Menschen betrachten ein Pferd heute schon als »alt«, das gerade mal zwanzig Jahre alt ist. Tierärzte beklagen, dass sie immer mehr mit Pferden zu tun haben, die an chronischen Erkrankungen, Entzündungen und Drüsenproblemen leiden. Früher waren Pferde noch mit 38 Jahren gesund und hatten alle Zähne im Maul. Vielleicht sind **Degenerationserkrankungen,** bei Menschen wie bei Tieren, auch im Alter nichts Natürliches, sondern nur ein Zeichen von Mangel- und Fehlernährung. Weder Tiere noch Menschen sollten das letzte Drittel ihres Lebens leiden müssen!

Da das Heu für Pferde heute zwar hübsch grün aussieht, aber überdüngt und ernährungsphysiologisch mangelhaft ist, braucht man sich über die vielen kranken Pferde nicht zu wundern.

Die enzymreiche Afa-Alge hilft Pferden mit **Blähungen** und **Koliken,** die durch zu feuchtes Futter, Kohlblätter oder toxische Wildkräuter verursacht sein können. Hilfreich ist auch eine Behandlung mit dem authentischen Reiki, wobei die Hände direkt auf die Fläche, in denen das Gas sich sammelt, gelegt werden, und am besten eine Hand auf der Stirn liegt, was sehr beruhigend wirkt.

Afa-Algen sind in den USA unter **Rennpferd**-Besitzern ein Geheimtipp. Ein Besitzer berichtete, dass seine Pferde ohne Afa-Algen-Zufütterung durchschnittlich ein Mal im Jahr ein Rennen gewannen, und sich mit Afa-Algen auf sieben Siege bei nur zehn Rennen steigerten. Dem Pferd wurde »Super Blue Green Animal Food« von der Firma Cell Tech zugefüttert.

Rennpferde werden durch die Afa-Alge einfach schneller. Man braucht kein Rennpferd zu besitzen, um für sein Pferd von der Afa-Alge zu profitieren, was Lebenskraft und Ausdauer betrifft. In nur zwei Wochen erlebte eine Besitzerin von zwei Pferden, immerhin 14 und 15 Jahre alt, dass sie offenbar durch die Algen-Fütterung wieder verspielt und temperamentvoll wie junge Pferde wurden.

Die **Fruchtbarkeit** selbst von alten Pferden kann sich mit der Afa-Alge rasant verbessern. Ein 27 Jahre alter Hengst, mit unglaublich guten Zuchtqualitäten, hatte in dem betreffenden Jahr erst ein Besamungsgeld verdient, bevor sein Besitzer anfing, ihn mit zwei Teelöffeln Tierfutter von der Firma Cell Tech zu füttern. Nach nur drei Wochen war der Besamungsakt bei fünf Stuten innerhalb von nur einer Woche erfolgreich.

Eine alte, kränkliche Stute, die noch nicht gefohlt hatte, sollte gedeckt werden. Hans Ludwig von Algavital in Österreich erfuhr davon und gab ihr heimlich fast täglich Afa-Algen ins Futter. Die Stute hatte eine leichte Geburt, und ihr Fohlen war kräftig und ausgeglichen, wurde zu einem hohen Preis gekauft und gewann viele Preise als Rennpferd.

Bei **Drüsenschwellungen** helfen die Afa-Algen ebenfalls. Eine geschwollene Drüse am Nacken eines Pferdes veränderte ihren Zustand ungefähr eineinhalb Jahre nicht. Nachdem das Pferd nur ein Drittel Teelöffel von Cell Tech's »Super Blue Green Animal Food« täglich zu seinem Futter dazubekam, schrumpfte die Drüse innerhalb von nur einer Woche auf die normale Größe.

Eine trächtige Araberstute litt an einer **Zyste** am Vorderbein und wurde auf eine Reduktions-Diät während der Tragezeit gesetzt, um überhaupt gehen zu können. Gleichzeitig bekam sie »Super Blue Green Animal Food«. Entgegen den Erwartungen des Besitzers, war das Fohlen nicht ungewöhnlich klein, sondern riesig mit langen Beinen. Die Röntgenaufnahmen zeigten, dass sich die Zyste der Mutter verkleinert hatte.

Wenn Pferde mit der Afa-Alge gefüttert werden, profitieren sie in ihrem **Verhalten.** Sie lassen sich in der Regel leichter zureiten, und viele Pferdehalter berichten, dass es eine Freude sei, mit ihnen zu arbeiten. Pferde, die überempfindlich auf Geräusche reagiert haben, werden zudem belastbarer.

Die spirituelle Dimension

»Eines meiner Lieblings-Super-Nahrungsmittel ist die blaugrüne Alge. Es handelt sich um einen Mikro-Organismus von einer einmalig großen Bedeutung für die Zukunft der Menschheit.«

Chris Griscom in »Der Quell des Lebens«

Die höheren Energiezentren

Was mich an der Afa-Alge nahezu am meisten begeistert, ist, dass sie offenbar auch eine Wirkung auf die spirituelle Ebene hat. Ich kenne dies von keinem anderen Lebensmittel. Wir bestehen nicht nur aus Körper, Gefühlen und Gedanken, sondern auch noch aus den feineren Schwingungen der Intuition und der spirituellen Ebene (darüber habe ich in meinen Büchern »Das authentische Reiki« sowie »Die Fünf ›Tibeter‹ mit Kindern«, siehe Literaturverzeichnis, ausführlich geschrieben). Als einer der Ersten entdeckte dies Gabriel Cousens, der in seinem lesenswerten Buch »Ganzheitliche Ernährung und ihre spirituelle Dimension« darüber schreibt.[130] Er berichtet darin: »Blaugrünes Manna (damit meint er die Afa-Alge) hat sich für einige Menschen als Segen entpuppt, die neue Energien zum Meditieren benötigen.«[131] Später, in einem Artikel, hat er diese Beobachtungen noch vertieft: »Einige Meditierende erleben, dass die blaugrüne Alge vom Oberen Klamath-See ihnen hilft, die rechte und linke Gehirnhälfte ins Gleichgewicht zu bringen. Diese Gehirn-Synchronisation hilft ihnen, einfacher in den entspannten Alpha-Bewusstseins-Zustand zu gelangen.« Im Alpha-Zustand sind wir in einem Zustand tiefer Ruhe, den wir in völliger Entspannung und durch Meditation erreichen und in dem sich Körper, Seele und Geist optimal regenerieren können.

Urinformation aus Einfachheit und Stärke

Durch eine Methode, die »Aura-Akupunktur« heißt, entdeckte Cousens zusammen mit einem Physiker, dass diese Alge sowohl die Zirbel- als auch die Hirnanhangdrüse aktiviert. Diese beiden »Meisterdrüsen« im Gehirn stehen in direktem Kontakt zu unseren höheren Energiezentren, dem Dritten Auge-Zentrum und dem Kronenzentrum, die unsere Intuition stärken, unsere spirituellen Energien vergrößern und psychische Fähigkeiten wie Hellsehen oder Telepathie fördern.

Ich selbst praktiziere zwei Meditationsmethoden, sowohl das authentische Reiki, was die universale Energie durch Handauflegen aktiviert, als auch die Transzendentale Meditation, eine Mantren-Meditation. In beiden Meditationen habe ich tiefere Erfahrungen und spüre eine stärkere Wirkung, seitdem ich die Afa-Alge esse. Mich macht die Energie der Afa-Alge »high« und beschwingt. Andere erleben genau das Gegenteil: Sie fühlen sich mehr geerdet. Om C. Parkin, spiritueller Lehrer und Heilpraktiker aus Hamburg, sagt: »Die Alge führt mich in die Erde, nicht in den Himmel. Zurück zum Beginn des genetischen Materials, aus dem auch die menschliche Zelle entstand.« Diese

Urinformation bezeichnet er als Anticode zur immer komplexeren Überfütterung unseres Organismus mit Reizen. Die Alge vermittelt für viele intuitive Menschen die Urinformation von Einfachheit und Stärke. Immer mehr Menschen kommt diese Einfachheit abhanden, und sie sehnen sich gleichzeitig nach geistiger Einfachheit. Darin liegt offenbar ein Heilmittel für die Überfütterung unseres Nerven- und Zellsystems mit disharmonischen Substanzen und Informationen. Die Afa-Alge vom Beginn des Lebens ist uralt. Ebenso wie die Nahrung, von der sie lebt: Sonne, Luft und Vulkangestein. Es ist schon faszinierend, ein Nahrungsmittel zur Verfügung zu haben, das vollkommen unberührt ist, eine optimale Energie aus Hochgebirgsquellen mit sich bringt und jenseits der menschlichen Evolution liegt.

Das höhere Bewusstsein ins Gleichgewicht bringen

Die Afa-Alge wirkt offenbar nicht nur in einer Richtung. Sie harmonisiert, das heißt, sie sorgt für ein Gleichgewicht. Dies ist auch auf der körperlichen Ebene zu beobachten, indem sich zu hoher oder zu niedriger Blutdruck ausgleicht, Schilddrüsenfunktion und Verdauung sich normalisieren. Menschen, die nervös sind, werden ruhiger, und andere, die lethargisch oder phlegmatisch sind, werden aktiver. Jeder kommt durch die Afa-Alge anscheinend in Kontakt mit seinen wirklichen Bedürfnissen. Diese Fähigkeit zur Harmonisierung erstreckt sich offenbar auch auf die spirituelle Ebene. Wer mehr Erdung braucht, fühlt sich mehr geerdet, und wer mehr Zugang zu höheren Bewusstseinsebenen braucht, erlebt dies. Wo ein Ungleichgewicht, egal auf welcher Ebene, herrscht, wird es ausbalanciert. Diese Wirkung kannte ich bisher nur vom authentischen Reiki.

Selbst Menschen, die nicht meditieren, profitieren ganzheitlich von der Afa-Alge. Ich habe Bekannte, die visionäre Träume bekommen, seit sie die Afa-Alge einnehmen, welche sie in Kontakt mit ihren wirklichen Aufgaben in diesem Leben bringen oder ihnen Lösungen für Probleme aufzeigen. Was auch ich erlebt habe, ist ein viel unmittelbarerer und stärkerer Kontakt zu meiner Intuition oder inneren Führung. Ich erfasse zum Beispiel intuitiv die Ursachen von Problemen von Menschen, die mich anrufen und mich um Fernbehandlung bitten oder die zu Reiki-Behandlungen zu mir kommen. Om C. Parkin meint, dass die Afa-Alge über die Stimulation der Hirnanhangdrüse brachliegende Gehirnsubstanz aktiviert. Offenbar findet über eine Synapsenbildung eine stärkere Synchronisation zwischen linker und rechter Gehirnhälfte statt, wodurch Verstand und Intuition mehr Hand in Hand zusammenarbeiten, statt gegeneinander.

Feinstoffliche organisierende Energiefelder

Cousens begründet die kraftvolle Wirkung der Afa-Alge auf die spirituelle Dimension mit der hohen Schwingung ihres Biotops. Die Algen wachsen hauptsächlich im oberen Teil des Klamath-Sees, wo das mit hohen Energien aufgeladene Wasser von unterirdischen Quellen den See speist. Die Algen steigen zur Erntezeit im Sommer bis zum frühen Herbst nach oben und bilden dreißig bis neunzig Zentimeter dicke Schichten, »Blooms« oder »Blüten« genannt. Cousens Hypothese: Für die Reinheit, das energetische Potenzial und das Fehlen von Bakterien ist es bedeutsam, dass die Algen von diesen konzentrierten »Blooms« geerntet werden. Cousens: »Zellen, die mit der gleichen widerhallenden Ausstrahlung verbunden sind, geben eine starke einzelne, in Harmonie stehende Frequenz ab, welche die feinstofflichen organisierenden Energiefelder (FOEFs) von einzelnen Zellen und dem ganzen Gewebe stärken.« In seiner Arbeit mit der Afa-Alge beobachtete Cousens ein extrem hohes subtiles Organisationsenergiefeld, das Geist, Körper und Energiereserven optimal regenerieren kann. Die Afa-Algen besitzen nach den Forschungsergebnissen dieses Arztes und Psychiaters ein mächtiges Energiefeld oder Aura und unermessliche Energiereserven, von denen wir profitieren, wenn wir die Algen zu uns nehmen. Cousens meint, wenn die Afa-Algen in einem Fließgewässer wie einem Fluss oder Bewässerungskanal schwimmen, sei diese Energie sowie die Konzentration der Afa-Alge nicht so hoch.

Eine andere Erklärung, warum laut Cousens die Algen, die direkt im See geerntet werden, eine höhere Schwingung haben als die aus den Kanälen unterhalb des Sees und energetisch stärker und höher strukturiert sind, ist, dass sie immer noch die Energie der hohen Schwingung ihrer Umgebung ausstrahlen. Cousens: »Deshalb enthalten sie noch immer das meiste von ihrer Lebenskraft voller Prana-Energie, die so wertvoll für die Verbesserung der Körper-Geist-Funktion zu sein scheint.« Die Afa-Alge, die zurzeit in deutschsprachigen Ländern angeboten werden, stammen alle direkt vom See.

Die Kraft des Mt. Shasta

Daryl Kollmann, der Entdecker der Afa-Alge, spekulierte über die Hintergründe der faszinierenden subtilen Lebenskraft der Afa-Alge, voller Prana-Energie oder kosmischer Lebenskraft, der höchsten Energiefrequenz im Universum. In seinen Augen stammt diese Energie von den hoch strukturierten und energetisierten unterirdischen Zuflüssen, die aus Öffnungen auf

Grund vulkanischer Aktivität am Boden des Sees hochblubbern. Viele Wissenschaftler und Ärzte, wie auch die ortsansässigen Indianer machen die Umgebung des Sees mit den majestätischen und in ihren Augen heiligen Bergen Mt. McLoughlin und Mt. Shasta dafür verantwortlich. Sie meinen, dass die blaugrünen Algen auf dem Klamath-See besonders wirkungsvoll das Gleichgewicht zwischen Intellekt und Seele wiederherstellen, weil die Afa-Alge im Schatten des Mt. Shasta wächst, der eine außergewöhnliche Energie und spirituelle Kraft besitzt.

Nahrung als Informationsträger

Nach Walter Ostertag und Professor Fritz-Albert Popp ist Nahrung Informationsträger, und so erscheint es logisch, dass wir von Wildpflanzen an Kraftorten wie dem Klamath-See auch energetisch und spirituell stark profitieren können. Wildpflanzen, die auf großen Höhen in den Alpen wachsen, haben zum Beispiel eine größere Heilkraft als Kräuter, die im Flachland gedeihen. Nach einer Biophotonen-Analyse vom Februar 2000 haben Afa-Algen mehr als das Vierfache der Lichtspeicher-Kapazität oder Lebenskraft wie Spirulina-Algen und fast die dreifache wie Chlorella-Algen.[132] Nach einer Kristall-Analyse des Institutes Hagalis Assoziation in Aftholderberg hat das Afa-Algenpulver (Firma Sanacell) die »mit Abstand beste Qualität« im Vergleich zu den untersuchten Chlorella- und Spirulina-Produkten und erzielte die Bewertung »gut bis sehr gut«, ein Ergebnis, das selten erreicht wird und von einer »natürlichen Spitzenqualität« zeugt.[133]

Die fein strukturierte und klare Kristallisation zeigt ein ungehemmtes Pflanzenwachstum bei gleichzeitigem Ausdruck einer hohen Vitalitätsstufe.

Biophotonenanalyse von Algenpräparaten von Prof. Dr. F.A. Popp

zur Lichtspeicherkapazität/Lebenskraft verschiedener Algensorten

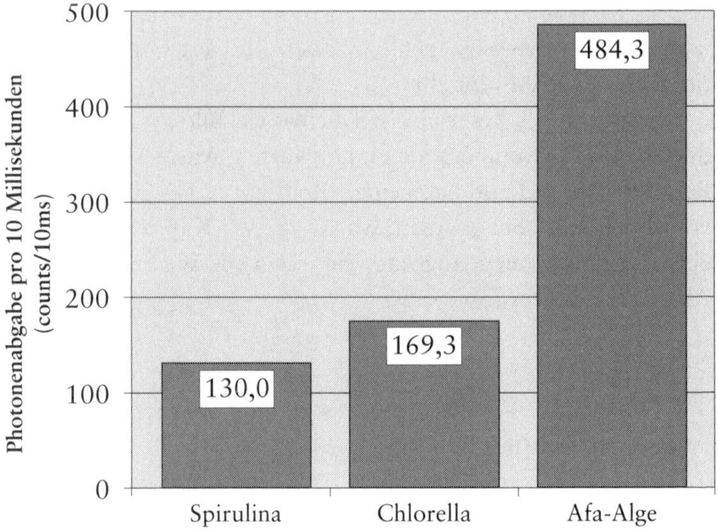

Wahrscheinlich spielen alle erwähnten Einflüsse eine Rolle und verstärken sich gleichzeitig, welche die Afa-Alge auch auf der subtilen spirituellen Ebene so wirksam werden lassen. Die hohe Schwingung der Afa-Alge und ihre Botschaft einer höheren, intakten Ordnung erklärt vielleicht neben ihrer einzigartigen Vitalstoffdichte, warum die Afa-Alge auch in kleinsten Mengen von nur 1 oder 2 Gramm bei Menschen eine positive Wirkung auf Körper und Gemüt entfaltet. Fritz-Albert Popp schreibt in seinem Buch »Die Botschaft der Nahrung« (siehe Literaturverzeichnis), dass sich durch eine objektiv hohe Qualitiät von Lebensmitteln Beziehungen und die Einstellung zu den Mitmenschen verbessern können! Die schwachen, bei einmaligem Verzehr nicht unbedingt spürbaren Signale der Nahrung können durch ihre Langzeitwirkungen »eine Welt bewegen«. Popp: »So können gesunde, verantwortungsbewusste Mitmenschen aus einer Gesellschaft erwachsen, die sich richtig und optimal zu ernähren versteht.«

Ich lade Sie als Leser ein, sich selbst ein Bild zu machen, indem Sie die Alge einnehmen und abwarten, was geschieht, zum Beispiel während und nach einer Meditation. Ich erwarte nicht von Ihnen, dass Sie glauben, was in diesem Kapitel steht, sondern, dass Sie offen genug sind, die spirituelle Wirkung der Afa-Alge selbst auszuprobieren.

In Kontakt mit dem Beginn des Lebens

Daryl Kollmann erläutert noch einen weiteren Aspekt, warum die Afa-Alge auch »spirituelle Nahrung« ist und unsere spirituelle Entwicklung fördern kann. Er weist uns auf die Intelligenz der Alge hin, die Informationen über kleine DNS-Stränge, den so genannten Replikonen, durch Luft und Wasser weitergeben zu können, ähnlich wie die Neuronen im menschlichen Gehirn. Cribbs: »Empfängt eine andere Algenzelle solch einen Informationscode, baut sie ihn in ihre DNS ein und gibt ihn an die nächste Generation weiter.«[134] Mir wurde schwindelig bei dem Gedanken, dass dieser Informationsaustausch zwischen Afa-Algen seit etwa vier Milliarden (!) Jahren und damit Millionen Mal länger stattfindet als die menschliche Zivilisation überhaupt existiert. Wenn wir Afa-Algen essen, sind wir energetisch in Kontakt mit den ersten Lebewesen auf diesem Planeten und damit mit dem Beginn des Lebens auf der Erde. Vielleicht erklärt dies auch, warum sich so viele Menschen geerdeter, selbstsicherer und mehr »zu Hause« fühlen, seit sie die Afa-Alge in ihre Ernährung mit einbeziehen.

Daryl Kollmann geht so weit, zu bedenken, dass wir in den blaugrünen Algen vom Klamath-See Informationen aufnehmen, die enthalten, wie man erfolgreich in einer unwirtlichen Umgebung überleben kann, sich Veränderungen schnell anpassen und so selbst überleben kann. Ein Beispiel: Blaugrüne Algen sind innerhalb kurzer Zeit in der Lage, sich an übermäßige Sonneneinstrahlung anzupassen. Der Mensch würde für diese genetische Informationsänderung wahrscheinlich Millionen von Jahren brauchen.

Anregung der Chakren

Christian Opitz, deutscher Buchautor und Seminarleiter, weist in einem Vortrag vom November 1997 darauf hin (eine Abschrift liegt mir vor), dass die feinstoffliche Energie der Klamath Lake-Algen vor allem aktivierend auf die Zirbeldrüse, die Hirnanhangdrüse, die Gehirnzellen und die Medulla oblongata wirken, die alle als Empfangsantennen für pranische oder feinstoffliche Lebensenergie dienen. Opitz: »Durch die anregende Wirkung der Klamath Lake-Algen auf die körperlichen Empfangsantennen für feinstoffliche Energie ist der Körper wesentlich besser in der Lage, diese Energien zu assimilieren.« Es verbessern sich dadurch Gehirnfunktion, Gedächtnisleistung und die Fähigkeit, sich zu entspannen. Nach Opitz regen Klamath Lake-Algen die oberen drei Chakren stark an und erleichtern einem dadurch den Zugang zu spirituellen Dimensionen.

Steve Gagné schreibt in seinem Buch »Energetics of Foods« (siehe Literaturhinweis), dass die energetischen Effekte der Afa-Alge auf Körper, Seele und Geist noch vorteilhafter und aufregender als die Vorteile durch ihre gesunden Inhaltsstoffe sind. Gagné schreibt, dass die Alge uns hilft, mit Themen aus der Vergangenheit in Kontakt zu kommen und sie aufzuarbeiten. Bei regelmäßiger Einnahme kämen oft negative Muster und Erinnerungen ans Licht und würden durch neue, bessere Sicht- und Handlungsweisen ersetzt. Die Afa-Alge würde auch unser globales Bewusstsein stärken, weil sie selbst in der Lage ist, biologische Informationen in Augenblicken rund um den Globus miteinander zu teilen.

Die Möglichkeit, miteinander auch über weite Entfernungen zu kommunizieren, und ihre immense Anpassungsfähigkeit könnten uns die Afa-Algen vermitteln. Diese Alge verhilft uns nach Gagné dazu, sich für die höchstmögliche Qualität des eigenen Lebens einzusetzen und eine globale Intelligenz zu entwickeln, die uns eine Vision erhellt, was wir für die Zukunft dieses Planeten wollen und für unsere Kinder, die ihn bevölkern werden.

Gerd Dettmer, ein Anbieter der Afa-Alge in Hamburg (seine Firma heißt Positive Produkte), schreibt zum spirituellen Aspekt der Afa-Alge in seiner Broschüre auf Grund seiner eigenen Erfahrungen und der vieler seiner Kunden: »Menschen, welche diese Alge regelmäßig essen, sind offen für ein globales Bewusstsein. Sie finden Zugang zu dem Wissen, dass alle Menschen, alle Lebewesen aus einer Quelle stammen und sind bereit, das begrenzte, persönliche Bewusstsein aufzugeben, welches auf Mangel, auf ›nicht-genug-haben‹ aufgebaut ist.

Dieses globale Bewusstsein ist die Ur-Information der Alge, die am Beginn allen materiellen Lebens steht.«[135] Ein anderer Anbieter aus Hamburg, der Heilpraktiker und Meditationslehrer Om C. Parkin, schreibt zur energetischen Wirkung der Afa-Alge: »Die gespeicherte Lichtenergie aufgrund der hohen Sonneneinstrahlung wird an die körpereigenen Zellen übertragen und wirkt dynamisierend auf den gesamten Organismus, auch auf die Psyche. Den Körperzellen wird die höchste Schwingungsfrequenz reinen Lichtes zugeführt.«[136]

Chris Griscom, auch in Deutschland als Buchautorin und spirituelle Lehrerin bekannt, und ihre Mitarbeiter im Light Institute in Galisteo, New Mexico, verwenden die Afa-Alge täglich für »Unsterblichkeit«, wie sie es in ihrem Buch »Der Quell des Lebens« beschreibt. Sie meint damit keine körperliche Unsterblichkeit, obwohl unsere Körper nach Neale Donald Walsch, Autor des Bestsellers »Gespräche mit Gott«, das Potenzial dazu hätten, sondern ein langes Leben ohne Alterserscheinungen und die Fähigkeit, sich einen jungen Geist zu bewahren, der bis zum physischen Tod begeisterungsfähig bleibt und bereit ist, Neues zu lernen und Altes in Frage zu stellen. Das versteht sie unter wahrer Jugend, die an kein Alter gebunden ist.

Offen für Veränderungen

Es gibt kein Wundermittel, was uns notwendige Transformationsschritte auf unserem spirituellen Weg abnehmen könnte. Bewusstseinswandel kommt immer von innen. Die Afa-Alge kann uns aber offenbar dabei helfen, auch geistig auf eine so hohe Schwingungsfrequenz zu kommen, dass wir offen werden für neue Einsichten und notwendige Veränderungen. Wenn unsere

Umwelt intakt und weniger belastet wäre, und unser Leben weniger stressbelastet, bräuchten wir vielleicht nicht den Input eines Super-Nahrungsmittels vom anderen Ende der Erde. Diese Alge und andere Pflanzen aus Wildwuchs schenken uns Energie und geistige Klarheit. Wir erkennen immer mehr, wer wir wirklich sind, und bekommen auch die Kraft, unsere göttliche Natur zu erkennen und sie zu leben.

Wer in diesem Bewusstsein immer mehr zu Hause sein möchte, dem empfehle ich die Bücher »Gespräche mit Gott«, »Freundschaft mit Gott« und »Gemeinschaft mit Gott« von Neale Donald Walsch (siehe Literaturverzeichnis). Es gibt in einigen Städten wie Hamburg Neale-Donald-Walsch-Arbeitsgruppen und Gesprächskreise. Ich empfehle auch mein Buch »Das authentische Reiki« (Goldmann) zu lesen, das von unserer Verbindung zum Höheren Selbst handelt.

Eine spirituelle Vision

Ingomar von Lex, Österreich, empfing folgende Vision:

»Ich sah einen Lichtpunkt, ein Lichtwesen. Dieses Wesen hatte die Botschaft vom Heil-Sein, vom Ganz-Sein. Es enthielt alle Informationen, um in dieser Welt eine Lebensform zu schaffen. Sie kam aus ***allen Welten (Weltall)*** *und enthielt die Informationen zum Bilden* ***aller Gene*** *(Algen). Vor vier Milliarden Jahren bestieg dieses Lichtwesen das Raumschiff Erde, um ihren Sinn zu erfüllen: Fülle zu schaffen. Damals war die Erde ein unfruchtbares, unbewohnbares Ödland mit Feuer speienden Vulkanen, kochendem Wasser und giftigen Gasen.*

So sah ich, wie das Wesen Gestalt annahm, es erdachte sich

Mount Shasta

*zu einer einfachen, einzelligen Lebensform, die als Bakterie – Procaryote – bezeichnet wird, und so wurde das Wort (**Information**) zu Fleisch (**Körper**). Sie vermehrte sich und es entstand eine besondere Art, Cynobakterien, welche die Energie der Sonne aufnimmt, um aus Wasser und Kohlendioxid atmosphärischen Sauerstoff zu schaffen. So erhielt unsere Erde den Sauerstoff, Voraussetzung allen Lebens.*

*Die Afa-Alge enthält die komplette Ur-Information der **Heilung (heil = ganz)**, also etwas zur **Ganzheit** bringen. Viele Menschen gehen mit der Afa-Alge eine harmonische Beziehung ein, um sich daran zurückzuerinnern, (es spielt sich also im Inneren ab), wie wertvoll eine **heile Seele** in einem **heilen Körper** mit einem **heilen Geist** ist. Ohne die Ur-Information wird sich das Licht in unseren Zellen nicht daran erinnern können, wie es zu einer Heilung gelangen soll. Deshalb ist es so von Bedeutung, darauf zu achten, mit welcher Information wir in unserer Ernährung (was uns nährt) in Übereinstimmung gehen. Leben kann nur durch Leben erhalten werden.«*

Vielleicht können Sie diesen Text zur Meditation verwenden, oder als Anregung, selbst intuitiv Tiefes über die Afa-Alge herauszufinden. Es wäre dazu gut, auf nüchternen Magen Afa-Algen zu essen, sich still hinzusetzen und die Augen zu schließen. Sie können auch vor dem Einschlafen Afa-Algen zu sich nehmen und darauf warten, welche Botschaften Ihre Träume Ihnen zur Alge mitteilen möchten.

Innerer Frieden, Humor und Optimismus sind wichtige Säulen der Gesundheit

Viele Menschen meinen, mit der richtigen Ernährung und Bewegung genug für ihr Wohlbefinden zu tun. Das stimmt aber nicht. Auch die seelische Ebene will gut versorgt sein, wenn wir eine strahlende Gesundheit gewinnen wollen. Die Definition der Weltgesundheitsorganisation WHO für Gesundheit ist: »Ein vollständiges Wohlbefinden auf allen Ebenen.«

Norman Walker, mein großes Ernährungsvorbild – er wurde bei guter Verfassung 116 Jahre alt –, hat in seinem Buch »Strahlende Gesundheit« (siehe Literaturverzeichnis) ein ganzes Kapitel dem Thema »So vergrößern Sie Ihre seelische Stärke« gewidmet. Ernährung ist eben nicht allein ausschlaggebend für strahlende Gesundheit! Für Norman Walker gehen Denken, Fühlen und Gesundheit Hand in Hand. Den Zusammenhang zwischen körperlicher und seelischer Ebene sieht Walker ganz klar: »Glauben Sie, ein Mensch könnte eine Seele und einen Geist haben, die so sehr auf ihr höchstes Potenzial eingestimmt sind, dass der Betreffende seine Tage voller Seelenfrieden und Glück und in jenem Allgemeinzustand verbringen kann, den man nur erfahren kann, wenn man über eine gute Gesundheit verfügt? Nein, das kann er nicht. Er kann sich nicht auf eine positive Ebene des Denkens konzentrieren, wenn sich seine Seele auf negative und störende Vorstellungen ausrichtet.«[137]

Nahrung und seelische Verfassung ergänzen sich – so Walker – gegenseitig. »Wir können die beste Nahrung der Welt essen, aber sie wird den Verfall unseres Körpers nicht verhindern, wenn wir ständig Ärger, Sorge, Frustrationen und negative Gemütszustände haben.« Und: »Die allerbeste Nahrung wird im Körper zu Gift, wenn beim Essen negative Gefühle vorherrschen.« Wir sollten – nicht nur bei den Mahlzeiten – eine glückliche, fröhliche, heitere, sonnige Atmosphäre schaffen.

Die Fünf »Tibeter« – Quelle der Jugend

»Die Fünf ›Tibeter‹« von Peter Kelder steht seit mehr als elf Jahren auf den Bestsellerlisten. Mehr als 1,3 Millionen Exemplare dieses Buches wurden allein im deutschsprachigen Raum verkauft. Wenn alle Leser diese einfachen Yoga-Übungen aus Tibet zur Aktivierung unserer Energiezentren und Drüsen auch wirklich praktizieren würden – sähe es in Deutschland energetisch sicher besser aus!

Was ist das Geheimnis dieser fünf Riten, deren Ausübung pro Tag nur etwa 15 bis 20 Minuten beansprucht, und deren positive Wirkung über viele Stunden anhält? Nach der Lehre der Mönche im tibetischen Hochland, der »Heimat« der Übungen, besitzt der Körper sieben Energiezentren, die man sich als wirbelnde Kraftfelder vorstellen kann. Jeder dieser sieben »Wirbel« oder kraftvollen elektrischen Felder hat einen bestimmten Bezug zu einer der sieben Hormondrüsen im endokrinen System des Körpers, und seine Aufgabe besteht darin, die Hormonausschüttung der jeweiligen Drüse anzuregen beziehungsweise zu harmonisieren. Die Hormone regeln alle Funktionen des Körpers, einschließlich des Alterungsprozesses und unserer Stimmungslage.

Wenn wir regelmäßig die Fünf »Tibeter« praktizieren, entwickeln sich unsere Energiezentren harmonisch, und es kann nicht mehr so leicht zu Energieblockaden und körperlichen wie seelischen Störungen kommen. Wir bleiben länger jung, gelenkig und geistig rege, weil der Alterungsprozess verlangsamt wird. »Die Fünf ›Tibeter‹« sind ein wertvolles Stück fernöstliche Heilkunst, die jedermann täglich zu seinem eigenen Nutzen anwenden kann.« (Dr. med. Arnold Lanz, Buchautor, Schweiz)

Selbstheilungskräfte werden aktiviert, die Abwehrzellenproduktion unseres Immunsystems gesteigert, und sogar Fettpölsterchen, Haltungsfehler und Rückenschmerzen verschwinden. Durch das Vor- und Zurückbiegen der Wirbelsäule werden die Bandscheiben optimal durchblutet und mit Nährstoffen versorgt, und die Wirbelsäule bleibt geschmeidig. Trotz einer angeborenen Skoliose, einer Wirbelsäulenverkrümmung, bin ich völlig beschwerdefrei, seitdem ich regelmäßig die Fünf »Tibeter« praktiziere.

Besonders wertvoll sind die einfachen Übungen, weil sie nicht nur körperliche Beschwerden lindern, sondern auch die Auswirkungen von Stress und Hektik lindern. Wir werden seelisch belastbarer und bauen mit der Zeit Depressionen, Ängste, Süchte und Nervosität ab und gewinnen mehr heitere Gelassenheit und inneren Frieden. Wir erleben vielleicht nie zuvor gekannte Lebensfreude, Kreativität, Lebensbejahung und Selbstbewusstsein.

Das Wunderbare an den Übungen: Sie sind leicht an jedem Ort, selbst dem kleinsten Hotelzimmer, auszuführen und kosten nur wenige Minuten Zeitaufwand täglich. Wichtig ist, sie richtig auszuüben, wobei besonders auf die richtige Atmung und Ausgleichsübungen geachtet werden sollte. Ich habe ein Buch, »Die Fünf ›Tibeter‹ mit Kindern«, geschrieben, wonach sich jeder diese Übungen kinderleicht selbst beibringen kann (siehe Literaturverzeichnis). Die Fünf »Tibeter« sind das wohl weltweit einzige Fitness- und Meditationsprogramm, das ohne spezielle Hilfsmittel, Geräte oder Kleidung praktiziert werden kann.

Authentisches Reiki, Yoga und Meditation

Schon die Anonymen Alkoholiker haben herausgefunden, dass Willenskraft allein nicht ausreicht, uns von negativen Gewohnheiten zu befreien. Sie haben eine Formel entworfen: »Ich mache Platz für eine Kraft, die größer ist als ich.« Wenn wir uns mit Schöpferkraft beziehungsweise universaler Energie verbinden, können wir die gefühlsmäßige und gedankliche Ebene viel erfolgreicher transformieren, da es sich um die stärkste Kraft im Universum handelt.

Das authentische Reiki

Genau mit dieser Energie arbeiten wir ausschließlich beim authentischen Reiki. Wir aktivieren diese universale Energie täglich in uns. Damit kommen wir mehr in Kontakt mit unseren wirklichen Bedürfnissen. Und wir transformieren automatisch auch die gedankliche und gefühlsmäßige Ebene: Wir merken, dass sich sowohl die Gedanken als auch die Gefühle harmonisieren. Die Gedanken werden konstruktiver, positiver. Mit dem authentischen Reiki entwickeln wir uns ganz natürlich, von innen heraus, immer zu einem Leben, das auch Harmonie auf der seelischen Ebene miteinschließt, und das von der Natürlichen Gesundheitslehre empfohlen wird. Wir sehen Probleme nicht als Strafe, sondern als Herausforderung, und Krisen nicht als Weltuntergang, sondern als Chance.

Wo wir uns früher aufgeregt hätten, reagieren wir plötzlich heiter und gelassen. Das Glas ist für uns immer öfter nicht halb leer, sondern halb voll. Wo früher Vorwürfe unser Herz vergiftet haben, können wir jetzt von Herzen vergeben. Wo wir vormals egoistisch oder rechthaberisch waren, macht uns Geben, Schenken und Helfen plötzlich Freude. Wo wir uns vormals von Stress haben unterkriegen lassen, können wir jetzt mit Humor reagieren und sogar über uns selbst lächeln und sogar lauthals lachen. Unsere Einstellung – das alles Entscheidende – wandelt sich. Wo wir früher nie genug bekamen, überstrahlt plötzlich ein Gefühl der Dankbarkeit unser ganzes Leben. Wo wir früher zaghaft oder ängstlich waren, ergreift uns neuer Lebensmut und einfach Freude am Sein. Wir wachsen hinein in einen Zustand von Energieüberfluss und bedingungsloser Liebe. Die Lust auf Ungesundes lässt nach, weil wir lernen, in Kontakt mit unseren Gefühlen zu sein und uns und anderen die Zuwendung zu geben, die wir brauchen.

Das authentische Reiki zur dauerhaften Aktivierung ausschließlich universaler Lebenskraft kann jeder, auch schon Kinder, lernen, und wir bekommen damit ein wirksames Werkzeug in die Hände, weiter an unserer Ausstrahlung zu arbeiten und zu dem zu werden, der wir sein möchten und der wir in Wahrheit schon längst sind. Außerdem stärken wir über die Ausschüttung von Endorphinen unser Immunsystem und kommen leichter ins Säure-Basen-Gleichgewicht. Wer möchte, kann mit dieser Technik auch andere auf diesem Weg unterstützen. Immer mehr entwickeln wir die inneren Qualitäten von heiterer Gelassenheit, innerem Frieden, Freude am Sein und bedingungsloser Liebe.

Ich unterrichte diese Methode seit mehr als sechzehn Jahren, und mehr als 5000 Menschen habe ich im In- und Ausland bisher den ersten Grad dieses uralten Energiesystems vermittelt. Vielleicht sind Sie in einem der nächsten Seminare auch dabei? Ich gebe Seminare im authentischen Reiki in ganz Deutschland und auf den Kanarischen Inseln sowie in Österreich, Bulgarien und nach Bedarf. Info und Programm: Tel. 040-895338.

Yoga

Ein anderes Energiesystem, das ähnlich wie das authentische Reiki wirkt, ist Yoga. Allerdings ist es nicht jedermanns Sache, täglich mindestens eine Stunde lang Übungen zu machen. Yoga fördert die Körperbeherrschung, das Gleichgewichtsgefühl und trainiert alle Sinne. Eine Studie am Lehrstuhl für Naturheilkunde der Freien Universität Berlin mit 247 Frauen und Männern, die an Rückenschmerzen, chronischen Kopfschmerzen, Nervosität, Verdauungs- und Schlafstörungen litten, ergab: Bei allen Teilnehmern verringerten sich die Beschwerden oder verschwanden sogar ganz. Nach dem 18-monatigen Programm gaben die Kursteilnehmer an, mehr Selbstwertgefühl, Ruhe und Gelassenheit im Alltag zu empfinden. Einen qualifizierten Yogalehrer finden Sie über den »Berufsverband Deutscher Yogalehrer« (Tel. 09364-4797, Frau Bossinger).

Die Transzendentale Meditation

Wie das authentische Reiki, ist auch die Transzendentale Meditation eine meditative Technik, das heißt, sie führt uns in unsere eigene Mitte und zentriert uns. Durch das Wiederholen eines Mantras werden wir innerlich ruhiger, lösen Stress auf und schärfen unsere Intuition. Unsere Gedanken werden positiver, und unser Gefühlsleben harmonisiert sich. Wir werden seelisch belastbarer. Es gibt in jeder größeren Stadt TM-Meditationszentren, in denen man diese einfache und wirksame Technik erlernen kann (Anbieter von Kursen in »Transzendentaler Meditation« finden Sie unter diesem Stichwort im Telefonbuch, oder über die Zentrale in Schledehausen, Tel. 05402-8483, Fax -8738).

Psychosomatische Beschwerden wie Herzrhythmusstörungen oder Schlafprobleme verschwinden oft schon nach wenigen Wochen Meditationspraxis, wie ich selbst erfahren konnte.

Essen als Meditation

Wir nehmen täglich mindestens drei Mahlzeiten zu uns. Wie man Essen als Meditation erleben kann, hat Omraan Mikhael Aivanov in seinem Buch »Yoga der Ernährung« (siehe Literaturverzeichnis) hervorragend beschrieben. Wenn wir besinnlich und andächtig essen, erkennen wir voll Dankbarkeit, dass Essen »der Liebesbrief des Schöpfers« an uns ist, der uns damit seinen Willen bekundet, dass wir leben, weil Er noch Großartiges mit uns vorhat. Wir können uns beim Essen im Schweigen außerdem bei den Engeln der vier Elemente bedanken. Nach einer solchen Mahlzeit fühlen wir uns bereichert, beschwingt und energiegeladen, Bewusstseinszustände, die wir von der Meditation her kennen. Diese Meditationspraxis kann man zum Beispiel im Zentrum der »Fraternité Blanche Universelle« in der Nähe von Nizza praktisch kennen lernen und einüben.

Wer sich gesund ernährt und sich sportlich betätigt, tut viel für seine Gesundheit. Wie Sie aber vielleicht von Ihrem Alltagsleben her wissen, ist dies nicht genug. Nur in einem gesunden Körper ruht ein gesunder Geist, aber ein »kranker«, unausgeglichener Geist und unharmonische Gefühle können auch den Körper krank machen.

Wie man die Afa-Alge einnimmt

Darreichungsformen

Die Afa-Alge gibt es als Pressling in verschiedenen Größen von 250, 400 und 500 Milligramm. Sie ist auch als Kapsel mit pflanzlicher Hülle von 250 Milligramm erhältlich. Der Vorteil: Man kann die Kapseln öffnen und den Inhalt in Säfte oder Salate geben. Es empfiehlt sich, die Tabs morgens zu nehmen, mit einem Glas möglichst gereinigtem und vitalisiertem Wasser, da der Alge durch den Trocknungsprozess viel Flüssigkeit entzogen wurde. Danach sollte man etwa eine halbe Stunde bis zum Frühstück warten. Die morgendliche Einnahme bringt den Körper gleich wieder ins Säure-Basen-Gleichgewicht, sodass man sich gut gelaunt auf den neuen Tag freuen kann.

Ich nehme dann mittags noch einige Presslinge, und am Abend noch einmal, besonders dann, wenn ich noch lange am Computer sitzen und kreativ arbeiten muss. Manche bekommen durch die Afa-Alge so viel Energie, dass sie gelegentliche Einschlafschwierigkeiten haben. Ich persönlich habe das nur ganz selten erlebt. Allerdings konnte ich feststellen, dass ich eine halbe bis eine Stunde weniger Schlaf brauche, also mit fünf bis sechs Stunden Schlaf auskomme. Ich brauche nicht nur weniger Schlaf, sondern bin auch in der Zeit, in der ich nicht schlafe, viel munterer, kreativer und produktiver als zuvor.

Ich kenne einige Menschen, die nur einmal am Morgen Afa-Algen nehmen und davon den ganzen Tag profitieren. Ich selbst habe herausgefunden, dass eine mindestens zweimalige Einnahme für mich persönlich besser ist.

Viele nehmen das Pulver in Getränke eingerührt. Ich habe dazu im Rezeptteil dieses Buches auf Seite 238 eine Anzahl von Vorschlägen aufgeführt.

Im Verhältnis ist das Pulver preisgünstiger als die Presslinge. Es ist daher gut, beides zur Verfügung zu haben. Wenn man unterwegs ist, sind die Tabs wesentlich praktischer als das sehr farbintensive blaugrüne Pulver, das leicht etwas staubt!

Von der Firma Sanacell gibt es auch so genannte Mini-Flakes, feine Flocken, die kristallartig glitzern. Man kann sie einfach kauen und hinunterschlucken oder über den Salat geben, was einen reizvollen grünblauen Farbeffekt ausmacht. Wenn man die Flocken in ein Glas gibt, sinken sie nach unten und verteilen sich. Die Flocken schmecken angenehm würzig und nur leicht bitter.

In den USA gibt es eine sehr mineralstoffreiche und wohlschmeckende Kräutersalzmischung mit Afa-Algen von der Firma Klamath Blue-Green Algae, die hoffentlich auch bald hier zu haben ist, und die sehr lecker in Salaten, Essener-Brot und zu Getreidegerichten schmeckt. Ein Rezept für eine Kräutersalzmischung zum Selbermachen finden Sie im Rezeptteil.

Die richtige Dosierung

Es gibt nur annähernde Richtlinien für die »richtige« Dosierung. Die meisten Anbieter empfehlen eine tägliche Menge von Pulver oder Tabs, die 1,5 bis 2 Gramm entspricht. Diese Menge erscheint mir für mich zu niedrig, da ich als sportlich aktive und berufstätige Mutter zweier lebhafter Kinder, Seminarleiterin, Buchautorin und Fachjournalistin ein großes Tagespensum zu erledigen habe.

Wer sich ein vergleichbar stressreiches Leben kreiert hat, wird vielleicht ähnliche Erfahrungen machen. Es gibt Tage, da »brauche« ich für ein optimales Wohlbefinden und eine optimale Leistungsfähigkeit bis zu 10 Gramm Afa-Algen. Ich bemerke, dass ich durch diese hohe Dosis extrem belastbar bin, sowohl psychisch als auch körperlich.

Die Spannweite der Dosis reicht also bei Erwachsenen von 1,5 Gramm bis zu 10 Gramm täglich, in Einzelfällen vielleicht auch darüber hinaus. Generell hängt die ideale Dosis von vielen Faktoren ab, wie zum Beispiel dem Aktivitätsniveau, allgemeinem Gesundheitszustand, Stressbelastung, Leistungsanforderungen und möglichen Nährstoffdefiziten.

Insgesamt preiswerter

Einige nehmen die Afa-Alge nicht, weil sie die wild wachsende Mikroalge »zu teuer« finden, zum Beispiel im Vergleich zur Spirulina-Alge. Diese Einstellung kann ich nicht teilen, weil die Afa-Alge wesentlich nährstoffreicher als Spirulina ist. Die Spirulina-Expertin Halima Neumann empfiehlt eine Mindestdosis von 30 Gramm Spirulina-Algen täglich, um einen überzeugenden gesundheitlichen Vorteil zu erlangen. Bei der Afa-Alge kann schon die geringe Menge von 1,5 oder 2 Gramm eine große Verbesserung an Widerstandskraft und Wohlbefinden bewirken! Menschen, die den hohen Preis der Afa-Alge kritisieren, wissen meist nicht, dass das Ernteverfahren auf eigens konstruierten Erntebooten wesentlich kostenaufwendiger ist als bei der Spirulina-Alge, und auch die Verarbeitungsbedingungen wesentlich teurer sind als bei der in großen Becken kultivierten Spirulina-Alge.

Wenn man die sehr kleine Menge, die man von der Afa-Alge braucht, berücksichtigt, stellt man fest, dass sie sogar im Verhältnis zur Spirulina preiswert ist. Viele Hersteller haben schon günstige Familien- und Großpackungen im Programm, und einige – Beispiel Sanacell – bieten ein günstiges Abonnement an.

Keine Gefahr der Überdosierung

Eine Überdosierung ist nicht möglich, es handelt sich ja nicht um ein Medikament, sondern um ein hoch konzentriertes natürliches Lebensmittel mit einer einzigartigen Nährstoffdichte. Ich habe einmal »aus Spaß«, um eigene Erfahrungen zu sammeln, eine ganze Dose mit Afa-Algen-Presslingen, 120 Tabs à 250 Milligramm auf einmal gegessen. Es passierte nichts weiter, außer, dass ich mich sehr gut fühlte.

Trotzdem sollte man mit einer geringen Dosis von vielleicht 0,5 Gramm beginnen und die Dosis alle zwei bis drei Tage um 0,5 Gramm erhöhen, bis man bei der optimalen Dosierung angelangt ist.

Es kann, besonders bei kranken Menschen und solchen, die sich ungesund ernähren, zu Entgiftungserscheinungen kommen, ähnlich wie bei einer Umstellung auf Rohkost oder einer

Fastenkur. Man sollte bedenken, dass dieses Nahrungsmittel für den Körper neu ist, und ihm eine gewisse Zeit geben, um sich darauf einzustellen. Gut wäre es, bei Entgiftungserscheinungen zum Beispiel in Form von Pickeln, Durchfall, einer belegten Zunge, einem geruchsintensiven Urin oder Kopfschmerzen viel reines und energetisiertes Wasser zu trinken, um die gelösten Schlacken möglichst schnell herauszubefördern. Bei Fortdauern der Symptome sollte die Dosis über einige Wochen reduziert und dann langam gesteigert werden.

Durch die Inhaltsstoffe der Afa-Alge werden alle Entgiftungsorgane in ihrer Funktion gestärkt und ein Entschlackungsprozess eingeleitet. Je mehr aus dem Gleichgewicht und je belasteter eine Person ist, desto geringer sollte die Einstiegsdosierung liegen.

Vorsicht bei Schwangerschaft

Schwangere Frauen sollten mit der Afa-Algen-Einnahme bis nach der Geburt warten, um nicht durch eventuell eintretende Entgiftungprozesse das Ungeborene zu belasten. Die Afa-Alge leitet sogar Schwermetalle wie Amalgam, Blei und Kadmium aus! Wenn eine Frau erwägt, schwanger zu werden, sollte sie hingegen bald mit der Algen-Einnahme beginnen, möglichst schon ein Jahr bis sechs Monate vor der geplanten Empfängis. Auf diese Weise hat der Körper genügend Zeit, sich auf das neue Lebensmittel einzustellen, sich zu reinigen und seine Vitalstoffreserven optimal aufzufüllen.

Achtung, Männer: Durch die Einnahme der Afa-Alge kann die Spermienqualität und -quantität sich verbessern und auch die Potenz.[138]

Dosierung bei gesundheitlichen Problemen

Wer unter Verdauungsproblemen leidet, kann in der Anfangszeit der Afa-Algen-Einnahme unter Blähungen leiden. Dies hängt mit der Entgiftung des Darms und der Zerstörung und Ausscheidung unphysiologischer Bakterien zusammen. Die Dosierung sollte bei solchen Problemen langsam über einen Zeitraum von vier Wochen erhöht werden.

Bei gesundheitlichen Problemen wie Candida-Befall, Schwermetallbelastung, Mineralstoffmangel, Haarausfall, Osteoporose, Depressionen, Nahrungsallergien und Heißhungerattacken empfiehlt die Ärztin Gillian McKeith eine höhere Dosierung bis zu 10 Gramm täglich. Man sollte allerdings mit einer geringeren Dosis beginnen und diese langsam steigern.

Dosierung bei Kindern

Kinder in der Pubertät brauchen manchmal mehr Afa-Algen als Erwachsene. Bei besonderen Belastungen wie Klassenarbeiten verdoppele ich bei meinem Sohn die tägliche Dosis von 1,5 Gramm. Lesen Sie dazu bitte auch das Kapitel »Wie kann man Kinder zur Einnahme motivieren?« auf Seite 191. Wie gesagt, wichtig ist, dass man sich selbst und den Kindern klarmacht, dass es sich nicht um »Pillen« oder Medikamente handelt, sondern um ein sehr wertvolles Nahrungsmittel, und man sollte natürlich am besten mit gutem Beispiel vorangehen und die Algen-Einnahme zu einer Familienangelegenheit werden lassen. Wir können nicht von unseren Kindern Dinge erwarten, die wir selbst nicht zu tun bereit sind.

Rezepte

Der Geschmack der Afa-Alge ist für viele etwas gewöhnungsbedürftig, da er wie bei fast allen Wildkräutern bitter und gelegentlich etwas scharf ist. Wer sich erst einmal daran gewöhnt hat, weiß diese Geschmacksnote meist zu schätzen. Die Bitterstoffe in der Afa-Alge sind eine Wohltat für Magen und Bauchspeicheldrüse. Wenn man die Afa-Alge mit süßen Lebensmitteln mischt, wie zum Beispiel Bananen, schmeckt sie noch besser.

Wer sich mit dem Geschmack der Afa-Alge überhaupt nicht anfreunden kann, kann sie als Pressling, Kapseln oder als Flüssigextrakt in Apfelpektin einnehmen.

Enzyme und viele Vitamine sind hitzeempfindlich, Eiweiß wird durch Erhitzen »denaturiert«, das heißt entwertet und schlecht verdaulich. Um die wertvollen Inhaltsstoffe der Afa-Alge nicht zu zerstören, habe ich daher keine Kochrezepte aufgeführt. Man kann Afa-Algen-Pulver oder -Flakes über Salate und andere Gerichte streuen. Wer Suppe, gekochtes Gemüse oder Getreide isst, sollte das Pulver nicht unterrühren und mitkochen lassen, sondern zum Schluss darüberstreuen oder mit dem Unterrühren warten, bis das Essen abgekühlt und mundwarm ist.

Wenn nicht anders angegeben, sind die Rezepte für eine Person gedacht.

Noch ein Hinweis:

Denken Sie daran, dass diese hier vorgestellten Säfte keine Getränke zum Durstlöschen sind – dafür ist gereinigtes und vitalisiertes Wasser da –, sondern flüssige Nahrung, die gut eingespeichelt werden sollte. Ein Teil der Verdauung findet nämlich schon im Mund statt.

Süßliche Getränke

Vitalstoff-Smoothie (für vier Personen)

Man braucht für diesen leckeren Smoothie, der das Frühstück oder eine andere Mahlzeit ersetzen kann, eine Avocado, Kokosmilch (Asien-Laden), einen gehäuften Teelöffel Afa-Algen-Pulver oder -Flakes, einen gehäuften Teelöffel Spirulina-Alge, 0,5 Liter Karottensaft (möglichst frisch gepresst), einen Teelöffel Acerola-Pulver (natürliches Vitamin C; Reformhaus oder im Versand z. B. bei Papaya Vera, Adresse siehe im Kapitel Firmen-Porträts auf S. 282) und einen Esslöffel Gerstengraspulver.

Alle Zutaten im Mixer pürieren. Enthält viel Chlorophyll, Vitamine, hochwertiges Eiweiß und Mineralstoffe.

Achtung: Immer die Klamath-Algen als letzte Zutat hinzufügen, dann lösen sie sich besser auf!

Fred's Good Morning-Shake

Dieser Shake bringt einen mit seinen Vitaminen, Mineralien, Enzymen und Spurenelementen wunderbar in Schwung. Er ist auch bei Kindern sehr beliebt.

Sie nehmen den frisch gepressten Saft von zwei oder drei Orangen, zwei vollreife Bananen und pürieren das Ganze mit einem Zauberstab beziehungsweise im Mixer. Dann fügen Sie vier bis sechs entsteinte Datteln und einen gut gehäuften Teelöffel Klamath-Algen (Pulver oder Flakes) hinzu. Nochmals pürieren und mit einem Minzeblatt garnieren.

Statt Datteln können Sie auch getrocknete Feigen nehmen, die Sie vorher zwölf Stunden lang in vitalisiertem Filterwasser oder stillem Mineralwasser einweichen. Den Orangensaft können Sie auch durch Apfel-, Birnen-, Bananen- oder Mangosaft austauschen.

Verwenden Sie immer frisch gepresste Säfte – am besten dafür eignet sich der Champion Juicer (Firma »Bionika« oder »Keimling Naturkost«) – aus vollreifen Früchten, möglichst aus Bio-Anbau. Nur frisch gepresste Säfte sind biologisch aktiv.

Apfel-Traum

Dieser Algen-Trunk besteht aus Apfelsaft, möglichst frisch gepresst, zwei Teelöffeln Aloe-Vera-Saft und zwei Teelöffeln Afa-Algen-Pulver oder dem Inhalt von vier Afa-Algen-Kapseln à 250 Milligramm. Alle Zutaten in den Mixer geben und gut durchmischen. Auf Wunsch kann man etwas grünes Stevia-Pulver hinzugeben, das dem Getränk eine süße Note verleiht.

Bananen-Smoothie

Man braucht hierfür einen viertel Liter Apfel- oder Ananassaft, eine Banane und einen Teelöffel Afa-Algen-Pulver oder -Flakes. Alles im Mixer verflüssigen.

Enthält viel Kalzium, Serotonin sowie Pektin und wirkt als Stimmungsaufheller.

Bananen-Smoothie mit Stevia

Man gibt einen Becher Wasser, einen gehäuften Teelöffel grünes Stevia-Pulver, einen gehäuften Teelöffel Afa-Flakes mit einer Banane und – auf Wunsch – einigen Rosinen in den Mixer und mixt bei kleinster Stufe. Das ideale Power-Frühstück!

Stevia-Süßtraum

Für eine Person braucht man eine Banane, einen gehäuften Teelöffel Afa-Algen-Flocken und einen gehäuften Teelöffel grünes Stevia-Pulver sowie einen Becher gutes Wasser und ein paar Rosinen.

Alles im Mixer verflüssigen und sofort trinken.

Stevia schmeckt angenehm süß, hat keine Kalorien und enthält als grünes Pulver wertvolle Mineralien und Pflanzenbegleitstoffe. (Vgl. dazu Barbara Simonsohn, *Stevia – sündhaft süß und urgesund*, siehe Literaturverzeichnis.)

Papaya-Drink

Man braucht hierfür eine Papaya, einen Teelöffel Afa-Algen-Pulver und einen viertel Liter Kokosmilch. Papaya halbieren und das Fruchtfleisch auslöffeln. Die Kerne entfernen, trocknen lassen und als enzymreichen »Papaya-Pfeffer« verwenden. Alles im Mixer verflüssigen. Wer möchte, kann die Kerne auch mit in den Mixer geben, der Drink wird dadurch pfefferig.

Dieser Drink ist als Wachmacher ideal zum Frühstück: Man braucht keinen Kaffee mehr!

Algen-Mandel-Milch

Dieser Shake ist besonders wertvoll für Kleinkinder, ältere Menschen und für Milchallergiker. Er aktiviert und belebt.

Nehmen Sie 50 bis 60 Gramm geschälte süße Mandeln und weichen Sie diese etwa 12 Stunden in 0,5 Liter reinem und energetisiertem Wasser ein. Dann pürieren Sie die Mandeln im Einweichwasser, dem Sie ein bis zwei Teelöffel Klamath Algen-Pulver zugegeben haben. Gießen Sie die Mandelmilch für Säuglinge und Kleinkinder durch ein Sieb.

Diese Mandelmilch ist der beste Milchersatz für Säuglinge, da sie ähnliche Stoffe enthält, wie wir sie in der menschlichen Muttermilch finden (siehe Kapitel »Parallelen zur Muttermilch« auf Seite 102). Für ältere Kinder und Erwachsene ist sie eine hochwertige Aufbaunahrung.

Wer möchte, kann die Mandelmilch mit Vanille oder Zimt und einem Spritzer Stevia-Extrakt auf Wasserbasis geschmacklich verfeinern.

Pikante Soßen und Säfte

Gemüsesaft mit Klamath-Algen

In einem viertel Liter frisch gepressten Karotten- und Apfelsaft – Karotten und Äpfel möglichst aus Bio-Anbau – im Verhältnis ⅔ zu ⅓ rührt man einen Teelöffel Klamath-Algen-Pulver ein.

Trinken Sie diesen Saft kurmäßig über einen Zeitraum von vier Wochen, und Sie werden besser aussehen und sich besser fühlen!

Karotten sind sehr mineralstoffreich, und das Pektin und die Fruchtsäuren im Apfelsaft reinigen Zellen und Organe von Schlackenstoffen. Außerdem wirkt dieser Saft im Körper sehr basenbildend und fördert so das Säure-Basen-Gleichgewicht.

Chlorophyll-Shake

Für diesen Drink brauchen Sie pro Person eine Möhre, eine Hand voll Spinat oder einen drittel Kopfsalat – je nach Größe – und etwas Sellerieknolle.

Entsaften Sie alles und mischen Sie in den frisch gepressten Saft einen Teelöffel Afa-Algen-Pulver oder -Flakes hinein.

Dieser Saft ist eine Wohltat für den Darm: Er reinigt und vitalisiert.

Tomaten-Sellerie-Saft

Entsaften Sie drei bis fünf – je nach Größe – vollreife Tomaten mit etwas Sellerie und Petersilie. Die Menge des Sellerie sollte nur etwa ein Viertel der Menge Tomaten betragen, da sonst der

Selleriegeschmack zu dominant wird. Zum Schluss schmecken Sie den Saft mit schwarzem Pfeffer, »Papayapfeffer« aus getrockneten Papayasamen und einem Teelöffel Afa-Algen-Pulver ab und mixen noch mal durch.

Energie-Trunk

Man braucht hierfür einen Entsafter. Geben Sie fünf klein geschnittene Möhren, ein fingerhutgroßes Stück frischen Ingwer, etwas Petersilie und einen halben Teelöffel Afa-Algen-Pulver oder den Inhalt von zwei Kapseln in den Mixer und mixen alles fein. In ein Glas geben, mit einem Blatt Pfefferminze oder einer Zitronenscheibe garnieren und möglichst sofort trinken.

Der Trunk ist sehr gut für Augen und Haut, da er viel Provitamin-A, Chlorophyll und Vitamin C enthält. Die Algen-Enzyme und der Ingwer machen munter und regen den Kreislauf sanft an.

Verdauungs-Trunk I

Gleich morgens kann man sich einen gesunden Grüntrunk zubereiten, der die Tasse Kaffee als Muntermacher ersetzen kann, die Verdauung sanft anregt und den Darm reinigt.

Man braucht einen gehäuften Teelöffel Spirulina-Pulver, einen Teelöffel Afa-Algen-Pulver oder -Flocken, einen gehäuften Teelöffel Gerstengraspulver (zum Beispiel als »Green Magma« in Reformhäusern) und zwei Esslöffel Flohsamenschalen-Pulver (Apotheke oder Versand, zum Beispiel »Spira Verde«).

Alles in einen großen Becher geben und mit lauwarmem,

möglichst gereinigtem und vitalisiertem Wasser auffüllen und gut umrühren. Gleich trinken, weil die Flohsamen das Wasser sonst zum Gelieren bringen. Die Flohsamen quellen im Darm auf, erhöhen das Darmvolumen, verstärken dadurch sanft die Peristaltik, entgiften den Darm, indem sie wie ein Löschpapier Gifte aufsaugen. Zudem dienen sie mit ihren Faserstoffen den nützlichen Darmbakterien wie Azidopholus und Bifidus als Nahrung. Ich trinke daher diesen Verdauungstrunk jeden Morgen. Er wirkt durch die vielen Mineralien entsäuernd und stimmungsaufhellend.

Danach eine halbe Stunde mit dem Frühstück warten, um den Reinigungsprozess im Darm zu unterstützen.

Verdauungs-Trunk II

Weichen Sie einen Esslöffel ganze Leinsamen über Nacht ein und verrühren Sie ihn morgens mit einem halben Teelöffel Afa-Algen-Pulver in einem großen Glas mit stillem beziehungsweise gereinigtem Wasser. Auch danach sollte man mindestens eine halbe Stunde warten, ehe man frühstückt. Auch Leinsamen erhöhen das Darmvolumen, führen zu einem weichen Stuhl und binden Giftstoffe im Darm.

Spitzen-Dressing für Salate

Man braucht für dieses leckere Dressing: 3 Esslöffel Oliven- oder Walnussöl, 2 Teelöffel Sesamkörner, 2 Teelöffel »Braggs Amino Acids« (ohne Salz, über »Papaya Vera«) oder Tamari (Sojasauce) ohne Zucker, ½ kleine Zwiebel (fein gehackt), eine klein geschnittene Knoblauchzehe (auf Wunsch), einige Tropfen flüssigen Stevia-Extrakt auf Wasserbasis (z. B. über »Sanacell« oder »Papaya Vera« erhältlich), 2 Teelöffel frisch gepressten Zitronensaft, 2 Teelöffel Afa-Algen-Pulver oder -Flocken beziehungsweise den Inhalt von zwei Kapseln à 250 mg Afa-Algen-Tabs. Viel Dillspitzen oder getrockneten Dill und eventuell ein wenig Kräutersalz zum Abschmecken.

Alle Zutaten mit dem Löffel oder einem kleinen Schneebesen gut verrühren. Hervorragend als Dip oder Salat-Dressing.

Avocado-Creme

Nehmen Sie ein bis zwei butterweiche Avocados, schälen Sie sie, entfernen Sie den Kern und pürieren Sie sie zusammen mit einer Knoblauchzehe – auf Wunsch –, zwei Tomaten und einem Teelöffel frischen Zitronen- oder Limonensaft. Fügen Sie ein bis zwei Teelöffel Afa-Algen-Pulver oder -Flakes hinzu und schmecken Sie mit Küchenkräutern, etwas Curry oder Ingwer ab.

Diese eiweißreiche Avocadocreme mit einer Fülle von gesunden ungesättigten Fettsäuren kann man als Salatdressing nehmen, zu Frischgemüse wie Karottenstiften oder Selleriestangen als Dip verwenden, oder als gesunden Brotaufstrich reichen, zum Beispiel zu Essener-Broten (Rezept auf Seite 249).

Man kann auch Afa-Algen-Pulver auf Avocado-Stücke streuen und mit Pfeffer, Papaya-Pfeffer aus Papayasamen und etwas Kräutersalz abschmecken.

Avocados enthalten hochwertiges Eiweiß und wertvolle Proteine und machen eine schöne, glatte Haut.

Grüne Mayonnaise

Für diese köstliche Mayonnaise braucht man eine vollreife, weiche Avocado und zwei Esslöffel kaltgepresstes Olivenöl und einen Spritzer Stevia-Extrakt (auf Wasserbasis). Alles in den Mixer geben. Dann nach und nach etwa 50 Gramm gemahlene Haselnüsse oder Mandeln zugeben und so lange mixen, bis die Flüssigkeit die Konsistenz einer Mayonnaise hat.

Nach Belieben mit etwas Zitronensaft und Afa-Algen-Pulver abschmecken.

Universelle Salatsoße

Für diese Soße braucht man eine Knoblauchzehe, eine halbe Zwiebel, drei Esslöffel kaltgepresstes Oliven- oder Sonnenblumenöl, frische Petersilie, Pfeffer oder Papaya-Pfeffer und Afa-Algen-Pulver.

Nehmen Sie eine Knoblauchzehe, zerteilen Sie diese grob in mehrere Stücke und legen Sie sie zusammen mit klein geschnittener Zwiebel und einem Essslöffel frisch gepresstem Zitronensaft etwa eine halbe Stunde in drei bis vier Esslöffel kalt gepresstem Oliven- oder Sonnenblumenöl ein. Danach schmecken Sie diese Soße mit frischer Petersilie und (Papaya-)Pfeffer ab und geben zum Schluss einen Teelöffel Klamath-Algen hinzu.

Auf Wunsch mit »Bragg Liquid Aminos« mit allen essenziellen Aminosäuren oder ersatzweise Tamari abschmecken (ohne Salz, aber schmackhafter als Sojasoße. Momentan ist »Bragg Liquid Aminos« in Deutschland nur über die Firma Papaya Vera erhältlich. Die Bestelladresse in den USA: Live Food Products, Box 7, Santa Barbara, CA 93102, USA, Tel. 001-800-446-1990. Man muss bei der Bestellung in den USA eine Kreditkartennummer angeben).

Feste Speisen und Sonstiges

Kräutersalzmischung

Man braucht für dieses leckere und gesunde Gewürz eine Tüte Meeresalgen-Flocken (Naturkostladen), ca. einen Teelöffel Gomasio (Meersalz und gerösteter Sesam, Bio-Laden), getrockneten Knoblauch, eine Prise Cayennepfeffer oder getrocknete und gemahlene Papayasamen (viel enzymreicher als normaler Pfeffer!), getrocknete Zwiebeln, auf Wunsch einen Esslöffel Hefeflocken, etwas getrocknete Dillspitzen, Majoran, Paprikapulver und zwei Esslöffel Afa-Algen als Pulver oder – noch besser – als Flocken. Alles gut mischen und in einen großen Gewürzstreuer füllen.

Diese mineralstoffreiche Würzmischung schmeckt gut zu Salat, auf Avocados, in Dips, Saucen, Reis, zu Vollkorn-Nudeln, Getreide, Gemüsesuppen, Tacos und herzhaftem Popcorn. Weil sie so vielseitig ist, habe ich sie immer auf dem Tisch stehen.

Übrigens: Einige herkömmliche Kräuter-Salz-Mischungen enthalten Glutamat, ein Geschmacksverstärker, der zum »China-Restaurant-Syndrom« – Hitzewallungen, Herzklopfen, anschließend Erschöpfung – führen kann.

Creme-Kartoffeln

Kochen Sie etwa ein Kilo Bio-Kartoffeln. Wenn sie gar sind, pellen Sie die Kartoffeln und pürieren Sie diese mit etwas Kräutersalz oder »Bragg Liquid Aminos« oder ersatzweise Tamari (Sojasoße) und Schabziegerklee (ein Kraut, das Sie im Reformhaus finden) sowie etwas Sahne. Richten Sie die Kartoffelcreme auf den Tellern an und garnieren Sie die Creme mit Algen-Pulver und Schnittlauch.

Essener-Brot

Es handelt sich hierbei um ein echtes Rohkostbrot, bei dem die bekannten Nachteile von erhitztem Getreide (wie Verschleimung und Verstopfung) nicht vorkommen.

Nehmen Sie ein Kilo Dinkelkörner, Einkorn oder Kamut (Urweizen, alles aus dem Naturkostladen oder Reformhaus). Geben Sie die Körner zwölf Stunden, zum Beispiel über Nacht, in gefiltertes und vitalisiertes Wasser. In dieser Zeit beginnen die Getreidekörner zu keimen. Ein angekeimtes Korn hat um das Zehnfache mehr Vitamingehalt als ein trockenes. Die angekeimten Körner im Mixer pürieren und dann drei Esslöffel Afa-Algen hinzufügen. Auf Wunsch mit etwas Meersalz abschmecken. Sollte die Konsistenz des Körnerbreis zu dünn sein, mischen Sie etwas Dinkel-Vollkornmehl unter.

Jetzt verteilen Sie den Brei einen halben Zentimeter dick auf ein Backblech und stellen Sie das Ganze an einen warmen Ort oder im Sommer direkt in die Sonne zum Trocknen.

Man kann auch ein Dörrex-Trockengerät (zum Beispiel von der Firma »Bionika« oder »Eviva«) nehmen und eine enzymschonende Temperatur bis 40 Grad einstellen. Bitte Butterbrotpapier unterlegen! Das Brot wird knusprig wie Knäckebrot und ist sehr lange haltbar. Das Brot schmeckt auch lecker mit Avocado-Creme (siehe Seite 246). Bitte gut kauen, damit das Ptyalin im Mund optimal aktiviert werden kann.

Wer möchte, kann den angekeimten Körnerbrei auch mit Gewürzen wie Koriander, Kümmel, Curry oder Kräutern vermischen, oder auch mit Leinsamen, Sesam oder Sonnenblumenkernen. Die Saaten sollten mit dem Getreide zusammen eingeweicht und angekeimt werden.

Essener-Brot mit Gomasio

Es ist auch möglich, dieses Brot aus gekeimten Körnern – die Keime sollten höchstens so lang wie das Korn werden – zuzubereiten. Dann ist dieses »Sonnenbrot« noch vitalstoffreicher. Man braucht ein großes, leeres Gurkenglas, etwas Fliegengaze (Haushaltswarenabteilung im Kaufhaus) und einen Einmachgummi.

Füllen Sie das Glas mit vier Esslöffeln Weizen, Gerste, Kamut oder Dinkel, verschließen Sie die Öffnung mit Fliegengaze und Einmachgummi und lassen Sie die Körner mit gereinigtem Wasser bedeckt über Nacht ziehen. Am folgenden Morgen spülen Sie die Körner und stellen das Glas schräg auf ein Fensterbrett; die Öffnung sollte dabei zum Fenster zeigen. Jetzt spülen Sie die Körner morgens und abends, bis sie – meistens dauert es zwei Tage – Keime gebildet haben, die so lang wie das Korn sind.

Jetzt geben Sie die Keime in eine Schüssel und verrühren sie mit zwei Esslöffeln Gomasio – geröstetem Sesam mit Meersalz –, zwei Esslöffeln kalt gepresstem Olivenlöl (»extra vergine«, dann ist eine Temperatur unter 40 Grad bei der Herstellung garantiert) und einem gehäuften Esslöffel Afa-Algen-Pulver. Die Masse geben Sie in den Entsafter. Den entstandenen Brei breiten Sie dünn mit Backpapier auf den Sieben eines Dörrex-Gerätes aus und trocknen das Brot bei Rohkosttemperatur unter 40 Grad. Das Essener-Brot hat eine Konsistenz wie Knäckebrot, eine magisch anmutende türkise Farbe und ist lange haltbar. Am besten nach dem Abkühlen in einer Blechdose aufbewahren.

Rohkost-Reiskräcker

Lassen Sie 500 Gramm Vollkorn-Reis aus Bio-Anbau (Reformhaus oder Naturkostladen) wie oben beim Essener-Brot beschrieben keimen (2 Tage). Außerdem brauchen Sie eine mittelgroße Zwiebel, einen Teelöffel Kümmelsamen, einen Esslöffel Afa-Algen-Pulver und zwei Teelöffel »Bragg Liquid Aminos« oder ersatzweise Tamari-(Soja-)Soße. Alles vermischen und durch den Entsafter geben. Butterbrotpapier auf den Sieben vom Dörrex-Gerät ausbreiten und den Teig etwa einen Zentimeter hoch verteilen.

Bei 40 Grad zwei Stunden lang trocknen lassen, dann mit einem scharfen Messer in Quadrate schneiden. Weitere zwei Stunden lang trocknen und dann umdrehen und weitere zwei bis vier Stunden austrocknen lassen.

Haferkekse mit Algen

Man braucht hierfür 500 Gramm Haferkörner (für 24 Stunden eingeweicht), 150 Gramm Leinsamen (für 4 Stunden eingeweicht), eine halbe Zwiebel, drei Knoblauchzehen, einen gehäuften Teelöffel Afa-Algen-Pulver und sechs Teelöffel »Bragg Liquid Aminos« oder ersatzweise Soja-Soße. Zwiebel und Knoblauch klein schneiden und mit den anderen Zutaten durch den Entsafter geben. Die Siebe des Dörrex-Gerätes mit Butterbrotpapier oder Backpapier auslegen. Den Brei so dünn wie möglich auf das Papier streichen und bei 40 Grad zwei bis vier Stunden trocknen, dann Papier entfernen und die Kekse umdrehen, bis die Mischung vollständig trocken ist.

Die Heilkraft der Afa-Alge von A–Z

Aids *siehe »HIV«*

Alterungsprozesse

Viele ältere Menschen klagen über Antriebsschwäche, nachlassendes Leistungsvermögen und Verdauungsstörungen. Alterungsprozesse werden durch Enzymmangel und durch Zellschäden durch Freie Radikale verursacht, sowie durch Vitalstoffmangel und Umweltbelastungen. Die Afa-Alge ist ein Füllhorn an Vitalstoffen, Enzymen und Anti-Oxidanzien, und außerdem ist sie in der Lage, uns vor Schwermetallbelastung und Strahlenschäden wirksam zu schützen. Durch die in ihr enthaltenen essenziellen Fettsäuren und Eiweiße werden die Gehirnfunktionen verbessert. Die Afa-Alge enthält eine Fülle von Nukleinsäuren, RNS und DNS, die wichtig zur Zellerneuerung sind sowie den Alterungsprozess verlangsamen und teilweise rückgängig machen. Der hohe Chlorophyllgehalt in der Afa-Alge unterstützt die Reinigungsfunktionen des Körpers und hilft ihm, regelmäßig zu entschlacken. Der hohe Anteil der Afa-Alge an Gamma-Linolensäure, die im Alter oft nicht mehr in ausreichendem Maß produziert wird, sorgt für einen gesunden Stoffwechsel und eine Regulierung des Cholesterinspiegels auch im hohen Alter.

Mit regelmäßiger Einnahme der Afa-Alge möglichst schon in jungen Jahren haben wir eine größere Chance, auch im Alter geistig und körperlich fit zu sein und nicht an Krankheiten, sondern irgendwann einmal an Altersschwäche zu sterben.

Lesen Sie bitte auch die Kapitel zu den Themen »Altern« und »Alzheimer« auf den Seiten 142 bzw. 156.

Allergien

Die Afa-Alge enthält essenzielle Fettsäuren, welche die Produktion von Suppressor-T-Zellen aus der Thymusdrüse stimulieren. Dadurch nimmt die Neigung zu Lebensmittel-Allergien ab.

Die Vitalstoffe in der Afa-Alge fördern zudem die Bildung von weißen Blutkörperchen, die unter anderem für die Auflösung von Immunkomplexen gebraucht werden. Bestimmte weiße Blutkörperchen scheiden Histamin aus, ein Stoff, der diese Antigen-Antikörper-Komplexe auflöst, die ansonsten Allergien entstehen lassen können.

Auch Candida-Befall (siehe Hinweise unter diesem Stichwort) kann ein Auslöser von Allergien sein, und auch hier hilft die Afa-Alge. Methionin, eine essenzielle Aminosäure, in der Afa-Alge enthalten, enthält Schwefel, was einige Allergien verhütet.

Dr. Keith empfiehlt bei Allergien eine Dosis von mindestens 2 Gramm Afa-Algen pro Tag.

Anämie (Blutarmut)

Anämie oder Blutarmut, ein Rückgang der roten Blutkörperchen, wird durch schlechte Ernährung, Vitalstoffmangel, Stress und eine schwache Verdauung begünstigt. Blutarmut kann zu Symptomen führen wie Blässe, Müdigkeit, Schlafproblemen, Gedächtnisstörungen, Kopfschmerzen, Verstopfung, Erschöpfung, Reizbarkeit und Appetitmangel.

Bei einer Anämie liegt oft ein Eisenmangel vor, außerdem ein Mangel an den Vitaminen B_{12} und E, Proteinen und Folsäure. Alle diese Stoffe sind reichlich in der Afa-Alge vorhanden, außerdem hält sie den Rekord im Gehalt von Chlorophyll, was nachweislich für die Blutbildung wichtig ist.

Die Afa-Alge stellt die reichhaltigste Quelle von assimilierbarem Eisen und bioverfügbaren Mineralstoffen dar, und hilft damit, Anämie zu verhüten und zu heilen. Eisen ist wichtig für die Blutbildung, weil es zum Aufbau von Hämoglobin wichtig ist, dem roten Blutfarbstoff und Sauerstoffträger für die Zellen. Eisenpräparate sind oft wirkungslos, weil ihnen Kupfer, der Vitamin-B-Komplex und Vitamin C fehlen, die nötig sind, um Eisen zu absorbieren.

Arteriosklerose

Die Enzyme in der Afa-Alge wirken als »Arterienputzer« und lösen gefährliche Ablagerungen an den Gefäßinnenwänden auf, ähnlich wie das Ananas-Enzym Bromelain. Dadurch wird bei Menschen mit Bluthochdruck der Blutdruck gesenkt und das Risiko für Herzinfarkt, Thrombosen und Schlaganfall reduziert.

Augen

Menschen mit Sehstörungen und Augenproblemen leiden oft unter Vitamin-A-Mangel. Fernsehen, Arbeit am Computer und Nachtarbeit können den Vitamin-A-Bedarf um das Fünfzigfache erhöhen, ein Mangel kann außerdem zu Nachtblindheit führen. Die Afa-Alge ist das betakarotinhaltigste Lebensmittel überhaupt. Betakarotin wird nur entsprechend dem Bedarf vom Körper in Vitamin A umgewandelt (es gibt also keine Möglichkeit der Überdosierung wie bei Vitamin A) und besitzt außerdem antioxidative Eigenschaften. Es schützt damit vor degenerativen Erkrankungen sowie vorzeitigen Alterungsprozessen. Auch die Schilddrüse, die Sexualorgane und die Haut profitieren von einer ausreichenden Vitamin-A-Versorgung.

Azidose (Übersäuerung)

Schätzungen von Fachleuten gehen davon aus, dass etwa 90 Prozent der Bundesdeutschen unter Azidose, einer Übersäuerung des Organismus, leiden. Die Ursachen: Zu wenig Bewegung, zu viel Stress, zu wenig Ruhe und eine säurereiche Kost.

Säurebildner sind zum Beispiel Fleisch, Milchprodukte, Weißmehlprodukte, Alkohol, Fisch und Kaffee. Dr. Bragg bezeichnet Azidose als Hauptursache chronischer Krankheiten wie Krebs, Arthritis, Rheuma und Diabetes. Viele weitere Krankheiten wachsen nur in einem sauren Milieu. Bei einer Übersäuerung entzieht der Körper den Knochen Kalzium und es kommt zur gefürchteten Osteoporose.

Die Afa-Alge wächst in einem extrem alkalischen Wasser mit einem pH-Wert von 9 bis 11 und ist selbst extrem basenreich. Sie ist ein Füllhorn von Mineralien oder Basen, die etwa 7 Prozent ihres Trockengewichts ausmachen. Damit hilft sie uns, wieder ins Säure-Basen-Gleichgewicht zurückzufinden. Wir reagieren nicht mehr »sauer« und gereizt.

Hilfreich sind auch Azidose-Massagen, die Autorin gibt dazu bundesweit und in Österreich Seminare zum Selberlernen und Weitergeben.

Befinden

Die Afa-Alge ist kein kurzfristig wirkendes Stimulans wie Koffein, sondern stärkt die Selbstheilungskräfte und die Nährstofflage im Organismus. Etwa ein Drittel der Anwender erlebt aber unmittelbar nach der Einnahme mehr Lebensfreude, Vitalität, Kreativität und Leistungsvermögen. Über die Mundschleimhaut wird die Information, die Botschaft dieser hochwertigen Nahrung, ans Gehirn weitergeleitet, und es kann eine unmittelbar positive Wirkung eintreten. Die Afa-Alge »dopt« den Körper nicht, sondern füllt seine Reserven an Vitalstoffen wieder auf, sodass Körper und Geist besser arbeiten können und alle Körperfunktionen optimiert werden. Die positiven Auswirkungen auf Stimmung und Gemüt sind vielfältig: Mehr innere Ruhe, schöpferische Energie, heitere Gelassenheit, Humor und bedingungslose Liebe sind nur einige davon.

Glyzin und Serin in der Afa-Alge beruhigen, Tyrosin ist bekannt für seine anti-depressive Wirkung, Phenylalanin hebt die Stimmung, Tryptophan gilt ebenfalls als Stimmungsaufheller, Arginin, Lysin und Prolin dienen als Bausteine für Neurotransmitter, die für unser Selbstwertgefühl wichtig sind, Threonin lindert Depressionen. Das ausgewogene Nährstoffprofil der Afa-Alge lindert Stressbelastungen und bringt unsere Seele wieder ins Gleichgewicht.

Die Reaktionen auf die Afa-Alge sind so komplex wie dieses natürliche Lebensmittel, aber immer positiv. Gillian McKeith empfiehlt bei Müdigkeit, depressiven Stimmungen und Traurigkeit zwei bis drei Mal täglich eine Afa-Algen-Dosis von 2 Gramm.

Blutarmut *siehe »Anämie«*

Candida-Pilzbefall

Candida-Befall kann zu verschiedenen Symptomen wie ständiger Müdigkeit, Erschöpfung, Gereiztheit, Nebenhöhlenproblemen, Gedächtnislücken, Allergien, Verstopfung, Blähungen, Migräne und Menstruationsbeschwerden führen. Bei Verdacht sollte der Stuhl auf diesen Hefepilz hin untersucht werden.

Die Ursache können Stress, schlechte Ernährung mit viel Fast Food und leeren Kohlenhydraten, Antibiotika, aber auch chirurgische Eingriffe sein. Neben einer Ernährungsumstellung mit viel Obst, Gemüse und Vollwertprodukten, einer Tiefenentspannungsmethode wie dem authentischen Reiki oder auch Papaya-Samen hilft bei Candida-Befall eine hohe Dosis von täglich 10 Gramm Afa-Algen.

Die Afa-Alge regeneriert das Darmmilieu, wirkt antifungizid und sorgt dafür, dass der pH-Wert im Darm wieder basischer wird und dem Pilz damit die Wachstumsbedingungen entzogen werden. Candida-Patienten leiden oft unter einem Mangel an Betakarotin, Vitamin B sowie einer verminderten Eiweißresorption. Das Betakarotin in der Afa-Alge erhöht die Aktivität von Neutrophilen, welche die Candida-Besiedelung zurückdrängen. Die Afa-Alge liefert alle für eine Candida-Diät geeigneten Nährstoffe.[139]

Hilfreich bei Candida sind außerdem Gerstengrassaft und Stevia.

CFS (Chronique Fatigue Syndrom) *siehe »Müdigkeit«*

Cholesterin

Der Cholesterinspiegel harmonisiert sich durch Einnahme der Afa-Alge. Die Wildalge enthält Phosphor- und Glycolipide, öllösliche Bestandteile, die in der Lage sind, Cholesterin im Serum der Leber abzusenken. Dadurch wirkt die Afa-Alge über den Einfluss auf den Stoffwechsel der Lipoproteine cholesterinsenkend.

Depressionen

Immer mehr Menschen leiden unter Depressionen, die als Ursache eine träge Leber, eine Verlangsamung des Stoffwechsels, eine Schwermetall-Belastung oder/und verbreitete Nährstoffdefizite als Ursache haben können. Fast jeder Mangel an Nährstoffen kann zu Depressionen führen! Die Afa-Alge wirkt oft unmittelbar als Stimmungsaufheller, weil sie gerade jene Vitalstoffe reichlich enthält, an denen Menschen mit Depressionen am meisten Mangel leiden. Darunter sind Folsäure, Vitamin B_1 (Thiamin), bestimmte Aminosäuren für eine optimale Gehirnfunktion wie Tyrosin, Phenylalanin, Leuzin und Isoleuzin und die Neurotransmitter Tryptophan und Serotonin, letzteres wird auch »Glückshormon« genannt.

Der Schwefel im Methionin der Afa-Alge, einer essenziellen Aminosäure, hilft bei Müdigkeit, Antriebsschwäche und Depressionen.

Die Afa-Alge ist ein wirksamer Stimmungsaufheller. Manchmal wirkt sie bei Depressionen sofort und dramatisch. Dies kann auch an den Inhaltsstoffen Vitamin B_{12}, Vitamin C und Folsäure liegen, die für die Bildung von BH4 wichtig sind, einem essenziellen Ko-Enzym zur Herstellung mehrerer Neurotransmitter, Botenstoffen im Gehirn. Ein Mangel an Decosahexaen (DHA) führt zu Depressionen. Auch davon und vom Ausgangsstoff EPA, Eicosapentaensäure, enthält die Afa-Alge reichlich.

Es werden im akuten Fall von Niedergeschlagenheit, Traurigkeit und Erschöpfung zwei bis drei Mal täglich 2 Gramm Afa-Algen empfohlen. Auch wer nicht depressiv verstimmt oder veranlagt ist, kann durch die Afa-Alge noch besser gelaunt, fröhlicher und unternehmungslustiger werden!

Bewegungsmangel und Depressionen hängen zusammen. Auch mit der Afa-Alge sollte eine kardiovaskuläre Stimulation stattfinden, durch sportliche Betätigung, Spazierengehen oder auch sexuelle Betätigung! Gegebenenfalls sollte auch eine psychotherapeutische Behandlung, eine Selbsthilfetechnik wie das authentische Reiki und/oder eine spirituelle Praxis beziehungsweise Meditationstechnik ausgeübt werden.

Enzymmangel

Viele Menschen leiden unter Enzymmangel, da diese Eiweiße sind und durch Erhitzen zerstört werden. Alterungsprozesse und viele Krankheiten werden mit einem Enzym-Defizit in Zusammenhang gebracht.

Enzyme sind Bio-Katalysatoren und an allen Lebensvorgängen beteiligt. Enzyme brauchen für ihre Tätigkeit ein genau begrenztes pH-Milieu. Die Afa-Alge enthält wahrscheinlich Hunderte an Enzymen, wie zum Beispiel Superoxid-Dismutase, welche den körpereigenen Enzymvorrat schonen und als Anti-Oxidanzien wirken. Außerdem sorgt sie durch ihren Basenreichtum für ein Säure-Basen-Verhältnis, in dem Enzyme optimal ihre Wirkung entfalten können.

Gewichtsabnahme (Übergewicht)

Wer eine Serie von Diäten und Hungerkuren hinter sich hat, kann in Zukunft mit der Afa-Alge aufatmen. Wer vitalstoffarme Nahrungsmittel isst, hat ständig Hunger, weil der Körper nie genug Vitalstoffe bekommt. Die Fettsäuren, das breite Spektrum an Mineralstoffen, der Gehalt an Jod, die Aminosäuren sowie Enzyme in der Afa-Alge sind äußerst effektiv, um den Körper optimal mit Vitalstoffen zu versorgen, zu entschlacken und Gewicht zu verlieren. Zusätzlich hilft die Afa-Alge, den Blutzuckerspiegel ausgeglichen zu halten, wodurch es nicht mehr zu Heißhungerattacken und Schokoladen-Orgien kommt.

Der extrem hohe Anteil von Aminosäuren in der Afa-Alge von bis zu 70 Prozent – mehr als jedes andere Lebensmittel – stellt die Bausteine gerade von den Neurotransmittern dar, die den Appetit regulieren und kontrollieren. Der Schwefel in der

Aminosäure Methionin, in der Afa-Alge vorhanden, hilft sowohl bei Depressionen als auch beim Fettabbau.

Während depressiver Stimmungslagen ist die Versuchung größer, zu viel und Kalorienreiches zu essen. Die Afa-Alge hebt das Energieniveau, verringert den Appetit und verbessert unsere Stimmungslage.

Bei Appetit zwischen den Mahlzeiten sollten Afa-Algen-Tabletten verzehrt werden. Professor Abrams empfiehlt Menschen, die Gewicht verlieren wollen, 1 Gramm Afa-Algen mit einem Glas Wasser mit dem Saft einer viertel Zitrone eine halbe Stunde vor einer Mahlzeit zu sich zu nehmen. Dadurch wird der Stoffwechsel angeregt und gespeichertes Fett abgebaut. Außerdem sind in der Afa-Alge alle Enzyme und Ko-Enzyme enthalten, um Karnitin herzustellen, was für den Fettabbau und für sportliche Fitness wichtig ist.

Bei Übergewicht kann die übliche Dosis unbedenklich erhöht werden, es werden 3 bis 5 Gramm täglich empfohlen.

Haare

Haare werden dicht und glänzend, nachdem man eine Weile täglich die Afa-Alge eingenommen hat. Wer trockene Haare oder Haarausfall hat, sollte die Alge nicht nur innerlich, sondern auch äußerlich anwenden.

Hier eine wirksame Haarkur für trockene Haare und bei Haarausfall: Man braucht zwei gehäufte Teelöffel Afa-Algen-Pulver, zwei Teelöffel kaltgepresstes Olivenöl, zwei Eidotter von Bio-Eiern und, auf Wunsch, einen Esslöffel grünes Stevia-Pulver sowie 10 Tropfen Leinöl. Alles mischen und in die Kopfhaut einmassieren, mit einem angewärmten Handtuch abdecken und 15 Minuten bis zu einer Stunde einwirken lassen. Gründlich mit einem sanften Shampoo, zum Beispiel Spagil-Seife der Firma Sanacell, auswaschen.

Diese Kur sollte bei trockenem Haar einmal die Woche, bei Haarausfall zweimal die Woche durchgeführt werden.

Haut

Die Haut ist nicht nur »Spiegel der Seele«, sondern auch ein Spiegel unserer körperlichen Verfassung und Nährstoffversorgung. Bei einer Übersäuerung oder Azidose (siehe entsprechendes Stichwort) versucht der Körper, durch die Haut zu entschlacken, und es bilden sich Mitesser und Pickel oder Entzündungen. Bei Hautproblemen wie Akne, Dermatitis und Ekzemen wird eine Afa-Algen-Dosis von drei gehäuften Teelöffeln pro Tag empfohlen, das entspricht etwa 6 Gramm. Man sollte mit 1 Gramm pro Tag beginnen und dann die Dosis über einen Zeitraum von zwei Wochen langsam steigern. Die essenziellen Fettsäuren in der Afa-Alge helfen, den verlangsamten Fett-Stoffwechsel anzukurbeln, der eine Ursache für viele Hautprobleme ist. Der extrem hohe Gehalt an Betakarotin in der Afa-Alge hilft, Hautzellen zu regenerieren und entzündliche Prozesse auszuheilen.

Andere Stoffe, die für eine gesunde Haut ebenfalls benötigt werden, sind ebenfalls sämtlich in der Afa-Alge enthalten: Vitamin E, Vitamin C und der Vitamin-B-Komplex, Zink, Chrom, Selen, Niazin, Panthotensäure und Enzyme wie das seltene und kraftvolle Superoxid-Dismutase (SOD). Diese Stoffe entgiften die Haut, bekämpfen Entzündungen und versorgen die Hautzellen mit Nährstoffen.

SOD verhütet zudem das Verhärten von Zellmembranen und hält die Haut damit jugendlich geschmeidig.

Hilfreich bei Hautproblemen im Gesicht ist auch die Afa-Alge-Hautmaske. Man braucht dazu 2 Teelöffel Afa-Algen-Pulver, 8 Teelöffel Weizenkeimöl, 3 Teelöffel Honig, eine halbe Avocado und 2 Teelöffel Aloe-Vera-Gel aus der Apotheke. Alles gut verrühren und mindestens 20 Minuten einwirken lassen. Den Rest kann man essen!

Bei Jugendlichen mit Akne gehen oft auch Nahrungsmittel-Allergien und Verdauungsprobleme zurück, und der Heißhunger auf Junk Food lässt nach. Im akuten Fall werden 2 Gramm Afa-Algen täglich empfohlen, das entspricht etwa zwei flachen Teelöffeln oder vier Tabletten à 500 Milligramm.

Bei Hautproblemen sollte man viel reines Wasser trinken und folgende Nahrungsmittel meiden: Zucker, Schokolade, Weißmehlprodukte, Koffein und Alkohol. Zum Süßen kann man unbedenklich Stevia-Produkte nehmen, die süßer als Zucker und sogar gesund sind und bei Hautproblemen helfen.

Die Firma Rossha Enterprises bietet mittlerweile eine Hautpflegeserie auf der Basis von Afa-Algen an (Adresse siehe im Anhang »Firmen-Porträts und Bezugsquellen« auf Seite 282).

HIV

Eine Studie des Nationalen Krebsinstitutes der USA (NCI) zeigte, dass eine Anzahl von Extrakten aus Cyanobakterien, vor allem *Lyngbya lagerheimii* und *Phormidium tenue*, eine beachtliche Aktivität gegen den HI-Virus entfalteten. Als dafür verantwortliche Stoffe isoliert man Sulfonsäure beziehungsweise ihre Komponenten, Sulfolipide und Glycolipide. Das NCI hat die Untersuchung dieser Substanzen als dringlich erklärt, auf der fieberhaften Suche nach wirksamen Medikamenten gegen Aids.

Blaugrüne Algen wie Spirulina und die Afa-Alge enthalten rund 1 Prozent Sulfolipide (Trockengewicht). Forscher nehmen an, dass ein Teil der immunstärkenden Wirkung dieser Algen auf ihren Gehalt an Sulfolipiden zurückzuführen ist.

Zudem hilft der extrem hohe Eisengehalt der Afa-Alge, das seltene Protein Laktoferrin zu bilden sowie ROS (reactive oxygen species). Letztere sind Stoffe, die zurzeit als mögliche Heilmittel von Aids untersucht werden.

Auch Vitamin B_{12}, in der Afa-Alge reichlich vorhanden, hilft HIV-Patienten, die Symptome wie Konzentrationsmangel, Demenz, Gedächtnisverlust und motorische Funktionen zu verbessern.[140]

Hypoglykämie (Unterzuckerung)

Die Afa-Alge ist in der Lage, den Blutzuckerspiegel auszugleichen und einer Unterzuckerung vorzubeugen. Bei einer Unterzuckerung werden folgende Symptome beobachtet: Kopfschmerzen, Hunger nach Süßem, Gereiztheit, Gedächtnisstörungen, Aggressivität, Schwäche, Konzentrationsprobleme, Ängstlichkeit, wirre Gedanken und ständiger Appetit. Besonders das Gehirn ist von einer Unterzuckerung betroffen, weil es einen bestimmten Blutzuckerspiegel benötigt. Mehr als die Hälfte der US-Amerikaner soll unter Hypoglykämie leiden, bei uns sind nach Helmut Wandmaker ähnlich viele betroffen.

Besonders die komplexen Kohlenhydrate in der Afa-Alge und die leicht verdaulichen Proteine (Glycoproteine) helfen, Blutzucker-Schwankungen auszugleichen, und zwar sowohl bei Unter- als auch bei Überzuckerung oder Diabetes. Wer Heißhunger nach Süßem hat, sollte 1 Gramm Afa-Algen als Tablette schlucken oder einen halben Teelöffel des Pulvers in Wasser gelöst trinken. Wenn das Problem gravierender ist, kann die Dosis unbedenklich erhöht werden. Die Afa-Alge hilft mit Sofortwirkung und optimiert auf Dauer die Zucker-regulierenden Funktionen von Bauchspeicheldrüse, Leber und Adrenalindrüsen.

Wichtig ist auch eine vollwertige Ernährung ohne Zucker und Weißmehlprodukte.

Immunsystem

Die Afa-Alge enthält einzigartig viele Anti-Oxidanzien wie Betakarotene und Zink, die in der Lage sind, die zellzerstörenden Einflüsse von Freien Radikalen unschädlich zu machen, den Körper damit vor degenerativen Erkrankungen zu schützen und sein Immunsystem zu stärken. Das natürliche blaue Farbpigment der Afa-Alge, das Phycocyanin, wurde in klinischen Studien in Japan als aktivierend auf die Tätigkeit der Lymphozyten, der Abwehrzellen, eingestuft. Außerdem hatte dieses Pigment eine stärkende Vermehrung der T-Helferzellen zur Folge, Indiz für ein gestärktes Immunsystem. Daraufhin untersucht man jetzt Phycocyanin in verschiedenen medizinischen Bereichen auf seine therapeutischen Eigenschaften.

Auch die Mineralstoffe und Spurenelemente in der Afa-Alge, wie Selen und Magnesium, haben eine immunstärkende Wirkungsweise.

Die essenziellen Fettsäuren in der Afa-Alge erhöhen die Anzahl von T-Zellen in der Thymus-Drüse.

Kinder

Gerade Kinder haben auf Grund ihres ständigen Wachstums von Körper und Gehirn sowie der zunehmenden Anforderungen in Kindergarten, Schule und Freizeit einen erhöhten Bedarf an hochwertigen Vitalstoffen, der durch eine normale Ernährung oft nicht mehr gedeckt werden kann. Viele Nahrungsmittel haben auf Grund ausgelaugter Böden, Schadstoffbelastungen in Luft und Wasser sowie langen Lagerzeiten und Transportwegen nicht mehr den ursprünglichen Nährstoffgehalt. Mangelerscheinungen können die Folge sein. Am meisten leidet das Gehirn unter Nährstoffdefiziten, was sich zum Beispiel in Hyperaktivität und Aufmerksamkeitsstörungen äußern kann, und auch das Immunsystem und der Knochenbau sind betroffen. Heute leiden manchmal schon Elfjährige unter Osteoporose.

Die Afa-Alge ist daher besonders für Kinder als natürliche Nahrungsergänzung zu empfehlen (siehe auch das Kapitel über Aufmerksamkeitsstörungen und Hyperaktivität auf Seite 168).

Folsäure, in der Afa-Alge reichlich vorhanden, verbessert die Gehirnfunktionen besonders bei Kindern. Bei einer ausreichenden Versorgung steigt der IQ um 10.[141]

Histidin, in der Afa-Alge vorhanden, ist eine essenzielle Aminosäure, die besonders Kinder für ihr Immunsystem und gesundes Blut brauchen. Besonders Kinder von Vegetariern können sich über den atemberaubend hohen Vitamin-B_{12}-Gehalt der Afa-Alge freuen, weil er sonst im Pflanzenreich nicht zu finden ist.

Die Afa-Alge schenkt Kindern die nötige Energie, um sich mehr sportlich zu betätigen! Bewegung ist wichtig für eine gesunde körperliche und geistige Entwicklung.

Krebs

Die Afa-Alge ist ein Füllhorn an Anti-Oxidanzien, die als Fänger von Freien Radikalen degenerative Prozesse im Körper eindämmen und auf diese Weise Krebs vorbeugen. So ist die Afa-Alge die reichhaltigste natürliche Quelle von Betakarotin, die bisher gefunden wurde. Natürliches Betakarotin hat sich in Langzeitstudien, in den USA und Japan durchgeführt, als wirksames Mittel zur Krebsprophylaxe herausgestellt und schützt besonders vor Hautkrebs, der durch intensive Sonneneinstrahlung verursacht wird.

Eine Studie der Padmanabhan Nair am Maryland's Human Nutrition Center (Indien) zeigte, dass nur 1 Gramm blaugrüne Algen, die Tabakkauer in Kerala bekamen, die präkanzeröse Geschwüre im Mund hatten, nach einem Jahr bei mehr als der

Hälfte der Betroffenen zu einer signifikanten Verkleinerung der Geschwüre führte, mit einer vollständigen Regression bei 45 Prozent.[142] Eine Studie, die im Januar in der Zeitschrift »Cancer Research« veröffentlicht wurde, zeigte, dass das Chlorophyll in der Afa-Alge die Wirkung karzinogener Substanzen unterbindet und damit das Krebsrisiko senkt. Sogar das nationale Krebsforschungsinstitut der USA, die National Cancer Society, untersucht gegenwärtig die »immunmodulierenden« Eigenschaften der Afa-Alge und anderer blaugrüner Algen als eine Möglichkeit, Krebs zu bekämpfen. Die Laboratorien von Eli Lilly and Co. in den USA wollen die Anti-Krebs-Komponenten verschiedener Cynobakterien isolieren und patentieren lassen. Eine Menge von nur 1,5 Gramm Afa-Alge erhöht die Aktivität von natürlichen Killerzellen (NKZ) im Blut über mehrere Stunden um 40 Prozent. NKZ sind für das Aufspüren und die Zerstörung von Krebszellen zuständig.

Leber

Der blaue Farbstoff Phycocyanin ist in der Lage, schädliche Nebenwirkungen von Medikamenten sowie Chemotherapie und Röntgenstrahlung zu reduzieren. Es findet eine Senkung der Konzentration an Harn- und Stickstoff im Blut und des Kreatin-Spiegels statt, die auf eine Nieren- und Leberbelastung infolge der Einnahme von Medikamenten und Krebsmitteln hinweisen. Dieses blaue Farbpigment ähnelt dem menschlichen Pigment Bilirubin in der Leber. Phycocyanin hat japanischen Untersuchungen zufolge einen stimulierenden Effekt auf das Immunsystem und hilft bei der Eiweißverdauung.

Ihr extrem hoher Gehalt an Vitamin B_{12} schützt die Leber vor Toxinen. Auch das Karnitin, das mit Hilfe der Ausgangsstoffe in der Afa-Alge aus Lysin im Körper hergestellt wird, entgiftet die Leber. Ihr Cholin-Gehalt beugt der Entstehung einer

Fettleber vor. Außerdem enthält die Afa-Alge Betakarotin, Biotin, Inositol und Vitamin C, alles Stoffe, welche die Leberfunktion stärken. Bei Leberproblemen werden 2 Gramm Afa-Algen täglich empfohlen.

Müdigkeit

Müdigkeit und Erschöpfung sind das »Thema Nummer 1« in vielen Arztpraxen. Vielfach hängt der Mangel an Lebenskraft und Vitalität mit unserer Ernährungsweise und dem Mangel an Vitalstoffen in der Nahrung zusammen: Wir verhungern an vollen Töpfen. Beim Chronischen Müdigkeitssyndrom (CFS) kommt oft eine Quecksilbervergiftung hinzu. Wenn wir die Afa-Alge regelmäßig essen, füllen wir unsere oft fast leeren Vitalstoffdefizite wieder auf und leiten Schwermetalle aus, und wir fühlen uns wieder jugendlich und gesund.

Die Afa-Alge stellt uns genau die Nährstoffe zur Verfügung, die wir brauchen, um nicht ständig müde und erschöpft zu sein, wie Vitamin A, E und C, Betakarotin, die »Nerven-Vitamine« der B-Gruppe, Bioflavonoide, Zink, Folsäure, essenzielle Fettsäuren, Proteine, Eisen und Serotonin.

Japanische Forscher haben den Faktor in der blaugrünen Uralge vom Klamath-See, der hauptsächlich für erhöhte physische und mentale Dauerenergie zuständig ist und den Stoffwechsel harmonisiert, CGF oder »Controlled Growth Factor« genannt. Der CGF kräftigt die Drüsen und wirkt lebensverlängernd.

Multiple Sklerose (MS)

Im Algen-Buch von Professor Abrams fand ich einen Hinweis, wonach Multiple Sklerose mit einem Vitamin-B_{12}-Defizit zusammenhängen kann. Daraufhin sprach ich eine Freundin an, die MS hat, ob sie die Afa-Algen für eine Weile testen wolle. Von Anfang an spürte sie eine Besserung ihres Befindens und konnte ihre Beine wieder besser bewegen! »Meine Beine fühlten sich weniger schwer an, und ich hatte nicht mehr solche Last beim Gehen.« Auch ihre Krankengymnastin bemerkte den Unterschied und sagte, ihre Patientin sei insgesamt viel beweglicher, und die Bewegungen seien geschmeidiger und reichten weiter als sonst. Auch ihre Grundstimmung wurde besser, »das Leben ist jetzt bunter«.

Neurodermitis

Neurodermitis entsteht nach den Praxiserfahrungen von Heilpraktikern häufig auf der Basis einer Quecksilbervergiftung beziehungsweise Amalgam-Belastung. Neben der Beseitigung der Ursachen – eine Zahnsanierung oder Auswechseln der Plomben – werden beste Erfahrungen mit der Ausleitung durch Verabreichung der Afa-Alge in höheren Dosen von bis zu 10 Gramm pro Tag gemacht. Die Amalgamplomben müssen mit einer Schutzvorrichtung (Kofferdam) entfernt werden, um eine zusätzliche Vergiftung zu vermeiden. Durch die Proteine in der Afa-Alge werden Schwermetalle wie Quecksilber gebunden und durch die Nieren ausgeschieden.

Prämenstruelles Syndrom (PMS)

Viele Frauen haben vor Einsetzen der Periode Beschwerden wie Kopfschmerzen, Ziehen im Bauch, ein Spannungsgefühl in der Brust, niedergedrückte Stimmung und Antriebslosigkeit. Diese Beschwerden hängen oft mit der hormonell bedingten verminderten Produktion von Gamma-Linolensäure, einer Vorstufe der hormonähnlich wirkenden Prostaglandine, zusammen, die für einen Überschuss an dem weiblichen Hormon Prolactin verantwortlich ist, welches die Beschwerden auslöst. Die Afa-Alge enthält einen ungewöhnlich hohen Anteil an dieser essenziellen Fettsäure. Bei den meisten Frauen lassen die Beschwerden, die oft chronisch und therapieresistent waren, durch die regelmäßige Einnahme von Afa-Algen nach oder verschwinden völlig.

Schuppenflechte (Psoriasis)
Gute Erfahrungen machen Heilpraktiker mit der Verabreichung der Afa-Alge bei Schuppenflechte, da die Afa-Alge Schwermetalle im Körper bindet und ausscheidet. Eine Belastung mit Schwermetallen ist häufig eine Mitursache dieser Erkrankung.

Schwermetall-Ausleitung
Die Afa-Alge leitet Quecksilber, Blei, Nickel, Gold, Platin, Kadmium und Paladium aus. Viele Ärzte, die eine Entgiftungsmedizin als »Medizin der Zukunft« betreiben, schwören auf die Afa-Alge. Zwischen Bleibelastung und Hyperaktivität gibt es einen engen Zusammenhang. Viele Legastheniker leiden unter Blei- und Kadmiumbelastung. Je höher der Bleigehalt im Haar, desto niedriger war in einer Untersuchung der nonverbale IQ, und je mehr Kadmium sich im Haar befand, desto niedriger fiel der verbale IQ aus.

Quecksilbereinlagerungen in der Hypophyse mancher Mädchen und Frauen können zu einem Ausbleiben der Regel und zu Unfruchtbarkeit und Fehlgeburten führen.

Schwangere sollten die Afa-Alge nehmen, um den Übertritt von Quecksilber auf die Plazenta und damit eine Schwermetall-Belastung des Ungeborenen zu verhindern. Dem Neugeborenen sollten bei Verdacht auf Schwermetall-Belastung über vier Tage hinweg 10 Gramm Algen-Tabletten zerdrückt ins Fläschchen gegeben werden. Kinder und Erwachsene sollten 10 bis 40 Bio-Chlorella- und bis zu 10 Klamath-Algen-Tabletten à 0,5 Gramm über einen Zeitraum von mindestens 10 Tagen nehmen, um Quecksilber erfolgreich über den Darm auszuscheiden.[143]

Sportler/Athleten

Sportlich Aktive und Athleten können viel von der Afa-Alge profitieren. Sie stellt eine einzigartige Energiequelle mit Langzeitwirkung dar. Ihr einzigartig hoher Prozentsatz an leicht verdaulichen Proteinen – zwischen 62 und 70 Prozent Trockenmasse – stellen Energie zur Verfügung und helfen, Muskelmasse aufzubauen. Da die Zellwände der Afa-Alge nicht aus schwer verdaulicher Zellulose, sondern aus leicht verdaulichen Mukopolysacchariden bestehen, wird dieses Protein schon innerhalb einer halben Stunde verdaut und stellt sofort Energie zur Verfügung. Dabei wird der Verdauungsapparat nicht belastet, wie dies bei tierischen Eiweißen der Fall ist.

Die zahlreichen Anti-Oxidanzien wie Betakarotin und der gesamte Vitamin-B-Komplex decken den erhöhten Bedarf an Radikal-Fängern von sportlich Aktiven. Eine ausreichende Vitamin-B_{12}-Versorgung, durch nur 1 Gramm Afa-Alge erreicht, stimuliert die Produktion von roten Blutkörperchen, lindert Müdigkeit und hilft dabei, Menschen zu motivieren, sich öfter sportlich zu betätigen. Die essenziellen Fettsäuren in der Afa-Alge wie die seltene Gamma-Linolensäure wirken entzündungs- und schmerzhemmend und beugen Verschleißerscheinungen vor.

Wichtig für sportliche Ausdauer und Leistungsfähigkeit sind auch Eisen, Mangan, Methionin, die B-Vitamine und Vitamin C, weil sie für die körpereigene Karnitin-Synthese aus Lysin nötig sind. Alle diese Stoffe sind in der Afa-Alge vorhanden. Karnitin hilft, Fett effektiv zu verbrennen, um es für Muskelaufbau und körperliche Höchstleistungen zu nutzen.

Strahlenschäden

Die Afa-Alge schützt vor den negativen Auswirkungen von Sonnenstrahlen. Wer sie regelmäßig nimmt, braucht sich vor Sonnenbrand nicht zu fürchten. Man sollte natürlich dennoch die Mittagssonne meiden. Die Alge ist, wie Spirulina, in der Lage, den Körper vor Strahlenbelastung zu schützen, und es findet zurzeit ein Erfolg versprechender Versuch mit Kindern statt, die in Tschernobyl radioaktiver Strahlung ausgesetzt waren. In weniger als zwei Monaten war bei der Mehrzahl der Kinder, die vorher starke Spuren von Radioaktivität im Urin aufwiesen, bei nur 2 Gramm Afa-Alge pro Tag kaum noch eine radioaktive Belastung des Urins festzustellen.

Die Afa-Alge könnte sogar einen Atomkrieg überstehen. Sie verträgt 100-mal mehr Radioaktivität als der Mensch. Selbst bei einer Mutation durch extreme Strahlenbelastung regenerieren sich Afa-Algen nach nur zwei Zellteilungen in zweieinhalb Stunden!

Süchte (Abhängigkeiten)

Nach meiner Erfahrung gaukeln uns Alkohol, Nikotin, Koffein, Zucker und andere Drogen und Aufputschmittel, ob legal oder nicht, einen Zustand vor, der natürlicherweise unser Geburtsrecht ist: voller Kraft, Lebensfreude, Energie und manchmal auch Glück. Das Fatale an diesen Substanzen: Sie gaukeln uns diese Zustände nur vor, haben einen Rebound-Effekt, und erschweren es uns immer mehr, natürlicherweise in diesen Zuständen zu sein.

Die Afa-Alge hilft uns, unser Reservoir an Vitalstoffen wieder aufzufüllen und die biochemischen Voraussetzungen für Glück, Ausgeglichenheit und Zufriedenheit zu schaffen. Die Aminosäuren helfen, von Drogen loszukommen: Methionin von Heroin, Tyrosin von Kokain sowie Glutamin von Alkohol. Mit der Afa-Alge haben natürliche Neurotransmitter wie Dopamin und Serotonin die Chance, das künstliche, chemisch erzeugte »High« von Alkohol, Drogen und Nikotin durch ein natürliches emotionales Wohlgefühl zu ersetzen.

Das Tryptophan in der Afa-Alge wirkt als natürlicher Tranquilizer und Stimmungsaufheller. Die Aminosäure Tyrosin erleichtert den Drogenentzug, indem sie Depressionen und Ängste abbaut. Leuzin, Isoleuzin und Valin helfen, Alkoholschäden an der Leber zu heilen. Das Zink in der Afa-Alge hilft, den Körper von den Rückständen exzessiven Alkoholkonsums zu entgiften. Viele Menschen werden auf Grund eines Magnesiummangels depressiv und greifen zu Drogen wie Alkohol. Die magnesiumreiche Afa-Alge stellt eine gesunde und ursachenorientierte Alternative dar.

Alkohol, Drogen, ja sogar Kaffe und Schwarzer Tee vermindern die Aufnahme von B-Vitaminen und Folsäure im Darm, wichtig für eine Entgiftung des Körpers. Diese Stoffe sind reichlich in der Afa-Alge vorhanden. Auch Cholin und mehrfach ungesättigte Fettsäuren in der Alge helfen bei Drogenentzug, die Entzugserscheinungen zu mildern, weil sie für die Herstellung von Neurotransmittern wichtig sind, die für positive Gefühle sorgen. Niazin und Thiamin, B-Vitamine in der Afa-Alge, sind kraftvolle Entgifter zum Beispiel von Blei und Kadmium; beides Schwermetalle, von denen besonders Raucher betroffen sind.

Empfehlenswert ist es, sich bei geplantem Drogenentzug einer Selbsthilfe-Gruppe wie den Anonymen Alkoholikern anzuschließen und regelmäßig die Afa-Alge einzunehmen. Wenn Entgiftungssymptome massiv werden, sollte die Dosis je nach Bedarf erhöht werden, um den Entzug zu mildern. Sportliche Betätigung wie Joggen, gesunde Ernährung mit viel Rohkost, das authentische Reiki, Sauna und das Trinken von mehreren Litern reinem, vitalisiertem Wasser helfen außerdem bei der Entgiftung.

Übergewicht *siehe »Gewichtsabnahme«*

Übersäuerung *siehe »Azidose«*

Unterzuckerung *siehe »Hypoglykämie«*

Verstopfung

Mehr als 50 Prozent der Frauen, die älter als 60 Jahre sind, nehmen regelmäßig Abführmittel ein. Abführmittel sind keine Ursachentherapie und können das Problem langfristig noch verschlimmern, da die Darmmuskulatur erschlafft, die Darmflora leidet und wichtige Mineralstoffe wie Kalium, die für die Peristaltik nötig sind, ausgeschwemmt werden. Verstopfung kann zu solchen Krankheiten wie Diabetes, Kolitis und Dickdarmkrebs führen.

Die Afa-Alge sorgt für eine gesunde Darmflora, und ihre Bitterstoffe helfen dem Körper, mehr Verdauungsenzyme zu produzieren, stimulieren die Muskelkontraktionen und führen mit der Zeit zu einer regelmäßigen Entleerung. Wer auf diesem natürlichen Wege eine tägliche Darmentleerung erreicht, merkt oft einen Zuwachs an Energie und geistiger Klarheit.

Wichtig für eine gute Verdauung sind außerdem eine ballaststoffreiche Ernährung und viel Bewegung.

Zahnfleischbluten

Zahnfleischbluten und -entzündungen sind weit verbreitet und hängen fast immer mit einem Mangel an Nährstoffen zusammen, vor allem an Vitamin C und E sowie Kalzium, Folsäure und Niazin. Alle diese Stoffe sind reichlich in der Afa-Alge vorhanden. Der extrem hohe Gehalt von Betakarotin und Enzymen in der Afa-Alge hilft, Entzündungen Einhalt zu gebieten. Darüber hinaus hilft der hohe Anteil an Chlorophyll in der Afa-Alge – mit 3 Prozent mehr als in jedem anderen Lebensmittel –, für ein basisches Milieu im Mundraum zu sorgen und unerwünschtes Bakterienwachstum einzudämmen. Chlorophyll wird unter anderem zu freiem Sauerstoff abgebaut, der das Wachstum von schädlichen Bakterien hemmt. Diese Bakterien können nicht in einer sauerstoffreichen Umgebung existieren.

Bei Paradontose hilft es auch, die Zähne sowie das Zahnfleisch mit angefeuchtetem grünem Stevia-Pulver zu putzen.

Erfahrungsberichte

Auf der körperlichen Ebene

Scott Springer, der auf Grund seiner Begeisterung von der Afa-Alge seine alte Firma verkaufte und selbst in das Algengeschäft einstieg (Klamath Blue Green, Inc.): »*Ich kenne kein anderes Lebensmittel oder Nahrungsergänzungsmittel, das die energetisierenden, stabilisierenden und heilenden Qualitäten der blaugrünen Klamath-Alge hat.*«

Eine Frau, Mitte vierzig: »*Während einer Zeit von extremem Stress und Druck im Job erfuhr ich dank der Afa-Alge ein stärkeres Wohlbefinden als sonst, und außerdem schlief ich besser und hatte keine Kopfschmerzen mehr.*«

Peter S., Qickborn bei Hamburg: »*Ich jogge. Seit ich die Afa-Alge nehme, habe ich viel mehr Power und Ausdauer und bin motiviert, wesentlich länger zu trainieren, ohne wie früher aus der Puste zu kommen. Ich habe mich jetzt sogar entschlossen, mich einer Laufgruppe anzuschließen und für den Hanse-Marathon zu trainieren! Und das, obwohl ich auf die Fünfzig zugehe. Außerdem sind meine Nahrungsmittelallergien zurückgegangen. Früher habe ich eine Milcheiweißallergie und Allergie gegen Sojaprodukte gehabt. Milch- und Sojaprodukte kann ich jetzt wieder in kleinen Mengen vertragen, ohne Beschwerden wie Müdigkeit und Reizbarkeit zu erleben.«*

Eine junge Mutter: »*Mein vierjähriger Sohn hat die letzten beiden Jahre keine Bronchitis mehr gehabt und nur ganz selten einen Schnupfen, und das bei einem Kind, das früher ständig eine laufende Nase, Erkältungen und Bronchitis hatte.«*

Fleur S., Nürnberg: »*Früher hatte ich extreme Zellulitis an den Oberschenkeln. Ich habe es mit allem versucht: Cremes, Sport, Massagen usw. Alles hat nichts genutzt. Seit ich vor einem halben Jahr begann, die Afa-Algen zu nehmen, wurden meine Beine glatter und fester. Allerdings hat die Alge auch meinen Heißhunger auf Schokolade ›weggezaubert‹! Heute kann ich sagen, dass ich jetzt mit Mitte vierzig eine bessere Figur habe als mit Mitte zwanzig, und die Zellulitis an den Beinen ist vollkommen verschwunden.«*

Ein junger Mann, der HIV-positiv ist: »*Vor fünf Jahren entdeckte ich, dass ich HIV-positiv bin. Ich habe nicht mehr die Energie, den Anforderungen in meinem Job zu genügen. Seit ich vor drei Monaten angefangen habe, die Afa-Algen zu nehmen, sind meine T-Zellen-Werte von niedrigen 428 auf 718 angestiegen, und ich kann sogar wieder arbeiten.«* (Anmerkung der Autorin: Die Anzahl der T-Zellen ist ein Ausdruck der Stärke des Immunsystems.)

Gerhard H., Berlin: »*Ich musste mich einer Kieferoperation unterziehen. Die Operation dauerte eine knappe Stunde. Morgens nahm ich fünf Klamath-Algen à 500 Milligramm zu mir, kurz vor der OP noch einmal fünf. Drei Stunden nach der Ope-*

ration wurden die Schmerzen heftig, weil die Wirkung der Narkosespritze nachließ. Ich wollte aber keine Schmerztabletten nehmen. Wieder nahm ich fünf Algen-Tabletten. Nach 30 Minuten gingen meine starken Schmerzen massiv zurück. In den nächsten Tagen nahm ich ebenfalls gleich morgens fünf Klamath-Algen. Ich fand es so faszinierend, dass die Schmerzen nicht wieder anstiegen, sondern auf dem Level blieben. Unsere Klamath-Algen sind ein Wunder der Natur.«

Vorwiegend auf der mentalen Ebene

Ein junger Angestellter: *»Meine Konzentrationsfähigkeit und meine Produktivität sind enorm gestiegen!«*

Eine Journalistin: *»Kreatives Denken und tief zu meditieren fallen mir plötzlich ganz leicht.«*

Heike Sp. aus Berlin: *»Auf mein Studium kann ich mich besser und ausdauernder konzentrieren als je zuvor, seitdem ich jeden Morgen 6 bis 8 Tabletten Afa-Algen (à 500 Milligramm) einnehme. Ich brauche außerdem weniger Schlaf und wache morgens kraftvoll, frisch und energiegeladen auf und fühle mich innerlich sehr ausgeglichen, obwohl ich mit Berufstätigkeit und Studium enorm belastet bin.«*

Eine junge Frau aus Hannover: *»Ich dachte, ich esse die Algen, um meine Ernährung zu verbessern. Was mich überraschte: Ich fühlte mich sehr wohl, meine Gedanken wurden klarer, und ich fühlte mich zentrierter und merkte, dass ich mich nicht mehr so schnell aufrege. Ich habe das Gefühl, dass ich mehr Power und* *zudem mein Leben besser in der Hand habe, und ich kann Projekte leichter anpacken und durchziehen. Wo ich früher manchmal schon um 19 Uhr müde war, kann ich jetzt noch bis 22 Uhr und länger wach sein und kreativ arbeiten.«*

Auf der seelischen Ebene

Annette C., Hamburg: *»Ich bin geistig fitter. Ich habe Multiple Sklerose. Ich bemerkte, dass ich durch die Afa-Alge nicht nur beweglicher wurde, sondern sich meine Grundstimmung von Anfang an besserte. Das Leben wirkte bunter, ich habe die Farben gesehen, die immer schon da waren, die mir in meiner Stimmung aber verschlossen geblieben waren. Meine Grundstimmung und mein Allgemeinbefinden sind gleich bleibend gut. Depressive Stimmungen kenne ich nicht mehr. Ich nehme eine hohe Dosis, 9 Gramm am Tag, und hoffe, dass ich noch weitere Fortschritte mache – körperlich und seelisch.«*

Albert G. aus Österreich: *»Es geht alles leichter und schwungvoller von der Hand. Ich habe mehr Energie und bin belastungsfähiger.«*

Edith Gruber, 34 Jahre, Bregenz: *»Anfallende Arbeiten waren leichter zu bewältigen. Ich hatte sogar ›übrige Zeit‹, Energie und Freude an der Arbeit bis in die Abendstunden. Ich bin ausgeglichener, die depressiven Stimmungen auf Grund von Medikamenteneinnahme verschwanden. Das Zusammenleben in der Familie wurde harmonischer, wir konnten Konflikte im normalen Gespräch lösen, ohne dass einer ›ausrastete‹.«*

Marlies S., Hannover: »*Seit ich die Afa-Alge nehme, träume ich viel lebhafter, und vor allem: Ich kann mich an meine Träume erinnern! Ich habe das Gefühl, dass diese lebhaften Träume, die mich oft in meine Vergangenheit führen, einen Reinigungsprozess auf der emotionalen Ebene darstellen.*«

Katharina B., Kiel: »*Ich nehme die Afa-Alge erst seit zwei Monaten, und ich habe meine Depressionen verloren. Meine ganze Einstellung zum Leben hat sich zum Positiven verwandelt. Mein Energieniveau ist auch viel höher.*«

Auf der spirituellen Ebene

Cornelia S., 45 Jahre, Hamburg: »*Ich praktiziere die Transzendentale Meditation. Seitdem ich die Afa-Alge nehme, kann ich viel besser meditieren. Kaum habe ich die Augen zu und denke an Mantra, bin ich in der Transzendenz. Früher haben mich Gedanken viel mehr gestört.*«

Angelika S., 32 Jahre, Landshut: »*Ich nehme seit einigen Monaten die Afa-Alge. Was ich an mir beobachtet habe, ist, dass ich viel intuitiver geworden bin. Ich mache nur noch das, wobei ich ein gutes Gefühl habe, und damit liege ich hundertprozentig richtig, privat wie beruflich. Außerdem habe ich jetzt die Entschlusskraft und die Power, wirklich jeden Tag zu meditieren. Das gibt mir zusätzliche Kraft.*«

Karin S., 56 Jahre, aus Hannover: »*Ich praktiziere das authentische Reiki, eine Meditationstechnik. Seitdem ich die Afa-Alge nehme, sehe ich manchmal drei Farben. Außerdem sehe ich jetzt ganz oft die Aura von anderen Menschen und erspüre, was sie wirklich brauchen. Das empfinde ich als großes Geschenk.«*

Peter K. aus Braunschweig: *»Ich nehme die Afa-Alge jetzt seit einem halben Jahr. Nicht nur, dass ich viel weniger Schlaf brauche, ich schlafe offenbar auch intensiver! Mein Traumleben ist sehr bunt geworden, und ich arbeite Themen aus der Vergangenheit auf und bekomme Hinweise für die Lösung meiner Alltagsprobleme. Nie hätte ich gedacht, dass diese kleinen grünen Pillen eine solche Wirkung haben können. Außerdem habe ich gelernt, auch mal ›nein‹ zu sagen, und die Kraft gefunden, mich aus einer Partnerschaft zu lösen, die schon viele Jahre belastend für mich war. Mit der Afa-Alge komme ich offenbar mehr in Kontakt mit meinen wirklichen Bedürfnissen, und habe auch die Power, mich für ihre Erfüllung einzusetzen, was mir früher schwer gefallen ist.«*

Anhang

Firmen-Porträts und Bezugsquellen

Im Folgenden habe ich die Firmen kurz vorgestellt, welche in Deutschland und in Österreich die Afa-Alge anbieten, und die ich als besonders sachkundig und engagiert erlebe. Etliche dieser Firmen führen zu Forschungszwecken Projekte in Schulen (Algavital, Bluegreen Deutschland), für Tiere (Sanacell), in Altersheimen (Bluegreen Österreich), für Tschernobyl-Kinder (Bluegreen Deutschland), in Suchtkliniken (Sanacell), für hyperaktive Kinder (Wilco Green Foods) oder für Einzelpersonen zum Beispiel mit Diabetes oder mit Multipler Sklerose (Sanacell, Algavital) durch, in denen sie kostenlos Know-how und Afa-Algen zur Verfügung stellen.

Ich danke den genannten Firmen für ihre Mitarbeit. Einige der Untersuchungsergebnisse lagen bei Abschluss dieses Buches noch nicht vor, andere habe ich hier eingearbeitet. Im Internet werde ich Sie weiter darüber informieren, und auf Wunsch durch meine Artikel zum Thema, die ich zum Selbstkostenpreis im Abonnement anbiete.

Die Liste der Afa-Algen-Anbieter in diesem Buch erhebt keinen Anspruch auf Vollständigkeit. In der Zwischenzeit, während dieses Buch entstand, sind sicher neue Firmen hinzugekommen, welche dieses Super-Nahrungsmittel ins Programm aufgenommen haben. Eine aktualisierte, um Vollständigkeit bemühte Liste finden Sie im Internet (http://www.Barbara-Simonsohn.de). Ich bin auf Ihre Mitarbeit angewiesen, um diese Liste aktuell zu halten, vielen Dank!

Abschließend habe ich noch die Adressen der amerikanischen Herstellerfirmen aufgeführt. Konkurrenz belebt das Geschäft, und ich würde mich freuen, wenn Afa-Algen im deutschsprachigen Raum preiswerter angeboten werden.

Meine Vision: Statt Schulmilch gibt es in Zukunft die Möglichkeit für Schüler, preiswert einen Pausen-Drink mit Afa-Algen zu trinken. Politiker klären auf Sitzungen und Bundestagsdebatten ihre Gedanken und Ziele mit Afa-Algen. Studenten bekommen vor Klausuren Algen-Shakes angeboten. Und: Afa-Algen halten Einzug in Altersheime, Kindertagesheime, Krankenhäuser und Tierarztpraxen. Das wäre eine wahre grüne Revolution!

Sanacell

Das Sanacell-Gesundheitsnetzwerk wurde 1994 mit dem Ziel gegründet, Menschen über Gesundheitsthemen zu informieren und für bestehende Probleme als Lösungen die qualitativ besten Produkte anzubieten. Als eines der gravierendsten Probleme wird die Vitalstoffarmut der Zivilisationskost und die damit zusammenhängende Notwendigkeit der Nahrungsergänzung angesehen, und die Verunreinigung unseres Trinkwassers mit Umweltschadstoffen. Für die Lösung des Trinkwasser-Problems bietet Sanacell Trinkwasser-Filter der amerikanischen Firma Multipure an.

Die Afa-Algen sind im Angebotsprogramm der Firma, weil

sie »die beste Nahrungsergänzung überhaupt sind und eine sinnvolle und notwendige Bereicherung der täglichen Nahrung darstellen.« Sanacell bietet Presslinge, Pulver und Flakes (feine Flocken) auch in preiswerten Großpackungen, im Abonnement und preiswert für Sanacell-Mitglieder. Mitglieder von Sanacell können sich durch Weiterempfehlung der angebotenen Gesundheitsprodukte ein haupt- oder nebenberufliches Einkommen schaffen.

Zur Hautpflege wird die spagyrische Hautpflegeserie von Dr. Schönemann angeboten. Darüber hinaus sind auch Stevia-Produkte für gesundes Süßen und ein Kombi-Präparat Afa-Spirulina-Chlorella-Algen im Programm.

Ferner im Angebot: Ab Sommer 2001: Reisen für Afa-Algen-Begeisterte an den Klamath-See.

Sanacell-Gesundheitsnetzwerk, Dovestr. 1, 10587 Berlin-Charlottenburg, Bestelltelefon 030-3980670, Fax -39806719, Info-Faxabruf: 030-201 770 00 50 – 00 (Übersicht). E-mail: info @sanacell.de. Internet: http://www.SANACELL.de

Algavital, Österreich

Der Firmengründer: »Ich habe immer schon nach Energie für die grauen Zellen gesucht, die uns menschlich-spirituell weiterbringen kann. Dabei haben wir immer wieder kinesiologisch getestet, dass die blaugrünen Algen vom Klamath-See einen immensen Beitrag leisten können, von alten, blockierten emotionalen Belastungen frei zu kommen. Wir wissen auch, dass durch den Aufbau von Synapsen und Neuropeptiden, aus dem kompletten Angebot an Aminosäuren in der Afa, sich neue Gedanken festigen können. In den USA hatte ich damit bis 1992 so viel Erfolg, dass ich beschloss, die Afa nach Österreich zu importieren. Die Afa verwende ich nur aus dem Naturschutzgebiet von Eagle Ridge am Westufer des Klamath Lake, da dort auch warme Quellen dem Wachstum und der Energie der Afa zur höchsten Stufe verhelfen.« Die Firma führte 1998 den ersten Schulversuch mit Afa-Algen in Europa durch.

Algavital bietet neben reinen Afa-Algen-Produkten verschiedene Kombi-Präparate, Enzym-Produkte und Produkte für eine gesunde Darmflora an, sowie ein Produkt speziell für Kinder mit ADHD, entwickelt auf der Grundlage der Empfehlungen von Professor Abrams. Im Programm sind ab Sommer 2000 auch luftgetrocknete Algen. Zudem sind alle Produkte der Firma Cell Tech erhältlich. Einzelhandel sowie Großhandel. Informativer monatlicher Rundbrief »Gesunde News« über aktuelle Forschungsergebnisse.

Algavital, Römerstr. 10, A-2424 Zurndorf, Österreich, Tel. 0043-2147-7000-200, Fax -203, E-mail: algavital@eunet.at, Internet: http://www.algavital.com

Bluegreen GmbH, Deutschland

Neben den besonderen und in einer perfekten Zusammensetzung vorliegenden Inhaltsstoffen sind für die Firma Bluegreen die energetischen Aspekte der Afa-Algen von großer Bedeutung. »Die blaugrünen Uralgen stellen die dynamische Kraft dar, welche die Entwicklung des Menschen auf physikalischer, geistig-emotionaler, energetischer und spiritueller Ebene in höchstem Maße fördert.« Die Firma legt neben schonendem Ernteverfahren mit feinen Sieben, sanfter Sprühtrocknung bei Raumtemperatur, Abfüllung in Europa und umweltfreundlicher Verpackung großen Wert auf den »energetischen Schutz der Algen gegen Programmierung und Manipulation«. »Die blaugrünen Uralgen sind dank ihrer besonderen energetischen Struktur nur wenig von Fremdenergien beeinflussbar. Dieser natürliche Schutz wird von uns unterstützt, indem wir zum Beispiel keine EAN-Strichcodes verwenden.«

Die Partnerfirma Umwelt und Gesundheit in Rödermark bietet die Afa-Alge in nullpunktenergetisierter Form an. Bei der Nullpunktenergetisierung werden die Algen zwölf Stunden einem Energiefeld ausgesetzt, das die Energieantennen der Algen wieder aktivieren soll, das heißt, dass die Algen wie zu Lebzeiten wieder aktiv Energien anziehen sollen. Ein Pressling von 250 Milligramm reichte den meisten Menschen aus als Zufuhr von Lebensenergie.

Einzel- und Großhandel. Video mit Vortrag von Christian Opitz und Gabriel Cousens.

Bluegreen GmbH, Frankfurter Str. 17, 63322 Rödermark, Tel. 06074-886522, Fax -886525.

Umwelt und Gesundheit, Tel. 06074-886533, Fax -886544.

Wilco Green Foods

Wilco wurde 1983 gegründet und stellt natürliche Hautpflegemittel und Kosmetikprodukte auf Jojobaöl-Basis sowie Nahrungsergänzungen her. Alle Rohstoffe kommen aus ökologischem Anbau und werden von Wilco selbst importiert und weiterverarbeitet. Der Firmenchef probierte die Afa-Alge aus und stellte fest, dass wahrscheinlich Nährstoffmangel die Ursache für seine häufig auftretende Müdigkeit und mangelnde Konzentration war. Auf Grund eigener Tests war die Firmenleitung von den blaugrünen Algen beeindruckt und von ihrer Wirkung als konzentriertes Lebensmittel und natürliche Nahrungsergänzung überzeugt. Wilco war die erste Firma, die mit Afa-Algen in allen deutschen Apotheken vertreten war.

Wilco Green Foods, Alois-Wolfmüller-Str. 8, 80939 München, Tel. 089-3242620, Fax -32426222, E-mail:WilcoGmbH@T-online.de, Internet: http://www.greenfoods.de

Bionika-Versand

Bei der Firma »Bionika« handelt es sich um den größten Naturmittel-Versand Deutschlands. Das Firmen-Credo: Dem Kunden seine gute Gesundheit wieder zurückzugeben oder zu erhalten, auf sanfte und natürliche Weise. Die Firma wird von Heilpraktikern und Gesundheitsexperten beraten.

Im Programm der Firma sind Wasserreinigungs- und Energetisierungsgeräte, Entsafter für Obst und Gemüse, Gesundheitsbücher und Nahrungsergänzungsmaterial wie Algen und Gerstengraspulver mit dem Ziel, Mangelzustände zu beseitigen.

Im Angebot gibt es »Bluegreen Alpha« (100 % blaugrüne Afa-Alge) sowie »Bluegreen Omega« (Mischung aus Afa- und anderen Algen).

Bionika GmbH & Co. KG, Am Teichgraben 2, 49164 Bohmte, Tel. 0180-5-304950, Fax -304951, E-mail: mail@bionika.com, Internet: http://www.bionika.com

Bluegreen Austria

1993 wurde die Firma Bluegreen gegründet. Der Firmengründer Ingomar von Lex sieht die Vitalstoffe der Afa-Alge als Möglichkeit, die Zellen an die Ur-Information der Heilung zu erinnern.

Bluegreen Österreich bietet nicht nur die Afa-Alge als Pulver oder Tabs an, sondern auch Kombi-Präparate zum Beispiel mit Q10 sowie schmackhafte Energie-Riegel.

Bluegreen Austria, Gentzgasse 71, A-1180 Wien, Tel. 0043-0-1-4704774, Fax -1-4786669, E-mail: post@bluegreen.net, Internet: http://www.bluegreen.net

allcura Naturheilmittel

Die Firma allcura, ehemals Werner & Winkler, vertreibt seit ca. 25 Jahren Naturheilmittel, Nahrungsergänzungen, Körper- und Hautpflegemittel. Allcura betrachtet die Afa-Alge als wohltuend für Körper und Geist sowie als zukunftsweisend für eine ganzheitliche Ernährung.

Allcura ist mit Afa-Algen in Apotheken, Reformhäusern und Naturkostläden vertreten, plus Versand und Großhandel. Alleinvertrieb von »Green Magma« (Gerstengraspulver von Dr. Hagiwara).

allcura Naturheilmittel (ehemals »Werner & Winkler«), Reichenäcker 7, 97877 Wertheim, Tel. 09342-9611-0, Fax -961196.

Papaya Vera

Papaya Vera hat als Pionier auf diesem Gebiet als erste Firma in Deutschland Papaya-Produkte aus Hawaii und Australien angeboten und verfügt über eine breite Produktpalette, von Papayablätter-Tee bis Papaya-Kosmetik. Inzwischen gehören neben Ananas-Enzymen und Bio-Trockenfrüchten auch grüne Naturprodukte zum Programm wie Spirulina aus Hawaii, Stevia, Brennnesselpulver, Gerstengraspulver aus australischem Bio-Anbau und die Afa-Alge als Pulver, vegetarische Kapseln und als Liquid mit Fruchtkonzentrat, auch in preiswerten Großpackungen.

Die Afa-Alge wird als »Star« der Nahrungsergänzungen betrachtet, weil sie nicht nur die körperliche Ebene stärkt und harmonisiert, sondern auch leichteres Denken und gute Merkfähigkeit fördert. Die Firma Papaya Vera führt auch alle meine Bücher.

Papaya Vera, Prüne 7, 24103 Kiel, Tel. 0431-661 4955, Fax - 661 4954, E-mail: PapayaVera@T-online.de

Keimling Naturkost

Die Firma Keimling Naturkost hat die Afa-Alge unter der Bezeichnung »Spirit Power« ins Programm aufgenommen, weil es »ein sehr gutes Produkt ist durch die Vielfalt der Vitalstoffe. Wir sind sehr glücklich, ein Produkt ohne Zusatzstoffe anbieten zu können.« Die Firma rät angesichts hochgezüchteter Lebensmittel, verarmter Böden, zu früher Ernte und vielfältiger Bearbeitung unserer Nahrung zu Lebensmitteln wie der Afa-

Alge, die wichtige Vitalstoffe von Natur aus konzentriert enthalten.

Keimling Naturkost GmbH, Bahnhofstr. 51, 21614 Buxtehude, Tel. 04161-51160, Fax -511616, E-mail: Keimling@T-online.de

Gesundheitsversand Andreas Heine

Andreas Heine ist der Sohn von G. A. Ulmer, Autor unter anderem von »Gesundheitswunder Chlorophyll«, eines der ersten Bücher in deutscher Sprache, in dem die Afa-Alge positiv erwähnt wird. Das Produktprogramm der Firma umfasst unter anderem Trinkwasseraufbereitungs-Geräte, Kräuterprodukte und Geräte zur biogenen Harmonisierung von Wohnräumen.

Gesundheitsversand Andreas Heine, Hauptstraße 16, 78609 Tuningen, Tel. 07464-98740, Fax -3054

PURAVITA Naturwaren

1993 wurde das PURAVITA Naturwaren-Versandgeschäft von den Ernährungsberatern Hildegard und Reiner Schmid gegründet, um natürliche Nahrungsergänzungen in bester Qualität zugänglich zu machen. Die Schmids sind Buchautoren zu Themen wie Weizengrassaft, Aloe Vera, Spirulina und Selberkeimen. Die Afa-Alge schätzen sie, weil sie als Wildalge noch ursprüngliche Informationen enthält, und empfehlen sie zur mentalen und seelischen Stärkung sowie zur Nährstoffversorgung von Gehirn- und Körperzellen.

»PURAVITA Naturwaren«, Hildegard Schmid, Schmautzer-Büchl-Weg 19a, 82266 Inning am Ammersee, Tel. 08143-959501, Fax -959502, E-mail: naturwaren@puravita.de

Herba Vitalis

Die Firma »Agentur für Naturprodukte« importiert und vertreibt mehr als 400 natürliche Nahrungsergänzungen aus Amazonien, Ozeanien, Europa, Asien, Afrika und Australien. Sie hat sich zur Aufgabe gesetzt, wertvolle Geheimnisse alter Hochkulturen wieder zu entdecken und für die zeitgemäße Ernährung zur Verfügung zu stellen. Der Firmenberater Hendrik Hannes hat ein Buch, »Lexikon Nahrungsergänzungsmittel im Trend«, geschrieben, das ständig aktualisiert wird und jetzt schon ein Bestseller ist.

Für die »Agentur für Naturprodukte« hat die Afa-Alge eine besonders herausragende Rolle innerhalb der natürlichen Nahrungsergänzungen: »Sie wachsen in einem Schlaraffenland und vereinigen immense Mengen an Vitalstoffen, vor allem Spurenelemente und Mineralstoffe, in sich. In dieser schon fast urzeitlich lebensbejahenden Umgebung versteht es sich, dass die Enzymvorkommen im Wasser und somit auch in den Algen überdurchschnittlich hoch sind. Demzufolge findet man in den Blue-Green-Algen alle Aminosäuren in gesundheitsaktiven Mengen.« Die Firma, welche die Afa-Alge seit 1994 im Angebot hat, weist darauf hin, dass die Afa-Alge amerikanischen Wissenschaftlern zufolge in hohem Maße tachyonisiert ist; eine Erklärung, warum die Blue-Green-Algen einen so hohen Wirkungsgrad haben.

Herba Vitalis, Hohenbrunner Str. 25, 81825 München, Hotline: 01801-878888, Fax -6882185, Fax-Abruf 0190-58525101 (1,21 DM/Min.), E-mail: hendrik.hannes@munich.netsurf.de

Bluegreen Algen Schweiz

Erich Minder schreibt: »Ich kenne schon aus der Zeit, als ich ein Reformhaus leitete, die immense Vitalstofffülle und Regenerationskraft der verschiedenen Algenarten. Als ich aber, leider erst vor wenigen Monaten, die Afa-Bluegreen-Algen kennen lernte, war das die totale Überraschung: Ich glaube, eine noch hochwertigere Nahrungspflanze können wir auf unserem Planeten nicht finden. Ich schließe kaum noch Ernährungs- und Gesundheitsvorsorgeberatungen ab, ohne die Afa-Algen zu verschreiben.«

Bluegreen Algen Schweiz, Erich Minden, Dammweg 27, CH-3427 Utzenstorf, Tel. und Fax 0041-32-6655125

Spira Verde

Aus einer Selbsthilfe-Gruppe für Azidose- und Krebsgeschädigte, welche die bekannte Gesundheitsautorin Halima Neumann (»Stop der Azidose«) in den Jahren 1990 bis 1996 in München leitete, ist »Spira Verde«, Versand für ausgewählte Naturprodukte, entstanden. Der Versand führt ein Sortiment spezieller Produkte – die meisten aus Bio-Anbau oder Wildwuchs und in Rohkostqualität – für die Gesundheit. Unter anderem werden die blaugrünen Mikroalgen Afa, Spirulina, Chlorella, außerdem Gerstengraspulver, Alfalfa, Hanfsamen, Chuffa-Nüssli, Mandelmilchpulver, Flohsamenschalen, verschiedene Papayaprodukte, Ananassaft, Acerola-Kirschen-Pulver, frischgepresster Aloe-Vera-Saft und -Gel angeboten.

Die Afa-Alge ergänzt in hervorragender Weise die Firmenphilosophie von »Spira Verde« als ein Nahrungsergänzungsmittel mit gemütsaufhellenden und immunstimulierenden Eigenschaften. Zu allen Produkten gibt es kostenlose Blätter mit Informationen zu den gesundheitlichen Wirkungen der Produkte und Rezepten, von Halima Neumann entwickelt.

»Spira Verde GbR«, Römerstraße 4, 63546 Hammersbach, Tel. 06185-2742, Fax 06185-2744

Positive Produkte

Der Firmenname »Positive Produkte« steht für die Geschäftsphilosophie von Gerd Dettmer, dem Inhaber, nur Produkte, welche eine positive Entwicklung der Menschen fördern und ihre Lebensqualität verbessern, zu vertreiben. Gerd Dettmer sagt, dass er Ende 1994 »von oben« zu den Algen vom Klamath-See geführt wurde. Für ihn sind die blaugrünen Uralgen die ursprünglichste Vollwerternährung der Erde, weil sie die Urinformation des Lebens und einen unübertroffenen, optimalen Reichtum an Proteinen, Vitaminen, Chlorophyll, Mineralstoffen und Spurenelementen enthalten. Wichtig ist ihm auch, dass Vegetarier mit der empfohlenen Tagesdosis von etwa 1,5 Gramm der Afa-Alge den Tagesbedarf an Vitamin B_{12} decken können.

»Positive Produkte«, von Axen-Straße 9, 22083 Hamburg, Tel. 040-2202599, Fax 040-2202523
E-mail: Positive-Produkte@gmx.de.

Bluegreen Algenprodukte

Der Heilpraktiker Cedric Parkin brachte 1994 die wildwachsende Uralge *Aphanizomenon Flos Aguae* mit nach Hamburg. Er war auf der Suche gewesen nach einem ursprünglichen und in seiner Zusammensetzung hochwertigen Lebensmittel, das in seiner Ganzheit wirkt, den Organismus in seiner natürlichen Funktionsweise unterstützt und Vitaminpräparate überflüssig macht. Seine Erfahrungen mit der Afa-Alge beschreibt er so: »Die Wirkung war, weit jenseits eines Placeboeffektes, gelinde gesagt erstaunlich. Die verfügbare physische Energie nahm deutlich zu. Das frühabendliche Energietief glich sich mehr und mehr dem Tagesniveau an. Gleichzeitig sank das natürliche Schlafbedürfnis um 1–2 Stunden täglich. Doch die deutlichste Wirkung war die Stärkung und Harmonisierung der Gehirntätigkeit, was sich unter anderem in gesteigertem Konzentrationsvermögen ausdrückte.« Cedric Parkin schreibt: »Der beste ›Werbeträger‹ ist die Alge selbst. Die außerordentlich wohltuende Wirkung der Alge auf den materiellen wie auf den feinstofflichen Körper lässt den Bekanntheitsgrad der Alge kontinuierlich wachsen. Sie sind einfach ein großartiges Geschenk an die gestresste Menschheit.« Es werden sprühgetrocknete Algen verwendet. Man kann Algen preisgünstig abonnieren und wird durch Rundbriefe über Neuigkeiten informiert. Für Fragen hierzu gibt es eine Hotline mit einem Spezialisten.

»Bluegreen Algenprodukte«, Groß- und Einzelhandel
Marie-Louisen-Straße 57, 22301 Hamburg, Tel. 040-41085-45,
Fax 040-41085-30
E-mail: bluegreen.parkin@t-online.de
Internet: *http://www.Afa-bluegreen.de* (ab Oktober 2000)

Informationen über aktuelle Projekte, Veranstaltungen und Artikel von und mit der Autorin finden Sie im Internet:
http://www.Barbara-Simonsohn.de

Anfragen an die Autorin über Seminare (authentisches Reiki, Gesundheit), Behandlungen und Beratungen zu Ernährungs- und Lebensfragen sowie zu den Fünf »Tibetern« richten Sie bitte schriftlich an:

Barbara Simonsohn
Holbeinstr. 26
22607 Hamburg
Fax: 040-89 34 97
E-mail: *Basim@Barbara-Simonsohn.de*

Bitte schicken Sie Erfahrungsberichte, Fotos und Rezepte an:
Afa-Algen-Forum
c/o Theo Hodapp
Holbeinstr. 26
22607 Hamburg

Fügen Sie den Unterlagen bitte eine schriftliche Erlaubnis zu einer eventuellen Veröffentlichung in einem Folgeband (unabhängig von der Auflage) beziehungsweise Artikeln in Zeitschriften bei.

Anmerkungen

1 Einen sehr guten Überblick über die weltweite Verwendung von Meeresalgen seit Jahrtausenden sowie ihre gesundheitlichen Vorzüge gibt der Naturheilkunde-Arzt Prof. Dr. Probst in seinem Buch *Energieschub aus dem Meer – Meeresalgen: Heilmittel und Nahrung für die Gesundheit, Fit fürs Leben*, Ritterhude 1997

2 McKeith, Gillian, *Miracle Superfood – Wild Blue-Green Algae*, Keats, Lincolnwood 1999, S. 9

3 Linda Grower, *A Molecule of Hope For A Changing World*, Gilbert, Hoover & Clerk, Carson City/Nevada 1993, S. 83

4 ebd.

5 Karl J. Abrams, *Algae to the Rescue*, Logan House Publishing, Studio City, USA 1996, S. XIII

6 ebd., S. 56

7 vgl. Erich Menden, Hrsg., »Wie funktioniert das? Die Ernährung«, Meyers Lexikonverlag, Mannheim/Wien/Zürich 1990, S. 168

8 ebd., S. 167

9 Reidar Tavárez, *Gesund ohne Kochtopf – aber wie? Tipps und Tricks für Rohköstler und solche, die es werden wollen*, Betzel, Nienburg 2000, S. 135

10 William Barry, *The Astonishing, Magnificent, Delightful Algae*, Graphic Press, Klamath Falls, Oregon, überarbeitete Auflage 1994

11 ebd., S. 44 f.

12 ebd., S. 45

13 ebd., S. 46
14 vgl. Barbara Simonsohn, *Stevia – sündhaft süß und urgesund*, Windpferd Verlag, Aitrang 1999
15 vgl. Professor Dr. William T. Barry, »Toxic & Nontoxic Algae«, Bekanntmachungen vom 6. und 18. September 1996
16 vgl. Informationen der Gesellschaft für Biologische Krebsabwehr in Heidelberg in: »Biologische Krebsabwehr« Nr. 58, Mai 1998; den Artikel »Von wegen ›ein Apfel täglich‹!« in : »Bio« Nr. 4/98; den Artikel »Vitaminschwund in Obst und Gemüse« in: »Natur & heilen« Nr. 12/98; die Artikel »Bei normaler Mischkost ist die Magnesium-Versorgung nicht gewährleistet« in: »Welt am Sonntag« vom 31. 8. 1997 sowie den Artikel »Unsere Ernährung deckt nicht den Vitaminbedarf« vom 24. 8. 1997
17 »Unsere Ernährung deckt nicht den Vitaminbedarf« in: »Welt am Sonntag« vom 24. 8. 1997
18 ebd.
19 »Schlechte Ernährung in Altenpflegeheimen« in: »Natur & heilen«, 10/1999
20 »Welt am Sonntag« vom 31. 8. 1997, a. a. O.
21 vgl. ebd.
22 vgl. z. B. das Sonderheft »Kosmetik« der Stiftung Warentest sowie »Vitaminpillen kein Ersatz für Obst und Gemüse« in: »Die Welt« vom 9. 5. 1996
23 Abrams, *Algae* ..., a. a. O., S. 48
24 ebd., S. 59
25 vgl. »Die Welt«, a. a. O.
26 vgl. dazu Barbara Simonsohn, *Die sagenhafte Heilkraft der Ananas – Ein ganzheitliches Gesundheitsbuch*, Windpferd Verlag, Aitrang 1998, sowie Barbara Simonsohn, Papaya – Heilen mit der Wunderfrucht, Windpferd Verlag, Aitrang, 2. Aufl. 1998

27 Abrams, *Algae*…, S. 57

28 nach Gillian Cribbs, *Blaugrüne Algen – Die Nahrungsrevolution aus dem Wasser*, Heyne, München, 1998 und William T. Barry, *The Astonishing, Magnificent, Delightful Algae*, Graphic Press, Klamath Falls, USA, 1992 sowie einer Laboranalyse der Firma Bluegreen Deutschland und dem darin errechneten Mittelwert aus sieben Chargen

29 Abrams, *Algae*…, a. a. O., S. 22

30 McKeith, *Miracle Superfood*…, a. a. O., S. 19

31 aus einer Broschüre der Firma Sanacell

32 nach Gillian Cribbs, *Blaugrüne Algen*…, a. a. O., und William T. Barry, *The Astonishing*…, a. a. O.

33 vgl. John Apsley, *The Genesis Effect*, Genesis Communications, Northport 1996, S. 51

34 Abrams, *Algae*…, a. a. O., S. 71

35 McKeith, *Miracle Superfood*…, a. a. O., S. 23

36 Abrams, *Algae*…, a. a. O., S. 51

37 nach Gillian Cribbs, *Blaugrüne Algen*…, a. a. O. und William T. Barry, *The Astonishing*…, a. a. O.

38 vgl. dazu G. A. Ulmer, *Gesundheitswunder Chlorophyll*, Ulmer, Tuningen 1997

39 Näheres dazu Barbara Simonsohn, *Gerstengrassaft, Verjüngungselixier und naturgesunder Power-Drink*, Windpferd Verlag, Aitrang 1999

40 vgl. Halima Neumann, *Grüne Lebenselixiere aus dem Schoß der Erde*, Fürhoff, Starnberg 1999

41 McKeith, *Miracle Superfood*…, a. a. O., S. 21

42 vgl. Rita Elkins, *Blue/Green Algae*, Woodland Publishing Inc., Pleasant Grove, USA, 1995, S. 22

43 Barry, *The Astonishing*…, a. a. O., S. 24

44 Michael Hamm, *Fett ja – aber wenig und richtig*, Mosaik, München 1999, S. 50

45 Michael Hamm, Brainfood: *Fitmacher für kluge Köpfe*, Mosaik, München 1999, S. 64, 65
46 Hamm, *Fett ja*…, a. a. O., S. 70, 71
47 Abrams, *Algae*…, a. a. O., S. 36
48 McKeith, *Miracle Superfood*…, a. a. O., S. 7
49 Abrams, *Algae*…, a. a. O., S. 42
50 Abrams, *Algae*…, a. a. O., S. 143
51 Gibson und Kneebone, »American Clinical Nutrition«, Vol. 32, 1981, S. 353
52 Abrams, *Algae*…, a. a. O., S. 143
53 Hamm, *Brainfood*…, a. a. O., S. 64
54 vgl. »Muttermilch macht klug«, Artikel in: »Hamburger Morgenpost« vom 7. 1. 1998
55 Johannes Holler, *Iss Dich klüger – Das praktische Handbuch für die optimale Gehirnernährung*, Umschau, Frankfurt am Main 1997, S. 105
56 Mitschrift eines Vortrags mit Christian Opitz über die Afa-Alge, erhältlich über die Firma Bluegreen Deutschland
57 Christian Drapeau/Neil Solomon, »Blue-Green Algae: A Powerful Immune System Enhancer«, Apprise Publishing, Montreal, Kanada 1998, S. 5, 6
58 Abrams, *Algae*…, a. a. O., S. 91
59 McKeith, *Miracle Superfood*…, a. a. O., S. 30
60 Abrams, *Algae*…, a. a. O., S. 52
61 ebd., S. 15
62 Näheres über die Wirkung von SOD finden Sie in Barbara Simonsohn, *Gerstengrassaft*, a. a. O.
63 Abrams, *Algae*… a. a. O., S. 141
64 ebd.
65 vgl. Video mit Vortrag von Christian Opitz und Interview mit Gabriel Cousens; beides erhältlich über Bluegreen Deutschland

66 Christian Drapeau/Neil Solomon, »Blue-Green Algae…«, a. a. O., S. 4
67 ebd., S. 5
68 vgl. dazu Halima Neumann, *Stopp der Azidose*, Fürhoff, Starnberg, 4. Aufl. 1994, mit Tabelle von Nahrungsmitteln mit Bewertung, wie sauber beziehungsweise basisch sie verstoffwechselt werden; Dr. Renate Collier, *Wie neugeboren durch Darmreinigung*, Graefe und Unzer, München 1995
69 »TBT in Fischen entdeckt« in: »Die Welt« vom 25. 1. 2000
70 McKeith, *Miracle Superfood*…, a. a. O., S. 36
71 vgl. D. A. Cory-Slechta, »Neurochemical and Behavioral Responses to Environmental Chemicals«, Internet: http://www2.envmed.rochester.edu/envmed/tox/faculty/coryslechta.hltm sowie Brockel, B. J. mit D. A. Cory-Slechta, »Leadinduced decrements in waiting behaviour: Involvement of D2-like dopamine receptors. Pharmacol. Biochem. Behav. 63(3):423-434.
72 Abrams, *Algae*…, a. a. O., S. 47
73 ebd., S. 65
74 vgl. Max Daunderer, *Handbuch der Amalgamvergiftung*, ecomed, Landsberg/Lech 1992
75 Abrams, Algae…, a. a. O., S. 53
76 ebd., S. 62
77 ebd., S. 65
78 ebd., S. 141
79 Näheres zu Bromelain siehe Barbara Simonsohn, *Die sagenhafte Heilkraft der Ananas*, a. a. O.
80 vgl. auch McKeith, *Miracle Superfood*…, a. a. O., S. 35
81 Abrams, *Algae*…, S. 50
82 ebd., S. 172
83 ebd., S. 87
84 ebd., S. 110

85 ebd., S. 57

86 ebd., S. 58

87 vgl. »Alzheimer – Immer mehr Patienten« in: »Hamburger Abendblatt« vom 22. 9. 1999

88 vgl. »Schon 80 000 Deutsche mit Demenz-Erkrankungen« in: »Die Welt« vom 10. 9. 1999

89 vgl. »Denken leidet bei Bluthochdruck« in: »Die Welt am Sonntag« vom 19. 12. 1999

90 vgl. »Wandmaker aktuell« Nr. 1, Dezember 1999

91 Beispiel aus einer Broschüre, die Dr. med. Rita Trettin, Therapeutin für Alzheimer-Kranke am Klinikum Nord Ochsenzoll in Hamburg am 25. Oktober 1999 im »Wendepunkt« in Tellingstedt verteilte.

92 Tom Warren, *Beating Alzheimer's*, Avery Publishing Group, New York, 1991

93 ebd., S. 79

94 vgl. dazu auch Helmut Wandmaker, *Willst du gesund sein, vergiss den Kochtopf*, Goldmann, München, 6. Aufl. 1992

95 Warren, a. a. O., S. 73

96 McKeith, *Miracle Superfood* ..., a. a. O., S. 35

97 Abrams, *Algae* ..., a. a. O., S. 9

98 McKeith, *Miracle Superfood* ..., a. a. O., S. 36

99 vgl. auch »Report of Treatment of Alzheimer's Disease with Alphanae Klamathomenon Flos-Aqua« in: »Orthomedicine«, Winter/Spring 1995, Vol. VIII, Nummer 1 & 2 sowie Gabriel Cousens, *Ganzheitliche Ernährung und ihre spirituelle Dimension*, Edition Sternenprinz, Frankfurt 1995, S. 342

100 vgl. »Here's to you Health. Health and Environment Issues«, Nov. 1992, Hrsg. Cell Tech Company

101 vgl. A. Berg, et al: »Zur Qualität der Fettsäure-Zufuhr und ihrem Einfluss auf die periphere Regulationslage von

Sportlern«, Sonderdruck aus »Deutsche Zeitschrift für Sportmedizin«, 1993; 44, S. 445–452 sowie Gabriele Staab, »Einfluss der Fettsäurequalität auf Leistungsfähigkeit und Belastbarkeit bei Sportlern«, TPI Forum, Sonderausgabe: Ratgeber Substitution, September 1999, Nr. 1, Hrsg. Thera Plas Institut, Rodgau

102 Cribbs, *Blaugrüne Algen*, a. a. O, S. 182–187

103 Einen ganzheitlichen Ansatz hierzu bietet Henning Köhler, *Von ängstlichen, traurigen und unruhigen Kindern – Grundlagen einer spirituellen Erziehungspraxis*, Verlag Freies Geistesleben, Stuttgart 1997. Der Autor plädiert für eine »Lebenssinnpflege« und spricht von »zivilisationsbedingten Störungen«.

104 vgl. hierzu auch »Gehirn- und Nervenstress – muss das sein? Die geistige Leistungsfähigkeit im Alltag erhalten« von Karl-Heinz Rudat in: »Natur und Heilen«, 10/99

105 vgl. auch Kirsten Homuth, *Ernährungsumstellung – eine Chance für mein hyperaktives Kind*, pala, Darmstadt 1999 sowie Sylvia Schulz, *Auch Ihr Kind wird ruhig*, Hüthig, Heidelberg 1998

106 Abrams, *Attention Deficit Hyperactivity Disorder. A Nutritional Approach*, Timeless Books Publications, Chelsea, Michigan 1998, S. 4

107 zitiert nach »Schrot & Korn« vom Dezember 1999

108 Im Goldmann Verlag, München, ist für 2001 ein Buch über Ritalin von Barbara Simonsohn geplant.

109 Peter R. Breggin, *Talking Back to Ritalin*, Common Courage Press, Monroe, USA 1998, S. 3

110 vgl. dazu Ben Feingold, *Why Your Child is Hyperactive*, Random House, New York 1985, Erstauflage 1974

111 vgl. »Energy«, veröffentlicht von »Project 2000, Inc.«, 140 Seawall St., Boylston, MA, USA, Herbst 1993

112 vgl. dazu Irma Sevilla und Nereyda Aguirre, »Studie on the Effects of Super Blue Green Algae on the Nutritional Status and School Performance of First, Second, and Third Grade Children Attending the Monseñor Velez School in Nandaime, Nicaragua«, Cell Tech, Klamath Falls, Oregon 1995, (Die Studie wurde ebenfalls von der Firma Cell Tech gesponsert.)

113 »The kid.com.Study«, a. a. O., S. 6

114 »The kid.com.Study«, a. a. O.

115 »Children & Algae Report«, erarbeitet vom Center for Family Wellness in Harvard. Adresse: Claudia J.Jarratt, Director, »The Center for Family Wellness«, 20 Under Pin Hill Road, Harvard, MA 01451, Fax 001-978-456-8896. Für spezielle Fragen soll man sich wenden an: Network of Hope, P. O. Box 701534, St. Cloud, FL 34770-1534, USA

116 »The Children & Algae Report«, a. a. O., S. 8

117 ebd., S. 11

118 ebd.

119 ebd.

120 ebd., S. 13

121 Abrams, *Algae* ..., a. a. O., S. 47

122 Karl Abrams, *Attention Deficit* ..., a. a. O., S. 44

123 ebd., S. 46

124 ebd., S. 17 sowie Hamm, *Brainfood*, a. a. O., S. 64

125 siehe dazu zum Beispiel »Bio für Vierbeiner« in: »Schrot & Korn«, 1/2000. Weitere Buchtips: Bruce Fogle, *Naturgemäße Hundehaltung*, BLV Verlagsgesellschaft, München 1999; Grace McHattie, *Die gesunde Katze. Natürliche Haltung – Natürliche Heilmittel*, Müller, Rüschlikon/Zürich 1994; Wolfgang Wirth, *Naturheilkunde für Tiere*, Ennsthaler, 2. Aufl. 1997; Anne Lindenberg, *Bach-Blütentherapie für Haustiere*, pala, Darmstadt 1997

126 vgl. »Bio für Vierbeiner« in: »Schrot & Korn« 1/2000
127 Therapiezentrum Natur & Tier, Tierheilpraktikerin R.-M. Norton, Tel. 04193-5073, Fax 04193-5074
128 Seminar-Information: Buchhandlung WRAGE, Tel. 040-455240, Fax 040-442469
129 The Aaztec Group, 3341 East Corona Ave., Phoenix, AZ 85040-2837, USA, Tel. 001-800-4116564
130 Cousens, *Ganzheitliche Ernährung*, a. a. O.
131 ebd., S. 343
132 nach einer Untersuchung der Firma Sanacell (Adresse siehe im Anhang »Firmen-Porträts und Bezugsquellen«)
133 Kristallanalyse, Auswertung vom 20.10.1999 einer Vergleichsstudie im Auftrag der Firma Sanacell
134 Cribbs, *Blaugrüne Algen*, a. a. O., S. 19
135 aus einem Rundbrief der Firma Positive Produkte vom 29. 11. 1966, Firmenadresse: Von-Axen-Str. 9, 22083 Hamburg, sowie persönlichen Gesprächen
136 ebd.
137 Norman Walker, *Strahlende Gesundheit*, Goldmann, München 1995, S. 28
138 McKeith, *Miracle Superfood*..., a. a. O., S. 3
139 vgl. auch Neumann, *Stopp der Azidose*, a. a. O.
140 Abrams, *Algae*..., a. a. O., S. 142
141 ebd., S. 172
142 ebd., S. 140
143 siehe weitere Hinweise unter http://www.schreiber-verlag.de

Literaturverzeichnis

Forschungsberichte

»The Children & Algae Report«, (Center for Family Wellness, Harvard), MA, USA, Fax: 001-978-456-8896. Anfragen auch an: »Network of Hope«, P. O. Box 701534, St. Cloud, FL 34770-1534, USA

»The Kid.com™ study«, Euro-Canadian Cultural Centre, Calgary, Alberta, Kanada, E-mail: third-academy@home.com, o. J.

Barry, Dr. William T., »Toxic & Nontoxic Algae – Part V«, Nov. 1997, www.dnai.com

Cousens, Gabriel, »Report of Treatment of Alzheimer's disease with aphanae Klamathomenon Flos-Aqua«, Orthomedicine, Volume VIII, Number 1 & 2, Winter 1985

Drapeau, Christian und Soloman, Neil, »Blue-Green Algae: A Powerful Immune System Enhancer«, Apprise Publishing, Montreal, Kanada, 1998

Drapeau, Manoukian, Citton, Huerta, Rhode, Jensen, »Effects of the Blue-Green-Algae Aphanizomenon flos aqua (L.) Ralphs on Human Natural Killer Cells«, Royal Victoria Hospital, Montreal 1998

Lahitova, Doupovcova, Zvonar, Chandoga, Hocman, »Antimutagenic Properties of Fresh-Water-Blue-Green Algae«, Polia Microbiol. 39, 1994

Sevilla, Aguirre, »Study on the Effects of the Super Blue Green Algae on the Nutritional Status and School Performance of

First, Second and Third Attending the Monseñor Velez School in Nandaime, Nicaragua«, Cell Tech, Klamath Falls, Mai 1995

Zeitungen und Zeitschriften

»Hyperaktive Kinder sind fast immer mit Blei vergiftet«, Hrsg.: Arbeitsgemeinschaft Aktiver Umwelt-Apotheker, Erlangen

»Lichtnahrung für alle Zellen«, Körper-Geist-Seele, 9/1998, Hamburg

»Umweltgifte: Algen bauen Schadstoffe im Körper ab«, Auf einen Blick, Nr. 15, 3. April 1997

Blasig, Thomas, »Klamath-Algen«, Sanacell, Berlin, o. J.; Cousens, Dr. Gabriel, »Bluegreen-Mikroalgen«, Positive Produkte, Hamburg, o. J.

Dettmer, Gerd, »Das Wunder der blaugrünen Uralgen«, Commed 4/97

Lagenstein, Prof. Dr. I., »Unruhige Kinder – Unruhe/Konzentrationsstörungen und ihre Behandlung – Fragen zur medikamentösen Behandlung des hyperkinetischen Syndroms«, Hamburg, o. J.

Ludwig, Hans, »Uralgen für geistige Früchte bis ins hohe Alter«, Vortrag auf der Paracelsus Messe in Wien am 1. Dezember 1995 (erhältlich über Firma Algavital)

Mayer, Kurt-Marin, »Muttermilch macht klug« in: »Hamburger Morgenpost« vom 7. 1. 1998, Hamburg

Meier, Renate, »Mutter Natur bittet zu Tisch« in: »raum & zeit«, 68/94

Nimitz-Köster, Renate, »Familienkrieg um Zappelphilipp« in: »Der Spiegel«, Hamburg, 51/1999

Opitz, Christian, Vortrag auf Video, Hrsg.: Bluegreen Deutschland

Rudat, Karl-Heinz, »Gehirn- und Nervenstress – muss das sein? Die geistige Leistungsfähigkeit im Alltag erhalten« in: »Natur & Heilen«, München 10/99
Salvesen, Christian, »Die blaugrünen Wildalgen aus Oregon« in: »connection special«, 29
–, »Körperlich und geistig fit durch blaugrüne Uralgen« in: »MenschSein«, 2/98
Simonsohn, Barbara, »Blaugrüne Afa-Alge – Die Königin der Mikroalgen« in: »Natur & Heilen«, München, 6/99
–, »Die blaugrüne Uralge als ›Super-Nahrung‹« in: »Forum«, Bremen, Nr. 35, Okt.–Dez. 1999
–, »Grüne Symphonie der Nährstoffe« in: »Körper-Geist-Seele«, Hamburg, 3/99
–, »Organische Lichtspeicher-Spiralen der Lebenskraft« in: »Esotera«, 3/2000
–, »Vitalstoff- und enzymreiche Lebensmittel zur Gesundheitsprophylaxe« in: »Erfahrungsheilkunde«, Haug-Verlag, Heidelberg, 10/1999

in Englisch:

»A Nutritional Edge for the Athlete«, Health and Environment Issues, Nov. 1992
»A Window of Opportunity for the Whole World«, Hrsg.: Cell Tech, Klamath Falls
»Blue-Green Algae: The Mighty Molecule« in: »Health & Natural Journal«, Canada, June 1999
Collins, Davis, »This Nutrient-Dense Food« in: »Let's Live«, No. 33, April 1996
Cousens, Gabriel, »A Green Path to Healing & Rejuvenation« in: »Body Mind Spirit«, July 1996
–, »Microalgae – First & Finest-Superfood«, o. O., o. J. Forbes,

Connie, »Nervous Thoroughbred shows and wins« in: »Animal Connection Network«, Phoenix, 2/95
Howe, Maggy, »Blue-Green Algae« in: »Country Living«, March 1997
John, Michael, »Wild Blue-Green Algae«, Volume 3, Issue 1
Kollmann, Daryl, »Exciting Results from New Research«, Letter From Daryl, Febr. 1998
–, »The Age of Reponsibility«, Hrsg.: Cell Tech, Klamath Falls
–, *Hope is a Molecule,* o. O., o. J.
Kulvinskas, Niktorus, »The Ultimate Gourmet« in: »Healing Continuum Presenter«, October 5&6, 1991
Rorie, Somlynn, »The Cultivation of Green Foods«, HSR Health Supplement, July 1999
Sevilla, Irma/Aquirre, Nerexda, »The Nicaragua Report«, Hrsg.: Cell Tech, Klamath Falls, 1995
Vaughan, Dacha, »Jurassic Perk« in: »Daily Express«, 30. Aug. 1997

Bücher

Abrams, Prof. Karl J., *Algae to the Rescue,* Logan House Publishing, Studio City, USA, 1996
–, *Attention Deficit Hyperactivity Disorder,* Timeless Books Publications, Chelsea, USA., o. J.
Aivanov, Omraan Mikhael, *Yoga der Ernährung,* Prosveta, Freyus/Frankreich 1995
Apsley, Dr. John W., *The Genesis-Effect,* Genesis Communications, Northport 1996
Arndt, Ullrich, *Spirulina-Algen, lichtvolle Power-Nahrung für Körper und Geist,* Falken, Niedernhausen 1999
Barry, Prof. Dr. William T., *The Astonishing, Magnificent, Delightful Algae,* Graphic Press, Klamath Falls, USA, 1992

Bischof, Marco, *Biophotonen – Das Licht in unseren Zellen,* Zweitausendeins, Frankfurt, 7. Aufl. 1996
Breggin, Peter P., *Talking Back to Ritalin,* Common Courage Press, Monroe, USA, 1998
Collier, Dr. med. Renate, *Wie neugeboren durch Darmreinigung,* Gräfe und Unzer, München 1995
Cousens, Gabriel, *Ganzheitliche Ernährung und ihre spirituelle Dimension,* Maurer, Frankfurt 1986
–, *Harmonie und Gesundheit mit vegetarischer Ernährung,* Hans Nietsch Verlag, Freiburg 1998
Daunderer, Max, *Handbuch der Amalgamvergiftung,* ecomed, Landsberg/Lech 1992
Cribbs, Gillian, *Blaugrüne Algen – Die Nahrungsrevolution aus dem Wasser,* Heyne, München 1998
Elkins, Rita, *Blue-Green Algae,* Woodland Publishing Inc., Pleasant Grove, USA, 1995
Gagné, Steve, *Energetics of Foods,* Spirul Sciences, Santa Fe/New Mexico, 1990
Griscom, Chris, *Der Quell des Lebens,* Goldmann München 1995
Grower, Linda, *A Molecule of Hope For a Changing World,* Gilbert, Hoover & Clerk, Carson City, Nevada 1993
Hamm, Prof. Dr. Michael, *Fett ja – aber wenig und richtig,* Mosaik, München 1999
–, *Brainfood: Fitmacher für kluge Köpfe,* Mosaik, München 1999
Hannes, Hendrik, *Lexikon – Nahrungsergänzungsmittel im Trend,* Windpferd-Verlag, Aitrang 1999
Hartmann, Thom, *Eine andere Art, die Welt zu sehen – Das Aufmerksamkeits-Defizit-Syndrom,* Schmidt-Römhild, Lübeck, Berlin, Essen, 2. Aufl. 1997
Heiß, Erich, *Wildgemüse und Wildfrüchte – Eine wertvolle*

Ergänzung und Aufwertung unserer heutigen Nahrung, Lebenskunde-Verlag, Düsseldorf, 4. Aufl., o. J.
Holler, Johannes, *Iss Dich klüger – Das praktische Handbuch für die optimale Gehirnnahrung,* Umschau, Frankfurt 1997
Homuth, Kirsten, *Ernährungsumstellung – eine Chance für mein hyperaktives Kind,* pala, Darmstadt 1999
Köhler, Henning, *Von ängstlichen, traurigen und unruhigen Kindern,* Verlag Freies Geistesleben, Stuttgart 1997
Konz, Franz, *Der große Gesundheits-Konz,* Universitas Verlag in F. A. Herbig Verlagsbuchhandlung GmbH, München, 4. Aufl. 1999
Liebke, Dr. med. Frank, *Algen – Superheilkraft für Körper und Geist,* Gräfe und Unzer, München 1998
McKeith, Gillian, *Miracle Superfood: Wild Blue-Green-Algae,* Keats, Lincolnwood, USA, 1999
Meyer, Marianne E., *Spirulina – Das blaugrüne Wunder,* Windpferd-Verlag, Aitrang 1998
–, *Stärke dein Immunsystem und heile dich selbst,* Windpferd-Verlag, Aitrang 1999
Neumann, Halima, *Grüne Lebenselixiere aus dem Schoß der Erde,* Fürhoff-Verlag, Starnberg 1999
–, *Stopp der Azidose, Allergien und Haarausfall,* Fürhoff-Verlag, Starnberg, 4. Aufl., 1994
Popp, Fritz-Albert, *Die Botschaft der Nahrung – unsere Lebensmittel in neuer Sicht,* Fischer, Frankfurt 1993
–, *Die Botschaft der Nahrung,* Zweitausendeins, Frankfurt 1999
Probst, Dr. med. Karl, *Energieschub aus dem Meer,* Fit Fürs Leben, Ritterhude 1997
Salvesen, Christian, *Blaugrüne Algen – Supernahrung für Körper und Geist,* Fit fürs Leben, Ritterhude 1997

Schulz, Sylvia, *Auch Ihr Kind wird ruhig*, Hüthig, Heidelberg, 3. Aufl. 1998

Schwinghammer, Herbert, *Essen, das intelligent macht*, Weltbild, München, 2. Aufl. 1998

Sheldrake, Rupert, *Der siebte Sinn der Tiere*, Scherz, Bern/München/Wien 1999

Simon, Tauscher u. a., *Suchtbericht Deutschland 1999*, Schneider, Hohengehre 1999

Simonsohn, Barbara, *Das authentische Reiki – Wirksame Hilfe gegen die körperlichen und seelischen Probleme der heutigen Zeit*, Scherz, Bern/München/Wien 1996

–, *Die Fünf »Tibeter« mit Kindern – Gesundsein darf Spaß machen!*, Integral-Verlag, Wessobrunn 1995

–, *Die sagenhafte Heilkraft der Ananas – Ein ganzheitliches Gesundheits-Handbuch*, Windpferd-Verlag, Aitrang 1998

–, *Gerstengrassaft – Verjüngungselixier und naturgesunder Power-Drink*, Windpferd-Verlag, Aitrang 1999

–, *Papaya – Heilen mit der Wunderfrucht*, Windpferd-Verlag, Aitrang, 2. Aufl. 1998

–, *Stevia – sündhaft süß und urgesund*, Windpferd-Verlag, Aitrang 1999

Tellington-Jones, Linda, *Der neue Weg im Umgang mit Tieren. Die Tellington-Touch-Methode*, Franck Kosmos, Stuttgart 1993

Tavárez, Reidar, *Gesund ohne Kochtopf – aber wie?*, Betzel, Nienburg 2000

Ulmer, G. A., *Gesundheitswunder Chlorophyll. Gespeicherte, gesundheitsspendende Sonnen- und Heilkraft*, Ulmer, Tuningen 1997

Via, Gudrun Dalla, *Gesund und schön durch Algen*, vgs, Köln 1997

Walker, Norman, *Strahlende Gesundheit,* Goldmann, München 1995
Walsch, Neale Donald, *Gespräche mit Gott* (Band 1, 2 und 3) Goldmann, München, 1997, 1999
Wandmaker, Helmut, *Willst Du gesund sein? Vergiss den Kochtopf!,* Goldmann, München, 6. Aufl. 1992
Warren, Tom, *Beating Alzheimer's,* Avery Publishing Group, New York 1991
Weintraub, Skye, *ADD and Hyperactivity,* Woodland Publishing, Pleasent Grove, USA 1997

Register

A

Abhängigkeit 176, 180, 272
Abnehmen 56, 153
Abrams, Karl J. 261, 268, 285
Abwehrkräfte 117
ADHD 169, 173, 180, 181, 183 187, 188, 189, 190, 285
Aids siehe HIV
Allcura 288
Algavital 284
Alkohol 116, 128, 172, 256
Allergien 103, 128, 139, 171, 172, 173, 196, 197, 205, 254, 257, 263, 276
Alpha-Linolensäure 100, 138, 165, 188, 189
Altern 87, 118, 144, 145, 146, 254
Alterungsprozesse 66, 75, 86, 142, 145, 146, 152, 159, 225, 226, 253, 256, 260
Alzheimer 83, 101, 111, 112, 134, 140, 148, 149, 155, 156, 157, 160, 161, 162, 254
Anämie 90, 134, 254, 255, 257
Ananas 129, 289
Antibiotika 25, 116, 173, 206, 258
Anti-Oxidans 83, 86, 87, 89, 90, 91, 97, 118, 119, 122, 123, 140, 141, 144, 147, 166, 195, 253, 260, 265, 266, 271
Appetit 59, 143, 151, 154, 174, 186, 254, 260
Arginin 82, 84, 114, 121, 154, 257
Arterienverkalkung 130, 255
Arthritis 68, 71, 147, 152, 203, 206, 256
Asthma 139, 172, 203
Augen 86, 100, 202, 205, 214, 215, 223, 244, 255
Ausdauer 16, 163, 208, 271, 276
Ausleitung 123, 134, 138, 139, 160, 269, 270
Ausscheidung 84, 134, 139, 160, 203, 237
Azidose 127, 128, 129, 130, 131, 256, 262, 274,

B

Bakterien 25, 26, 50, 56, 67, 69, 94, 95, 116, 119, 121, 125, 149, 213, 263, 267, 275
Bauchspeicheldrüse 83, 152, 264
Befinden 60, 105, 111, 165, 177, 207, 224, 234, 235, 256, 268, 276, 279
Berg, Dr. Ragnar 128
Beta-Karotin 76, 92, 97
Bewegung 116, 117, 126, 128, 158, 259, 266, 269, 274
Bewusstsein 10, 132, 177, 212, 219, 220, 221

Bionika 287
Biophotonen 215, 216
Blähungen 53, 208, 237, 257
Bluegreen 285, 288
Blutarmut 81, 89, 149, 254
Blutdruck 70, 95, 99, 100, 152, 156, 165, 174, 212, 255
Blutfettwerte 99
Bluthochdruck 103, 134, 152, 156, 255
Bodenfruchtbarkeit 57
Bodenlebewesen 127
Botenstoffe 74, 112, 114, 115, 259
Brennesseln 47
Bromelain 255
Bronchitis 277
Brust 269

C

Cadmium 72, 134, 136, 139, 160, 170
Cancida 86, 94, 128, 134, 237, 254, 257, 28
Cell Tech Company 291
CFS s. Müdigkeit
Chakren 110, 198, 218
Chlorella 14, 20, 24, 26, 28, 29, 91, 120, 215, 216, 270
Chlorophyll 20, 26, 45, 73, 93 ff., 119, 122, 139, 187, 202, 204, 205, 239, 243, 244, 253, 255, 274,
Cholesterin 95, 99, 100, 125, 150, 165, 253, 258
Chrom 68, 69, 77, 122, 151, 152, 196, 262
Colitis 137
Collier, Dr. Renate 130
Cousens, Gabriel 161
Cynobakterien 222, 267

D

Darmflora 89, 94, 96, 145, 204, 274, 285
Darmkrebs 274
Das authentische Reiki 117, 131, 144, 198, 199, 204, 208, 210, 211, 227 ff., 258
Demenz 72, 83, 89, 101, 142, 149, 155, 157, 159, 160
Depression 60, 69, 81, 82, 83, 88, 100, 105, 112, 113, 115, 134, 149, 150, 151, 153, 156, 158, 172, 174, 183, 184, 206, 226, 237, 257, 258
DHA 100, 104, 107, 108, 115, 138, 188, 189, 259
Diabetes 12, 55, 68, 103, 118, 127, 152, 256, 264, 274
Diät 56, 153, 156, 181, 209, 258
Die Fünf »Tibeter« 9, 15, 117, 225 ff.
Drogen 172, 174, 175, 177, 272, 273
Drüsen 78, 81, 89, 121, 174, 207, 209, 211, 212. 225, 268
Durchfall 139, 236

E

Eier 79, 157
Eisen 56, 68, 69, 71, 76, 77, 121, 127, 152, 153, 159, 159, 166, 189, 255, 268, 271
Eiweiß 29, 66, 78, 79, 112, 119, 164, 238, 239, 246
Eiweißverdauung 267

Elektrosmog 135, 140
Energie 10, 15, 29, 36, 37, 40, 83, 87, 88, 93, 96, 112, 113, 142, 147, 159, 163, 166, 170, 179, 186, 191, 196, 197, 204, 211, 212, 214, 215, 218, 222, 227, 232, 244, 257, 266, 271, 272, 274, 277, 279
Entgiftung 63, 76, 80, 83, 134, 144, 157, 186, 187, 205, 237, 273
Entgiftungsmittel 132
Entschlackung 145
Entspannung 211
enzymaktiv 45, 197
Enzyme 26, 45, 61 ff., 76, 78, 84, 94, 118, 123, 145, 146, 151, 153, 156, 164, 192, 238, 255, 260 ff.
EPA 100, 107, 115, 188, 189, 259
Erinnerungsvermögen 188
Erkältung 117
Ernährung 28, 32, 55, 56, 59, 60, 66, 91, 96, 104, 114, 119, 126, 128, 129, 143, 153, 156, 157, 165, 175, 178, 181, 190, 194, 210, 218, 224, 230, 254, 258, 264, 273, 274, 278
Ernte 30, 40, 45, 46, 51, 53, 289
Erschöpfung 142, 159, 248, 257, 259

F

Farbstoffe 26, 97, 98, 122, 267
Fast Food 116, 128, 172, 258
Fastenkur 236
Fehlernährung 207
Fett 98, 261, 262, 271
Fettsäuren 98 ff., 102 ff., 115, 119, 138, 150, 165, 182, 187, 188, 246, 253, 254, 260, 262, 265, 271, 273
Fisch 78, 108, 129, 158, 256
Fleisch 28, 70, 78, 80, 128, 129, 136, 157, 256
FOEFs 213
Folsäure 56, 58, 89, 90, 92, 136, 145, 149, 160, 189, 255, 259, 266, 268, 273, 274
Freie Radikale 69, 71, 75, 83, 97, 118, 120, 129, 144, 151, 253
Fruchtbarkeit 51, 57, 82, 91, 134, 208, 270
Früchte 129, 133, 186

G

Garten 158
Geburt 103, 209, 236
Geist 112, 211, 214, 219, 220, 222, 224, 231, 257
Gelenke 197
Gemüse 57, 58, 61, 64, 68, 70, 94, 96, 118, 128, 130, 144, 152, 158, 193, 238, 258, 287
Gerstengras 67, 88, 89, 95, 117, 166, 179, 204, 239, 244, 258
Geschwür 266, 267
Gewichtsabnahme 81, 260
Glück 200, 224, 272
Glukose 20, 68, 83, 87, 147, 151, 152, 164, 173
Grippe 125

H

Haare 16, 75, 78, 261
Hämoglobin 69, 71, 83, 90, 93, 94, 255

Haut 75, 78, 83, 86, 89, 122, 130, 141, 147, 180, 205, 244, 246, 256, 257, 262, 263
Hautkrebs 75, 140, 147, 266
Hautpflege 284, 286
Heilkraft 215
Heilkräuter 46
Heilung 80, 188, 215
Heiß, Erich 307
Herpes 80, 125
Herz 70, 71, 73, 83, 87, 93, 99, 144, 151, 155, 177, 228,
Herzinfarkt 100, 135, 140, 144, 149, 150, 156, 194, 255
HGH 82
Hirnanhangdrüse 121, 211, 213, 218
HIV 120, 263, 264, 277
Hormone 121, 225
Humor 116, 143, 161, 185, 224, 228, 257
Hyperaktivität 12, 28, 32, 59, 74, 136, 137, 168 ff., 186, 190, 196, 206, 265, 266, 270
Hypoglykämie 264

I
Immunsystem 56 ff., 66 ff., 72, 76, 80, 82, 89, 95, 97 ff., 100, 102, 106, 116 ff., 134, 137, 139, 143 ff., 177, 199, 203, 226, 228, 265 ff., 277,
Indianer 34, 36
Infarkt 100, 135, 140, 144, 149, 150, 156, 194, 255
Insulin 68, 82, 152
Intelligenz 10, 83, 102, 105, 107, 111, 141, 172, 175, 189, 217, 219

J
Joggen 15, 117, 130, 273
Junk Food 263

K
Kalium 67, 68, 72, 77, 159, 274
Kalzium 56, 58, 63, 67 ff., 77, 115, 152, 159, 241, 256, 274
Kalziummangel 152
Katzen 194 ff., 199 ff., 202 ff.
Keime 129, 250
Keimling Naturkost 289
Kinder 12, 15, 27, 32, 60, 69, 82, 95, 102 ff., 107, 113, 114, 136, 138, 139, 168 ff., 178 ff., 191 ff., 200, 219, 234, 237, 242, 265 ff., 270, 272
Klamath-Lake 29, 32, 36, 48, 150
Knoblauch 248, 251
Knochen 68, 69, 73, 75, 76, 78, 80, 152, 256
Kohlenhydrate 66, 79, 151, 264
Konz, Franz 308
Konzentration 66, 67, 70, 98, 99, 102, 105, 109, 152, 163, 164, 174, 179, 184, 187 ff., 214, 264, 267
Kopfschmerzen 129, 139, 174, 183, 229, 254, 269, 276
Krankheitsbild 157, 161
Kräuter 47, 215, 233, 241, 249, 250
Krebs 55, 59, 64, 82, 86, 91, 96, 118, 119, 122, 127, 135, 140, 151, 194, 256, 266, 295

Kreislauf 71, 80, 151, 244
Kulvinskas, Viktoras 306
Kur 56, 262

L
Landwirtschaft 48, 49
Langlauf 130
Langlebigkeit 74, 151
Lebenserwartung 23, 153
Lebensfreude 17, 80, 131, 148, 180, 204, 226, 256, 272
Lebenskraft 25, 113, 198, 208, 214 ff., 228, 268
Lebensverlängerung 268
Leber 63, 70, 71, 81, 83, 90, 97, 121, 164, 187, 267, 273
Leistungsfähigkeit 94, 164, 234, 271
Leistungssport 163, 166
Leukämie 203
Licht 25, 48, 122, 140, 219, 222
Liebe 228, 257
Lymphozyten 119, 121, 122, 265

M
Magen 60, 94, 223, 238
Magensäure 144, 153
Magnesium 57 ff., 68, 70, 73, 77, 93, 114, 119, 151, 153, 159, 265, 273
Mangelernährung 23, 56, 143
Massage 130, 256, 277
Medikamente 65, 118, 135, 164, 174, 183, 196, 205, 235, 267
Meditation 131, 211, 217, 220, 223, 227, 229, 230, 260, 280
Meeresalgen 23, 195, 248
Menstruationsbeschwerden 257
Meyer, Marianne 308
Migräne 73, 80, 129, 257
Mikroalgen 22, 25, 102, 108, 234
Milch 70, 79, 102 ff., 239, 242, 277, 283
Milchprodukte 56, 152, 157, 166, 256
Mineralien 19, 61, 63, 66, 67, 76, 119, 130, 188, 240, 241, 245, 256
Mischkost 60
Müdigkeit 59, 69, 73, 81, 89, 90, 113, 151, 153, 164, 180, 254, 257 ff., 268, 277
MUFs 98 ff.
Multiple Sklerose (MS) 12, 55, 268, 279, 282
Musik 161, 199
Muskelverspannung 166
Muttermilch 83, 100, 102, 105, 106, 111, 128, 137 ff., 150, 242,

N
Nährstoffdefizite 66, 112, 234, 259, 265
Nährstoffe 24, 32, 35, 45, 57, 61, 63, 82, 83, 143 ff., 158, 170, 178, 187, 189, 226, 258, 262, 268, 274
Naturvölker 104, 128
Naturwunder 35
Nebenwirkungen 25, 63, 75, 139, 174, 176 ff., 183
Nerven 74, 147, 149, 151, 152, 158, 159, 169, 172, 177, 187 ff., 201, 206, 212, 226, 229, 268

Nervensystem 83, 93, 104, 109
Nervenzelle 89, 90
Nervosität 28, 90, 114, 131, 149, 169, 226, 229
Neumann, Halima 234
Neurodermitis 100, 137, 139, 269
Neuro-Transmitter 74, 78, 80 ff., 88, 91, 92, 97, 98, 112, 136, 148, 153, 159, 160, 188 ff., 257, 259, 260, 272, 273
Nikotin 116, 172, 272

O
Obst 57, 58, 61, 64, 70, 117, 118, 128 ff., 144, 158, 258
ökologisch 174, 194, 195
Omega-3-Fettsäuren 56, 98 ff., 106, 107, 138, 165, 182, 184, 188 189,
Opitz, Christian 54
Osteoporose 69, 71, 152, 237, 256, 266
Ostertag, Walter 215

P
Pestizide 48, 133, 196
Pferde 22, 53, 134, 197, 199, 207 ff.
Phosphor 68, 258
Pigmente 26, 66, 93, 97, 98, 188, 265, 267
PMS 96, 269
Popp, Fritz-Albert 215
Potenz 236
Protein 64, 65, 69, 78 ff., 83, 88, 97, 98, 112, 125, 138, 148, 150, 153, 157, 159, 160, 164, 188, 255, 258, 263, 264, 268, 269, 271,

Q
Quecksilber 72, 107, 134, 137, 139, 158, 160, 268 ff.

R
Radioaktivität 72, 96, 140, 272
Regeneration 59, 145, 146, 165 ff., 189, 198, 211, 214, 258, 262, 272
Reiki 15, 117, 131, 144, 198, 199, 204, 208 ff., 227 ff., 258, 260, 280
Rezepte 193, 233, 238 ff., 246, 293
Rheuma 55, 118, 127, 135, 145, 147, 256
Riboflavin 87, 92, 120
Rohkost 24, 46, 104, 117, 126, 197, 235, 249, 251, 273
Rohköstler 128
Rosha Enterprises 291
Rote Blutkörperchen 89, 148
Ruhe 131, 180, 186, 211, 229, 256, 257

S
Salat 86, 89, 94, 129, 233, 238, 243, 245 ff.,
Sanacell 283
Säure-Basen-Gleichgewicht 66, 72, 102, 103, 127 ff., 228, 232, 243, 256, 260
Säurebildner 103, 128, 256
Säurekrankheiten 127
Schilddrüse 81, 140, 212, 256

Schlacken 79, 94, 236, 243, 253, 260, 262
Schlaf 16, 80, 89, 116, 128, 131, 134, 149, 149, 150, 152, 160, 223, 230, 232, 254, 278, 281
Schlafstörung 59, 114, 131, 171, 174, 183, 229
Schlaganfall 72, 149, 150, 156, 255
Schleim 79
Schleimhaut 15, 86, 94
Schuppenflechte 100, 270
Schwangerschaft 103, 236
Seele 9, 16, 37, 116, 198, 257, 262
Selbstbewusstsein 17, 109
Selbstheilungskräfte 125, 198, 226, 256
Selbstwertgefühl 17, 168, 229, 257
Selen 56, 57, 59, 75, 77, 118, 119, 122, 139, 140, 144, 147, 195, 265
Serotonin 80, 82, 91, 114, 115, 148 ff., 174, 190, 241, 268, 272
Siechtum 142
Soft Drinks 27, 128
spirituell 37, 110, 210 ff., 215 ff., 260, 280, 284, 285
Spirulina 14, 20, 22, 24, 28, 29, 48, 51, 91, 105, 110, 120, 123, 161, 195, 215, 216, 234, 235, 239, 244, 263, 272
Sport 87, 117, 130, 139, 163 ff., 191, 230, 234, 259, 261, 266, 271, 273, 277
Sprossen 129, 179
Spurenelemente 56, 57, 59, 61, 63, 67 ff., 85, 93, 114, 118, 119, 122, 151, 152, 159, 189, 240, 265
Stevia 51, 240 ff., 258, 261, 263
Stillen 90, 103, 104, 107
Stimmungsaufheller 96, 114, 115, 149, 190, 241, 257, 259, 273
Stoffwechsel 60, 62, 67, 69, 72, 73, 76, 80, 81, 84, 87, 90, 94, 127, 138, 145, 153, 166, 172, 173, 183, 253, 258, 261, 262, 268
Strahlenschäden 96, 123, 134, 140, 141, 253, 271
Stress 98, 101, 103, 109, 114, 117, 118, 126, 128, 131, 135, 145, 146, 158 ff., 165, 170 ff., 180, 190, 204, 226 ff., 234, 254, 256 ff., 276
Sucht 12, 175, 272

T
Tiefenentspannung 204, 258
Tiere 19, 20, 26, 38, 49, 93, 95, 110, 134, 194 ff.
Toxine 49 ff., 63, 267
Trinkwasser 35, 71, 133, 196
Tryptophan 79 ff., 85, 88, 91, 114, 115, 149, 189, 190, 257

U
Übelkeit 94
Übergewicht s. Gewichtsabnahme
Ulmer, G. A. 139
Umweltbelastung 61, 118, 132, 159, 253
Umweltgifte 120, 126, 132 ff., 177, 196

Unterzuckerung s. Hypoglykämie
Uralge 10, 54, 104, 120, 122, 179, 200

V

Vegetarier 70, 70, 79, 90, 99, 108, 266
Verdauung 25, 26, 73, 82, 84, 94, 97, 149, 156, 212, 229, 237, 239, 244, 245, 253, 254, 263, 267, 271, 274
Vergiftung 56, 137, 139, 203, 268, 269
Verjüngungsmittel 142
Verkalkung 130
Verletzung 95, 202, 206
Verstopfung 128, 249, 254, 257, 274
Viren 67, 75, 86, 116, 119, 120, 122, 124, 125
Vitalität 96, 142, 148, 180, 186, 215, 256, 268
Vitalstoffe 104, 116, 129, 143, 144, 148 ff., 153, 156, 157, 164, 166, 170, 172 ff., 186, 194 ff., 200, 216, 239, 250 ff., 260, 265, 268, 272
Vitamin A 64, 72, 86, 97, 99, 139, 158, 255, 256, 268
Vitamin B 56, 148
Vitamin B_{12} 15, 70, 90, 96, 114, 125, 145, 148, 255, 259, 264, 266, 267, 268
Vitamin C 58, 62, 68, 69, 84, 90, 91, 114, 118 ff., 144, 153, 159, 166, 239, 244, 255, 259, 262, 268, 274
Vitamin E 59, 64, 84, 91, 99, 118 ff., 140, 144, 147 ff., 166, 262, 268, 274
Vitamin K 99, 159
Vulkan 10, 33 ff., 212, 214, 221

W

Walker, Dr. Norman W. 96
Walsch, Neale Donald 117
weiße Blutkörperchen 121, 254
Weißmehl 27, 128, 136, 151, 263, 264
Weizen 79, 249, 250
Weizengras 94, 95, 129, 182
WHO 138, 153, 224
Wilco Green Foods 286
Wildkräuter 47, 94, 129, 208, 238
Wildpflanze 10, 47, 66, 100, 215
Wildwuchs 14, 46, 221
Windpocken 125
Wundheilung 24, 74, 95, 202, 206

Y

Yoga 225 ff.

Z

Zähne 68, 78, 194, 207
Zahnfleischbluten 146, 274
Zelle 20, 21, 45, 63 ff., 74, 80, 81 ff., 93 ff., 117, 120 ff., 136 ff., 144 ff., 155 ff., 164, 177, 189, 190, 211, 211 ff., 226, 243, 253 ff., 262, 265, 267, 277
Zirbeldrüse 198, 211, 218
Zucker 27, 69, 128, 144, 151, 166, 172, 181, 194, 245, 263, 264, 272,
Zufriedenheit 112, 272